本教材受专业建设—工商管理与市场营销专业建设（2014年）项目与其他项目—促进人才培养综合改革项目—建筑类专业系列教材项目资助

高等学校规划教材

组织行为学

金占勇　主编

中国建筑工业出版社

图书在版编目（CIP）数据

组织行为学/金占勇主编. —北京：中国建筑工业出版社，2017.3
高等学校规划教材
ISBN 978-7-112-20341-3

Ⅰ.①组… Ⅱ.①金… Ⅲ.①组织行为学-高等学校-教材 Ⅳ.①C936

中国版本图书馆 CIP 数据核字（2017）第 012641 号

责任编辑：赵晓菲　朱晓瑜
责任校对：焦　乐　姜小莲

高等学校规划教材
组织行为学
金占勇　主编

*

中国建筑工业出版社出版、发行（北京海淀三里河路9号）
各地新华书店、建筑书店经销
霸州市顺浩图文科技发展有限公司制版
北京建筑工业印刷厂印刷

*

开本：787×1092毫米　1/16　印张：12¾　字数：273千字
2017年3月第一版　2017年3月第一次印刷
定价：30.00元
ISBN 978-7-112-20341-3
(29741)

版权所有　翻印必究
如有印装质量问题，可寄本社退换
（邮政编码 100037）

编委会

主 编： 金占勇

副主编： (排名按照姓氏笔画排列，不分先后顺序)：

田亚鹏 纪博雅 何 北 武 朋 康 飞

前　言

组织行为学是研究组织系统内的个体、群体、组织及其关系的行为规律，以提高管理者解释、预测和控制人的行为的能力与组织运作效率的科学。组织行为管理是管理工作的核心，管理工作的本质。在市场竞争日趋激烈的今天，如果一家企业的管理者不能了解个体及群体的心理与行为，不能有效地发挥组织的效能，不能融合团队和组织的力量，就很难取得成功。

20世纪70年代末，组织行为理论开始从西方传入中国。发展到今天，已有大量的组织行为学译著、教材和专著在国内出版，已有许多的组织行为研究项目在国内实施，取得了一批世界级科研成果。随着管理科学的日益发展，组织行为学受到越来越多的学术界和企业界的关注。目前，我国正处于经济转型、产业升级的关键时期，组织也表现出新的特征，这给组织行为学的发展带来新的挑战。立足于我国的新形势与新目标，本书通过八个章节详述了如何提高管理水平和组织有效性。

组织行为学作为工商管理学科体系中的专业基础课，能够培养学生树立以人为本的管理哲学、权变管理的理念，学会观察分析组织成员的心理和行为，进而采取适当的方式加以引导，不断创新组织的管理能力。在本教材中，作者旁征博引，吸纳了当今学术界最新的学士观点与实践经验，同时做到图文并茂，通过生动翔实的案例来提高学生分析问题、解决问题的能力。

参与本书编写的有：第一、四章金占勇、康飞；第二章田亚鹏；第三章何北；第五、六章纪博雅；第七章武朋；第八章田亚鹏、何北、武朋。在本书编写过程中，参阅了许多组织行为学相关的著作、期刊等资料，在此特向相关资料的作者表示感谢。

此外，还要感谢已故恩师刘长滨教授在教书育人方面给我的帮助与指导，这将永远是我前进的动力。

由于时间仓促，水平有限，书中难免有不妥之处，恳请读者指正。

金占勇

2016年12月于北京

目　　录

第一章　组织行为学概述 ………………………………………………… 1
第一节　组织行为学的产生与发展 …………………………………… 3
　　一、组织行为学形成的理论基础 ……………………………………… 3
　　二、组织行为学的学科特点 …………………………………………… 4
　　三、组织行为学的发展 ………………………………………………… 5
　　四、组织行为学的挑战与发展动向 …………………………………… 15
第二节　组织行为学研究的目的和意义 ……………………………… 17
　　一、组织行为学的研究目的 …………………………………………… 17
　　二、组织行为学研究的意义 …………………………………………… 17
第三节　组织行为学的研究对象与方法 ……………………………… 19
　　一、组织行为学的研究对象 …………………………………………… 19
　　二、组织行为学的研究方法 …………………………………………… 21
　　三、组织行为学研究的道德问题 ……………………………………… 23
　复习题 ……………………………………………………………………… 25
　思考题 ……………………………………………………………………… 26
　案例分析 …………………………………………………………………… 27

第二章　西方人性假设 …………………………………………………… 29
第一节　人性假设的含义 ……………………………………………… 29
第二节　"经济人"假设 ……………………………………………… 30
　　一、"经济人"假设的基本观点 ……………………………………… 30
　　二、"经济人"假设的管理策略 ……………………………………… 31
　　三、"经济人"假设的评价 …………………………………………… 31
第三节　"社会人"假设 ……………………………………………… 32
　　一、"社会人"假设的基本观点 ……………………………………… 32
　　二、"社会人"假设的管理策略 ……………………………………… 35
　　三、"社会人"假设的评价 …………………………………………… 35
第四节　"自我实现人"假设 ………………………………………… 35
　　一、"自我实现人"假设的基本观点 ………………………………… 35
　　二、"自我实现人"假设的管理策略 ………………………………… 37
　　三、"自我实现人"假设的评价 ……………………………………… 37
第五节　"复杂人"假设 ……………………………………………… 37
　　一、"复杂人"假设的基本观点 ……………………………………… 37
　　二、"复杂人"假设的管理策略 ……………………………………… 38

三、"复杂人"假设的评价 ·· 38
第六节 "文化人"假设 ·· 40
　　一、"文化人"假设的基本观点 ·· 40
　　二、"文化人"假设的管理策略 ·· 42
　　三、"文化人"假设的评价 ·· 42
复习题 ·· 42
思考题 ·· 43
案例分析 ·· 44

第三章 个体心理与行为 ·· 48
第一节 个体心理概述 ·· 48
　　一、个体心理发展的内发论观点 ·· 48
　　二、个体心理发展的外塑论观点 ·· 48
　　三、个体心理发展的社会文化历史观点 ·· 49
第二节 个体心理过程 ·· 49
　　一、知觉的概念与特征 ·· 49
　　二、影响知觉的因素 ·· 51
　　三、社会知觉与社会知觉效应 ·· 51
第三节 个体倾向性 ·· 52
　　一、价值观与行为 ·· 53
　　二、态度与行为 ·· 55
　　三、态度与行为的关系 ·· 56
　　四、需要、动机与行为 ·· 57
第四节 个体心理特征 ·· 58
　　一、气质与行为 ·· 58
　　二、性格与行为 ·· 61
　　三、能力与行为 ·· 66
复习题 ·· 67
思考题 ·· 68
案例分析 ·· 69

第四章 群体心理与行为 ·· 71
第一节 群体的概念和类型 ·· 71
　　一、群体的定义 ·· 71
　　二、群体的类型 ·· 72
第二节 群体的形成与发展 ·· 75
　　一、塔克曼的群体发展四阶段模型 ·· 75
　　二、群体发展五阶段模型 ·· 76
　　三、间接——平衡理论 ·· 77
第三节 群体的特征 ·· 77
　　一、群体角色 ·· 77

二、群体类型 …………………………………………………… 78
　　三、群体规范 …………………………………………………… 79
　　四、群体凝聚力 ………………………………………………… 81
　　五、群体意识 …………………………………………………… 83
　第四节　群体内行为 ………………………………………………… 83
　　一、群体的压力及作用 ………………………………………… 83
　　二、社会助长作用与社会惰化作用 …………………………… 84
　　三、从众行为 …………………………………………………… 85
　　四、顺从行为 …………………………………………………… 87
　　五、暗示、模仿和感染 ………………………………………… 87
　　六、群体决策 …………………………………………………… 88
　　七、激发群体创新的方法 ……………………………………… 88
　　八、群体决策与风险心理 ……………………………………… 91
　第五节　冲突及应对策略 …………………………………………… 92
　　一、冲突的性质 ………………………………………………… 92
　　二、冲突的来源 ………………………………………………… 93
　　三、减少冲突的策略 …………………………………………… 94
　　四、引起冲突的策略 …………………………………………… 96
　第六节　团队管理 …………………………………………………… 96
　　一、团队的概念和类型 ………………………………………… 96
　　二、创建团队的步骤 …………………………………………… 101
　　三、团队情商 …………………………………………………… 101
　　四、创建成功的团队 …………………………………………… 103
　复习题 ………………………………………………………………… 104
　思考题 ………………………………………………………………… 105
　案例分析 ……………………………………………………………… 106

第五章　群体动力激励理论 …………………………………………… 109
　第一节　群体动力论 ………………………………………………… 109
　　一、群体动力论的基本观点与内容 …………………………… 109
　　二、"环境"对群体行为的影响 ……………………………… 112
　　三、"个体"在群体内的影响 ………………………………… 113
　　四、群体动力论的应用 ………………………………………… 113
　第二节　内容型激励理论 …………………………………………… 114
　　一、马斯洛需求层次理论 ……………………………………… 114
　　二、奥尔德弗 ERG 理论 ……………………………………… 116
　　三、赫茨伯格双因素理论 ……………………………………… 116
　　四、麦克利兰成就需要理论 …………………………………… 120
　第三节　过程型激励理论 …………………………………………… 121
　　一、期望理论 …………………………………………………… 121

二、公平理论 …… 124
　　三、斯金纳强化理论 …… 127
　第四节　激励的原则与方法 …… 129
　　一、人员激励的原则 …… 129
　　二、精神激励的方法 …… 130
　复习题 …… 131
　思考题 …… 132
　案例分析 …… 133

第六章　组织结构与组织设计 …… 135
　第一节　组织结构的基本概念 …… 135
　　一、组织的含义 …… 135
　　二、组织的构成要素 …… 135
　第二节　组织结构设计 …… 136
　　一、组织结构的含义 …… 136
　　二、组织设计的原则 …… 140
　　三、组织设计的步骤 …… 142
　第三节　组织结构的类型 …… 142
　　一、直线制组织结构 …… 142
　　二、职能制组织结构 …… 143
　　三、直线职能制组织结构 …… 144
　　四、事业部制组织结构 …… 145
　　五、矩阵制组织结构 …… 145
　　六、新型组织结构 …… 147
　复习题 …… 148
　思考题 …… 148
　案例分析 …… 149

第七章　组织文化与组织行为 …… 151
　第一节　组织文化的内涵 …… 151
　　一、组织文化的概念 …… 151
　　二、组织文化的层次 …… 152
　第二节　组织文化的作用 …… 153
　　一、导向作用 …… 154
　　二、规范作用 …… 154
　　三、凝聚作用 …… 155
　　四、激励作用 …… 155
　　五、整合作用 …… 156
　　六、辐射作用 …… 157
　第三节　影响组织文化的因素 …… 157
　　一、民族文化作用 …… 157

二、制度文化因素 ………………………………………… 158
　　三、外来文化因素 ………………………………………… 158
　　四、组织传统因素 ………………………………………… 159
　　五、个人文化因素 ………………………………………… 159
　第四节　组织文化与成员激励 …………………………………… 159
　　一、人性假设与组织管理模式 …………………………… 159
　　二、激励理论与组织文化建设 …………………………… 161
　　三、激励模式与组织文化 ………………………………… 162
　第五节　组织文化建设的步骤 …………………………………… 165
　　一、组织文化分析（Plan） ……………………………… 165
　　二、组织文化设计（Design） …………………………… 165
　　三、组织文化检查（Check） …………………………… 166
　　四、组织文化实施（Action） …………………………… 166
　第六节　组织文化与组织竞争力 ………………………………… 166
　　一、三力理论 ……………………………………………… 166
　　二、组织思想政治工作与组织文化威力 ………………… 166
　　三、组织文化与组织形象 ………………………………… 167
　复习题 ……………………………………………………………… 167
　思考题 ……………………………………………………………… 167
　案例分析 …………………………………………………………… 168

第八章　领导心理与行为 …………………………………………… 170
　第一节　领导的内涵 ……………………………………………… 170
　　一、领导的定义 …………………………………………… 170
　　二、领导者的影响力来源 ………………………………… 170
　　三、管理与领导 …………………………………………… 171
　　四、领导者应该怎么树立威信 …………………………… 172
　第二节　领导特性理论 …………………………………………… 172
　　一、传统特性理论 ………………………………………… 172
　　二、现代特性理论 ………………………………………… 173
　　三、第五级领导 …………………………………………… 174
　第三节　领导行为理论 …………………………………………… 175
　　一、三种极端理论 ………………………………………… 175
　　二、克里特的四种领导基本方式 ………………………… 176
　　三、斯托格弟和沙特尔的"四分图"理论 ……………… 178
　　四、管理方格理论 ………………………………………… 178
　　五、PM 型管理模式 ……………………………………… 179
　第四节　领导权变理论 …………………………………………… 180
　　一、领导行为连续统一体理论 …………………………… 180
　　二、费德勒模型 …………………………………………… 182

三、途径—目标理论 …………………………………………… 183
　　四、领导生命周期理论 ………………………………………… 185
　　五、领导参与模型 ……………………………………………… 187
复习题 ……………………………………………………………… 188
思考题 ……………………………………………………………… 188
案例分析 …………………………………………………………… 189

第一章　组织行为学概述

组织是具有特定目标、资源与结构，时刻与环境相互作用的开放系统。行为是可观察的、可解释的、可预测的有机体种种外显动作和活动的综合。人们作为组织成员时，在工作过程中所表现出来的所有行为，大致可以分为三个方面，即：个体行为、群体行为和组织行为。组织行为学研究个体行为、群体行为和组织行为的表现及特征，总结组织中人的心理和行为表现规律，从而提高不同层次人员预测、引导和控制相应行为的能力，从而实现"管理好自己"、"管理好团队"、"管理好组织"的目标。如图 1-1 所示。

图 1-1　组织行为学学习目标

在组织行为学发展过程中，曾有不少学者从不同的角度对该学科下过定义。美国学者安德鲁·J·杜布林（A. J. Dubrin）的定义是："组织行为学是系统研究组织环境中所有成员的行为，以成员个人、群体、整个组织以及外部环境的相互作用所形成的行为作为研究的对象。"蒙特利尔大学管理学教授和组织心理学家乔·凯利（Joe Kelly）的定义是："组织行为学是对组织的性质进行系统的研究：组织是怎样产生、成长和发展的，它们怎样对各个成员、对组成这些组织的群体、对其他组织以及对更大的机构产生作用。"美国著名管理学教授、组织行为学的权威斯蒂芬·P·罗宾斯（Stephen P. Robbins）认为："组织行为学是一个研究领域，它探讨个体、群体以及结构对组织内部行为的影响，以便应用这些知识来改善组织的有效性。"

根据以上定义，本书将组织行为学定义为：研究组织中的人的心理和行为表现及其规律，提高管理人员预测、引导和控制人的行为的能力，以实现组织既定目标的科学。

这个定义有以下三层含义：

第一，组织行为学既研究人的心理活动规律，又研究人的行为活动规律，是把这两者作为一个统一体来研究的。因为人的行为与心理活动是密不可分的，心理活动是行为的内在基础，行为是心理活动的外在表现。

第二，组织行为学研究不是研究人的一般行为规律，也不是研究一切人类的心理与行为规律，而是研究各种工作组织中人的心理与行为规律。

第三，组织行为学不是孤立地研究一个组织中的个体、群体等组织的心理与行为，而是用系统分析的方法，按照系统理论的观点，将个体的人作为一个系统，并把它放在群体这个较大的系统中来研究。

第四，研究的目的是在掌握一定组织中的人的心理与行为规律的基础上，提高预测、引导、控制人的行为的能力，以实现组织既定的目标。

组织行为学作为工商管理学科体系中的专业基础课，能够培养学生树立以人为本的管理哲学、权变管理的理念，学会观察分析组织成员的心理和行为，进而采取适当的方式加以引导，不断创新组织的管理能力。

那么，如何准确地学习和掌握组织行为学的原理和方法呢？首先，要明确组织行为学的知识体系，即组织行为学的"4个W"：组织行为学的理论意义和实践价值（Know-why），组织行为学的理论基础和研究内容是什么（Know-what），组织行为学的国内外研究现状及未来发展趋势（Know-who），组织行为学相关理论应用于实践的方式和方法（Know-how）。其次，要辩证地、全面地认识组织行为学的原理和方法，掌握组织行为学思维的特点，即组织行为学是如何分析问题、如何把握问题的，通过正确把握分析问题达到提高解决问题的能力。第三，要运用正确的学习方法，比如 SQ4R（Scan、Question、Read、Relation、Recite、Review）、PIR（Preview、Identification、Read）等。

SQ4R，所谓 S，浏览 Scan，也就是要首先把这个学科的主要框架掌握住。比如，管理心理学包含多少章节，大的部分是什么，他们之间的逻辑关系是什么。所谓 Q，提问 Question，也就是我们在学习过程中要提一些问题，这些问题一方面来自于老师的提问，另一方面来自于你在学习过程中的提问，既可以是纯粹知识的提问，也可以是实践问题的提问。比如，关于领导有效性的理论有很多，彼此之间可能存在分歧，那么应该怎样来看待这些分歧呢？让你去思考，并发现答案。帮助我们获得知识，提高能力，帮助我们心灵成长，即我们的教学目标。所谓 4R，即 1R，Read 阅读，通过读来学习，不要以为听一听老师的课程就完了，还要学相关的知识。2R，Relation 关系，即不同的知识他们的关系是什么，比如管理心理学不同的概念他们之间是怎样联系起来的。3R，Recite 背诵，也就是通过对知识的把握加深对知识的理解，我们知道人的学习是一个困难的过程（纸上得来终觉浅，绝知此事要躬行；听着容易做起来难），听的时候可能觉得自己已经会了，但是过了一段时间之后，可能就会忘记了。所以说，Recite 是必要的。4R，Review 复习，即对一门知识要不停地、不断地去思考它、阅读它、重复地学习它。因为人的记忆是有规律的，短期内的遗忘率是很快的，慢慢地，它就会保持下来，但是它记忆的内容就越来越少了，所以要及时复习。

PIR，P，预习 Preview，预先对某些知识有一个把握。同样一个知识，有预习比没有预习要好得多。I，识别 Identification，通过预习，带着疑问来学习某些知识,有利于大家更好地理解知识。R,阅读 Read。

第一节 组织行为学的产生与发展

一、组织行为学形成的理论基础

组织行为学是在第二次世界大战以后,随着行为科学学派的出现而产生的。它是行为科学在组织管理领域的应用。第一本组织行为学的教科书是在 1945 年问世的。在 20 世纪 50 年代末,美国就建立了专门的研究机构,美国心理学协会的分会——工业心理学分会中的一批人独立出来专门从事"组织行为学"课题的研究。组织行为学的发展与其他学科有着千丝万缕的联系,组织行为学与其他学科的关系如表 1-1 所示。

组织行为学与其他学科的联系　　表 1-1

学科	具体学科	主要影响和涉及研究领域
管理学	人力资源管理学	培训与开发、绩效管理、员工招聘与选拔、薪酬管理、劳资关系等
	组织管理学	组织理论、组织技术、组织变革、组织文化
行为科学	心理学	激励、领导、知觉、个性、个体决策、工作满意度、态度、工作压力、工作设计
	社会学	群体动力、群体行为、团队建设、沟通、行为改变、态度改变、群体决策
	人类学	价值观比较、态度比较、跨文化研究、组织文化、组织环境
社会科学	政治学	冲突、组织内权利与政治
	经济学	领导有效性、工作绩效
	伦理学	激励、领导、沟通的伦理问题

(一)心理学

一般来讲,人的行为是外显的,人的心理活动是内省的,而人的全部行为是受心理活动支配的,要研究组织中人的行为规律,就必须以心理学作为理论依据,因为心理活动和心理特征是人们产生行为的重要原因和内动力。心理学是研究人的心理现象及其规律的科学。根据心理学研究的实践领域和具体内容的不同,派生了心理学的各个分支如:工业心理学、军事心理学、学习心理学和组织心理学等,在心理学研究比较发达的国家,心理学的分支有 40 多个。心理学所揭示的人的心理活动规律是组织行为学的主要理论基础。从社会学与心理学的交叉点上生长出来的社会心理学,它既是心理科学的一个重要部分,也是组织行为学的重要理论基础。

心理学中的学习理论家、人格理论家还有最重要的工业和组织心理学家,都对组织行为学做出了贡献。早期的工业和组织心理学家的研究集中在疲劳、厌倦和其他与工作条件有关的因素上,因为这些因素会妨碍工作的有效性。近来他们的研究已经扩展到学习、知觉、人格、情绪、需要和激励、领导、绩效评估等方面。

(二)社会学

社会学具有广泛的研究领域,是一门研究社会和社会问题的学科。个人在组织中的角色、地位和状态，个体行为与组织、社会环境的相互影响，群体的形成、结构、权力与冲突，正式组织和非正式组织的内外关系，人与人之间的关系等等，对这些组织行为学所关注的问题的阐释，都离不开社会学的基本理论和知识。具体的讲，社会学家对组织行为学所做的最大的贡献是关于组织中群体行为的研究，特别是正式和复杂的组织。社会学家为组织行为学中的很多领域提供了有价值的信息，包括：组织文化、正式组织的理论和结构、组织技术、沟通以及权力和冲突。

（三）人类学

人类学是研究人类本身及其创造的物质文化和精神文化的起源、形成、发展规律的科学。人类学家对于文化和环境的研究，有助于我们了解不同国家和不同组织的人们在价值观、态度和行为方面的差异。现在我们对组织文化、组织环境和民族文化差异大多来自人类学家的研究成果。

（四）管理学

现代管理高度重视对人的管理，而对人的管理主要是对人的心理和行为的管理。从学科研究的对象、任务和内容来区分，心理与行为管理正是组织行为学研究的课题和核心内容。所以，心理与行为的管理这个核心问题，既是组织行为学与管理学的学科交叉点，又是组织行为学的生长点。

（五）政治学、伦理学、生物学、生理学

政治学中的权力与冲突；伦理学中的道德规范；生物学、生理学中的生物节律、体力、智力与情绪等都会影响人的行为。组织行为学需要运用上述学科的知识来进一步研究组织中人的心理和行为。

二、组织行为学的学科特点

组织行为学与其他学科有着十分密切的联系，这决定了组织行为学的学科特点。

（1）跨学科性。组织行为学吸收、借鉴了心理学、社会学、社会心理学、文化人类学、政治学、历史学、工程学、信息和系统科学等多门学科的概念、理论和方法。这些不同学派的理论是组织行为学中个体行为部分知识的最重要来源。

（2）实证性。组织行为学运用科学、系统的方法进行研究，基于观察和推理提出假设，运用客观案例和数据进行论证，保证其研究结论的可靠性和可信性，而不是靠一般性的经验、直觉和臆断得出结论。

（3）文化相关性。组织行为学所研究的个体、群体、组织的行为表现和规律依赖于其所处的文化环境，在不同的文化环境中可能表现出不同的特点和规律。组织行为学非常重视跨文化比较的研究。

（4）多层次性。组织行为学是一门研究组织中个体、群体和整个组织的行为发展规律，以及与之相对的社会环境关系的知识系统。一般来说，研究人的行为可以分为三个层次，即个体行为、群体行为和组织行为。

（5）情景性。组织行为学研究的是千变万化的人、群体和组织的行为，因此不可能有通用的最佳模式，而是主张根据不同情景采取不同的理论和对策。在组织行为学的研究中，很难找到"放之四海而皆准"的方法。

(6) 实用性。组织行为学属于应用性的学科。组织行为学研究的核心问题是如何调动人的积极性与创造性。将组织行为学的理论应用于管理实践，提高我们的管理水平和能力才是我们学习组织行为学的目的。

三、组织行为学的发展

（一）早期实践阶段（20世纪20年代之前）

这一阶段管理的主要特征是资本家直接担任管理者，靠自己的主观经验和直观判断组织生产领导活动，缺乏统一的操作规程，统一的办法和标准，生产管理尚处在积累实践经验的阶段。这一阶段为组织行为学理论的产生和发展奠定了重要的实践基础。代表人物有亚当·斯密（Adam Smith）、大卫·李嘉图（David Ricardo）、查尔斯·巴贝奇（Charles Babbage）和罗伯特·欧文（Robert Owen）。

1. 亚当·斯密的管理思想

亚当·斯密（Adam Smith）是英国古典经济学体系的建立者。其代表作《国富论》的问世，标志着资本主义商品经济理论体系的构筑完成。全书以资本主义财富为中心，对资本主义的商品经济做了全面而又系统的分析。

他的思想包括以下几个方面：

（1）"经济人"假设基础上的自由市场思想。亚当·斯密提出"经济人"的观点，认为经济问题的出发点是人的本性，即资本主义的利己主义。而每个人的一切活动都受到利己心的支配，这种个人利益的追求者就是"经济人"。他的经济思想的中心是自由市场经济，他在著作中涉及许多现代管理的核心问题。

（2）分工思想。亚当·斯密特别强调分工带来的经济利益。他开宗明义地指出："劳动生产力上的最大的增进，以及运用劳动时所表现的更大的熟练、技巧和判断力，似乎都是分工的结果。"他认为分工在管理上对于提高劳动生产率有三个好处：第一，分工可以使劳动者技术熟练程度快速提高；第二，分工可以使每个人专门从事某种作业，可以减少从一项工种转到另一项工种所失去的时间；第三，分工可以使专门从事某项作业的劳动者经常改革劳动工具和发明机器。

2. 查尔斯·巴贝奇的管理思想

查尔斯·巴贝奇（Charles Babbage）是英国数学家和发明家，现代自动计算机的创始人，科学管理的先驱者。他于1832年出版了《论机器和制造业的经济》，论述了专业分工、工作方法、机器与工具的使用和成本记录等，是管理学的一部重要著作。他的管理思想主要可以概括为以下几个方面：

（1）提出了在科学分析的基础上有可能制定出企业管理的一般原则。

（2）发展了亚当·斯密的分工的思想，分析了分工能提高效率的原因，并进一步指出脑力劳动同体力劳动也可以进行分工。

（3）查尔斯·巴贝奇在解决劳资矛盾方面是一个工厂制度的保护者，提出了固定工资加利润工资的分成制度，努力寻求管理人员和工人之间和谐的关系。

3. 罗伯特·欧文的管理思想

罗伯特·欧文（Robert Owen）是英国空想社会主义者，也是一位企业家、慈善家。欧文于1800~1828年间在苏格兰自己的几个纺织厂内进行了空前的实验。欧文最早注意到人的因素对提高劳动生产率的重要性，他反对将人视为机器，强调人和机器的根本区别在于人是有需要的有机体。他的改革设想尽管在当时看起来很不现实,但他最早注意到管理中人的因素,被誉为人事管理的先驱。他的理论和实践对以后的管理特别是人事管理有相当大的影响。人们把他称为"现代人事管理之父"。

欧文的管理思想是基于"人是环境的产物"的观点,他认为良好的环境可以使人获得善良而高尚的性格,坏的环境使人的性格变得十分低下。因此,他所进行的一切实验都是为了证明:"用优良的环境代替不良的环境,是否可以使人由此洗心革面,清除邪恶,变成明智的、有理性、善良的人。"

欧文的管理思想,集中体现于他在苏格兰新拉纳克工厂的改良措施中。改良措施包括:改善工厂的工作条件,使生产设备布局合理化,缩短劳动时间;提高雇佣儿童的最低年龄限制;提高工资,在厂内免费为工人提供膳食,开设工厂商店,设立幼儿园和模范学校,创办互助储金会和医院,发放抚恤金;与工人接触,了解工人的生产生活情况。

(二) 20世纪初期(20年代之前)的起步阶段

20世纪初期是组织行为学的起步阶段,这一阶段的主要表现为心理技术学、劳动心理学和人机工程的研究日益深入,各种心理测试手段的运用。研究内容属于个体取向,侧重人和机器的关系和工作效率。此阶段为组织行为学的产生与发展提供了重要的科学理论基础。这一时期的代表理论为科学管理理论、行政管理理论、组织管理理论。

1. 科学管理理论

弗雷德里克·温斯洛·泰勒(Frederick Winslow Taylor)是美国古典管理学家,科学管理的创始人,被管理界誉为"科学管理之父"。泰勒在他的主要著作《科学管理原理》中所阐述的科学管理理论,使人们认识到了管理是一门建立在明确的法规、条文和原则之上的科学。泰勒的科学管理主要有两大贡献:一是管理要走向科学;二是劳资双方的精神革命。

泰勒管理理论主要内容:

(1)科学管理的中心问题是提高劳动效率。泰勒认为,要制定出有科学依据的工人的"合理的日工作量",就必须进行工时和动作研究。方法是选择合适且技术熟练的工人,把他们的每一个动作、每一道工序所使用的时间记录下来,加上必要的休息时间和其他延误时间,就得出完成该项工作所需要的总时间,据此制定出一个工人"合理的日工作量",这就是所谓的工作定额原理。

(2)为了提高劳动生产率,必须挑选"一流的工人"。这里的"一流的工人"是指每一种类型的工人都能找到适合他自己的工作从而变成出色的工人。泰勒在制定工作定额时是按照不损害工人健康的情况下维护较长年限的工作的原则。

(3)标准化原理。标准化原理是指管理者培训工人在工作中使用标准化的操作方法和劳动工具,并提供标准化的工作环境。

(4)实行计件工资制度。为了激励工人完成工作任务,泰勒推行了这一制度。计件工资制度主要包括以下三个方面:

1)通过对工时的分析,得出科学的工作定额或标准。

2）采用"差别计件制"。即报酬根据工作完成的程度而定。工人如果完成80%的定额，就会得到80%的报酬。工人如果完成120%的定额，就会得到120%的报酬。

3）根据工人的实际工作表现而不是工作类别来支付工资。这种方法能有效克服工人怠工，调动工人的积极性。

（5）工人和雇主双方必须意识到提高劳动效率对双方都有利。提高效率雇主可以降低成本，工人可以得到更多的报酬。在铁锹试验中，每个工人每天的平均搬运量从原来的16t提高到59t，工人每日工资从1.15美元提高到1.88美元，而每吨搬运费从7.5美分降到3.3美分。

（6）把计划职能同执行职能分开，用科学工作法来代替经验工作法。由专门的部门来制定科学的定额和标准化的操作方法及工具。通过制定计划并发布命令来进行有效的控制。现场的工人则负责执行，即按照计划部门发布的各项计划和指示来完成工作。

（7）实行"职能工长制"。泰勒主张将管理工作细分，使所有的管理者只承担一种管理职能。他设计出八个职能工长，代替原来的一个工长，其中四个在计划部门，四个在车间。每个职能工长负责某一方面的工作，在其职能范围内，可以直接向工人发布命令。

（8）在对组织的管理上实行例外原则。泰勒认为，管理者应该把例行的一般的事务工作授权给下属，只保留自己对例外事项的决定权和监督权。这种以例外原则为依据的管理控制原则，以后将发展成为管理上的分权化原则和实行事业部制管理体制。

2. 组织管理理论

亨利·法约尔（Henri Fayol）是第一个阐明了关于管理和协调的一系列组织原则，因而被称为"现代经营管理之父"。与泰勒着重于人工个体不同，法约尔着重研究高层管理问题。1916年问世的法约尔名著《工业管理与一般管理》，是他一生管理经验的总结。

（1）企业的基本活动和管理的五项职能。法约尔指出，任何企业都存在着六种基本的活动，而管理只是其中之一。这六种基本活动是：①技术活动，指生产、制造、加工活动；②商业活动，指购买、销售、交换等活动；③财务活动，指资金的举措与运用；④安全活动，指设备维护和职工安全等活动；⑤会计活动，指货物盘存、成本统计、核算等；⑥管理活动，其中又包括计划、组织、指挥、协调、控制五项职能活动。在这六种基本活动中，管理活动处于核心地位，即企业本身需要管理；同样的，其他五种属于企业的活动也需要管理。

（2）法约尔14条管理原则。法约尔根据自己的工作经验，归纳出简明的14条管理原则。①劳动分工。法约尔认为劳动分工不仅适用于技术工作，在管理方面和职能的权限划分方面也同样适用。②职权与职责。他认为职权是发号施令的权利和要求服从的威望。职责和职权是相互联系的，在行使职权的同时，必须承担相应的责任，有权无责或有责无权都是组织上的缺陷。③纪律。纪律是企业领导人同下属员工之间在服从、积极、勤勉、举止等方面所达成的一种协议。就是说，组织内所有成员通过各方所达成的协议对自己在组织内的行为进行控制，他对企业的成功与否至关重要，要尽可能地做到严明、公正。④统一指挥。法约尔在这方面产生了与泰勒截然相反的观点，他认为一个下属都应接受而且只应接受一个上级的命令。如果没有统一指挥，那么权力将遭到损害，纪律也会受到破坏，秩序和稳定也会受到威胁。⑤统一领导。是指具有同一目标的全部活动，仅应有一个领导者和一项方案。⑥个人利益服从集体利益。在一个企业中，个人利益不能置于企业利益之上。为了贯彻这一原则，企业目标应尽可能多地包含个人目标，在企业目标实现的同时满足个人的合理需求。⑦人员的报酬。报酬制度应当首先考虑能够维持职工的最低生活消费，其次要考虑企业的资本经营状况，然后再结合员工劳动贡献的多少，制定一个公平合理的报酬制度。⑧适当集权与分权。管理的集权与分权本身并没有好坏之分，适合企业发展就是好的，只是需要把握好一个尺度的问题，即掌握好集权与分权的尺度。⑨等级系列。等级制度就是从企业的最高领导层到基层管理人员的管理系列。等级制度一方面表明组织中各个层级之间的权力关系，另一方面也可以表明组织中信息传递的通道。一般情况下不要轻易违反它。⑩秩序。包括物的秩序及人的秩序。不仅要物归其位，而且要让适当的人从事适当的工作。⑪公平。法约尔认为："公平，就是'善意'加上'公道'。"公道是执行已订立的协定。领导人为了激励下属人员全心全意地做好工作及对组织忠诚，就要善意地对待下属，鼓励他们忠诚地履行自己的职责。⑫保持员工的稳定。员工从事的工作需要一定的时间来熟悉和了解，不要轻易变动。⑬首创精神。就是鼓励员工在工作中发挥自己的聪明才智，提出具有创造性想法或有所发明、有所创造。⑭团结精神。法约尔强调，不团结对企业的生存和发展是极为有害的，企业中的员工往往由于管理能力的缺乏，有私心的人由于追求个人利益而忽视或忘记了组织的团结。

法约尔的14项管理原则可以适用于一切管理活动，其实质内容在于统一指挥和等级系列。这些原则不是呆板的，而是灵活的，重要的是尺度的把握问题，这是一项很难掌握的管理艺术，领导者要充分运用自己的智慧、经验、洞察力和判断能力去适当运用这些原则管理好自己的企业。

3. 行政管理理论

马克思·韦伯（Max Webe）是德国的古典管理理论代表人物之一。他在管理思想方面的贡献是提出了理想行政组织体系理论，被人们称为"行政组织理论之父"。其主要著作有《社会和经济组织的理论》等。这一理论的核心是组织活动要通过职务或职位而不是通过个人或世袭来管理。他也认识到个人魅力对领导的重要性。他所讲的"理想的"，不是指最合乎需要，而是指现代社会最有效和合理的正确形式。之所以是"理想的"，因为他具有如下一些特殊性：

（1）明确分工。对每个职位上的组织成员的权力和责任都有明确的规定，并作为正式职责使之合法化。

（2）权利体系。管理人员按职务的级别和权力等级进行安排，形成一个自上而下的等级严密的指挥系统，每个职务均有明确的职权范围。

（3）规范录用。人员的任用完全根据职务要求，通过正式的考评和教育、训练来实现。每个职位上的人员必须称职,同时,不能随意免职。

(4) 管理职业化。管理人员有固定的薪金和明文规定的晋升制度,是一种职业管理人员,而不是组织的所有者。

(5) 公私有别。管理人员在组织中的职务活动应当与私人事务区别开,公私事务之间应有明确的界限。管理人员没有组织财产的所有权,并且不能滥用职权。

(6) 遵守规则和纪律。组织中包括管理人员在内的所有成员必须严格遵守组织的规则和纪律,以确保统一性。

(三) 组织行为学的确立和形成阶段（20 世纪 20～30 年代）

20 世纪 20～30 年代是组织行为学的确立和形成阶段。这一阶段主要表现为三方面:一是霍桑实验（即 1924～1932 年所进行的照明实验、福利实验、访谈实验、群体实验）的成功开展。二是乔治·埃尔顿·梅奥（George Elton Mayo）出版了《工业文明中的人的问题》,提出了与古典管理理论不同的新观点——人际关系学说。三是组织行为学的研究由个体转向群体取向。此阶段是组织行为学产生和发展的重要阶段,推动了组织行为学的不确定与形式。

霍桑实验历时 8 年,共分为四个阶段:

1. 照明实验

这项实验在霍桑工厂进行了两年半的时间。当时关于生产效率的理论占统治地位的是劳动医学的观点,认为影响工人生产效率的也许是疲劳和单调感等,于是当时的实验假设便是"提高照明度有助于减少疲劳,使生产效率提高"。实验是在被挑选出来的绕线工人中间进行的。一组是"实验组",一组是"参照组"。在试验过程中,"实验组"不断增加照明的强度,而"参照组"的照明度始终保持不变。可是经过两年多实验发现,照明度的改变对生产效率并无影响。具体结果是:当实验组照明度增大时,实验组和控制组都增产;当实验组照明度减弱时,两组依然都增产,甚至实验组的照明度减至 0.06 烛光时,其产量亦无明显下降;直至照明减至如月光一般,实在看不清时,产量才急剧降下来。研究人员面对此结果感到茫然,失去了信心。

从 1927 年起,以梅奥教授为首的一批哈佛大学心理学工作者将实验工作接管下来,继续进行。

2. 福利实验

福利实验是继电器装配测试室研究的一个阶段,时间是 1927 年 4 月～1929 年 6 月。

实验目的总的来说是查明福利待遇的变换与生产效率的关系。但经过两年多的实验发现,不管福利待遇如何改变（包括工资支付办法的改变、优惠措施的增减、休息时间的增减等）,都不影响产量的持续上升,甚至工人自己对生产效率提高的原因也说不清楚。

后经进一步的分析发现,导致生产效率上升的主要原因来源于两方面:一是参加实验的光荣感。实验开始时 6 名参加实验的女工曾被召进部长办公室谈话,她们认为这是莫大的荣誉。这说明被重视的自豪感对人的积极性有明显的促进作用。二是成员间良好的相互关系。

3. 访谈实验

研究者在工厂中开始了访谈计划。此计划的最初想法是要工人就管理当局的规划和政策、工头的态度和工作条件等问题做出回答，但这种规定好的访谈计划在进行过程中却大出意料，得到意想不到的效果。工人想就工作提纲以外的事情进行交谈，工人认为重要的事情并不是公司或调查者认为意义重大的那些事。访谈者了解到这一点，及时把访谈计划改为事先不规定内容，每次访谈的平均时间从30分钟延长到1~1.5个小时，多听少说，详细记录工人的不满和意见。访谈计划持续了两年多。工人的产量大幅提高。

工人们长期以来对工厂的各项管理制度和方法存在许多不满，无处发泄，访谈计划的实行恰恰为他们提供了发泄机会。发泄过后心情舒畅，士气提高，使产量得到提高。

4. 群体实验

群体实验是银行电汇室研究。

梅奥等人在这个试验中是选择14名男工人在单独的房间里从事绕线、焊接和检验工作。对这个班组实行特殊的工人计件工资制度。

实验者原来设想，实行这套奖励办法会使工人更加努力工作，以便得到更多的报酬。但观察结果发现，产量只保持在中等水平上，每个工人的日产量平均都差不多，而且工人并不如实地报告产量。深入的调查发现，这个班组为了维护他们群体的利益，自发地形成了一些规范。他们约定，谁也不能干的太多，突出自己；谁也不能干的太少，影响全组的产量，并且约法三章，不准向管理当局告密，如有人违反这些规定，轻则挖苦谩骂，重则拳打脚踢。进一步调查发现，工人们之所以维持中等水平的产量，是担心产量提高，管理当局会改变现行奖励制度，或裁减人员，使部分工人失业，或者会使干得慢的伙伴受到惩罚。

这一试验表明，为了维护班组内部的团结，可以放弃物质利益的引诱。由此提出"非正式群体"的概念，认为在正式的组织中存在着自发形成的非正式群体，这种群体有自己的特殊的行为规范，对人的行为起着调节和控制作用。同时，加强了内部的协作关系。

通过四个阶段历时几年的霍桑实验，梅奥等人意识到，人们的生产效率不仅要受到生理方面、物理方面的影响，更重要的是要受到社会环境、社会心理等方面的影响，这个结论的获得是相当有意义的，这对"科学管理"只重视物质条件，忽视社会环境、社会心理对工人的影响来说，是一个重大的修正。

根据霍桑实验，梅奥1933年出版了《工业文明中人的问题》，提出了与古典管理理论不同的新观点，主要包括以下三个方面：

第一，工人是"社会人"，而不是单纯追求金钱收入的"经济人"。作为复杂社会系统的成员，金钱并非刺激积极性的唯一动力，他们还有社会、心理方面的需求，因此社会和心理因素等方面所形成的动力，对效率有更大的影响。

第二，企业中除了"正式组织"以外，还存在着"非正式组织"，这种非正式组织是企业成员在共同工作的过程中，由于共同的社会感情而形成的非正式团体。这种无形的组织有它特殊的感情、规范和倾向，左右着成员的行为。古典管理理论仅注重正式组织的作用,这是很不够的。非正式组织不仅存在,而且同正式组织是相互依存的,对生产效率的提高有很大影响。

第三,新型的领导通过职工"满足度"的增加,来提高工人的"士气",从而达到提高效率的目的。生产率的升降,主要取决于工人的士气,即工作的积极性、主动性与协作精神,而士气的高低,则取决于社会因素特别是人群关系对工人的满足程度,即他的工作能否被上级、同伴和社会承认。满足程度较高,士气也越高,生产效率也就越高。所以领导的职责在于提高士气、善于倾听和沟通了解下属职工的意见,使工人在正式组织的经济需求和工人在非正式组织的社会需求之间保持平衡。这样就可以解决劳资之间乃至整个"工业文明社会"的矛盾和冲突,提高效率。

梅奥等人的人际关系学说的提出,开辟了管理和管理理论的一个新领域,并且弥补了古典管理理论的不足,为以后行为科学的发展奠定了基础。

(四)组织行为学的大发展阶段(20世纪40～50年代)

20世纪40～50年代是组织行为学的大发展阶段,在这一阶段内,卢因提出了群体动力理论,马斯洛提出了需要层次理论,麦格雷戈提出了X和Y理论等。组织行为学理论框架日趋完善,研究方向转变为群体取向,开始强调人的因素,但没有注意工作与环境的关系。

美籍德国人库尔特·卢因(Kurt Lewin)提出了"群体动力理论",用"场"的理论来研究个体行为。卢因借用物理学中磁场的概念,认为人的心理、行为决定于内部需要和环境的相互作用。因此,要测定人的心理与行为就必须了解完成这一行为的内在的心理力场和外在的心理力场的情景因素。当人的需要未能满足时,就会产生内部立场的张力,环境起着导火索的作用。据此他提出了心理力场的理论公式:$B=f(P \cdot E)$,其中B代表个人行为,P代表个性特征,E是环境,f是函数。可以看出,人的行为是个性特征与环境相互作用的函数关系和结果。

群体动力论的主要意义是:启发人们从内因的角度去考察和研究群体行为的产生和发展规律;从群体成员间的关系以及整个群体氛围中去把握群体行为的变化过程;使个体、群体和社会三位一体的关系得到逐渐认识;促进了小群体研究重点的转化;并在心理学和社会学之间架起了一座桥梁。

美国心理学家亚伯拉罕·马斯洛(Abraham Maslow)于1943年在《人类激励理论》论文中提出需求层次理论。书中将人类需求像阶梯一样从低到高按层次分为五种,分别是:生理需求、安全需求、社交需求、尊重需求和自我实现需求。需求层次理论强调了人的价值和尊严,对于促进管理中对人的重视具有积极意义。需求层次理论概括了一般人在不同层次上的需要,在一定程度上反映了人类行为和心理活动的共同规律,因而获得了广泛认同。该理论还肯定了高层次需要的重要性,有助于发挥精神利益的作用。

1960年,道格拉斯·麦格雷戈(Douglas McGregor)在其著作《企业的人性面》(*Human Side of an Enterprise*)一书中总结了人性假设对立的两种观点,即X理论和Y理论。麦格雷戈认为,传统的管理理论来源于教会和军队,没有接触现代化的政治、社会和经济，因此把人看成是厌恶工作、需要严格控制的消极因素，他将这种假设称为 X 理论；而在现实生活中许多想象不符合 X 理论的观点，人并不是天生厌恶工作，人们在工作中能自我控制，在现代工业社会中，一般人没有充分发挥潜力，他将这种观点称为"Y 理论"。他认为现代组织的管理者就应让职工负更多的责任，发挥他们的潜力。如果这样做，将如 20 世纪 30 年代发现原子能一样，开发出难以想象的人力资源。

1949 年在美国芝加哥召开的一次跨学科会议上，首先提出行为科学这一名称。1953 年正式把这门综合性学科定名为"行为科学"。

（五）组织行为学成熟阶段（20 世纪 50 年代以后）

在这一阶段，组织行为学研究更趋于综合性、全面性和系统性。其特点为管理科学学派、权变观点的引入和组织文化的深入研究。

1. 管理科学学派

管理科学学派是第二次世界大战时兴起的，将数学引入管理领域，运用科学的计量方法来研究和解决管理问题，使管理问题的研究由定性分析发展为定量分析的管理学派。该学派正式成立于 1939 年由英国曼彻斯特大学教授布莱克特（Blackett）领导的运筹学小组。该学派的主要特点为：力求减少决策的个人艺术成分。依靠建立一套决策程序和数学模型以增加决策的科学性。他们将众多方案中的各种变数或因素加以数量化，利用数学工具建立数量模型研究各变数和因素之间的相互关系，寻求一个用数量表示的最优化答案。决策的过程就是建立和无用数学模型的过程。各种可行的方案均是以经济效果作为评价的依据。例如成本、总收入和投资利润率等。

现代企业管理中影响某一事务的因素错综复杂，建立模型后，计算任务极为繁重，依靠传统的计算方法获得结果往往需要若干年时间，致使计算结果无法用于企业管理。电子计算机的出现大大提高了运算的速度，使数学模型应用于企业和组织成为可能。它主要包括运筹学、系统分析、决策科学化三个方面。

2. 权变观点的引入

权变管理理论是 20 世纪 70 年代在美国形成的一种管理理论。这一理论的核心就是力图研究组织的各子系统内部和各子系统之间的相互关系，以及组织和它所处的环境之间的联系，并确定这种变数的关系类型和结构类型。它强调在管理中要根据组织所处的内外部条件随机而变，针对不同的具体条件寻求不同的最合适的管理模式、方案或方法。

权变理论为人们分析和处理各种管理问题提供了一种十分有用的视角。它要求管理者根据组织的具体条件及其面临的外部环境，采用相应的组织结构、领导方式和管理方法，灵活地处理各项具体管理业务。这样，就使管理者把精力转移到对现实情况的研究上来，并根据对具体情况的分析，提出相应的管理对策，从而有可能使其管理活动更加符合实际情况，更加有效。同时，权变学派使人们对管理的动态性有了新的认识，而以往人们对管理行为大多是从静态的角度来认识的。麻省理工教授艾佳德·沙因（Edgar H. Schein）对人性假设就是一个例子。他认为人不单纯是"经济人"或者"自我实现人"，而是在不同的情况下或者在同一情况下的不同时期心理状态也是有差别的。管理者不能把所有的人等同视之，用同一个固定的模式进行管理，而是要洞察他们的特点，对症下药，这样才能取得成效。

3. 组织文化研究的兴起

组织文化研究的真正兴起是在 20 世纪 80 年代。作为在管理理论基础上发展起来的组织文化理论，也是在前人各种管理学学说——古典管理理论、行为科学理论、管理理论丛林的基础上，通过对企业运营过程的不断研究，反复实践，加以改造和创新形成的。它从一个全新的视角来思考和分析企业这个经济组织的运行，把企业管理和文化之间的联系视为企业发展的生命线。企业管理从技术、经济上升到文化层面，是管理思想发展史上的一场革命，它给企业带来了勃勃的管理生机和活力。

从 20 世纪 50 年代以来，日本的发展异常迅速，到了 70 年代，美国企业日益受到了来自日本的挑战。美国人对造成日本"奇迹"的"东方魔术"惊叹不已，渴望能把成功的秘诀学过来，重振雄风。于是在 70 年代末 80 年代初，掀起来一场美日管理比较研究热潮，这个热潮催生了组织文化理论。

另一方面，20 世纪七八十年代的西方企业界，许多企业面临的内外部环境发生了显著的变化：科学进步，技术迅猛发展，市场呈现全球化倾向，竞争日趋激烈，企业员工的文化素质、文化水平、参与管理的意识和能力不断提高，并且有不断要求进一步改善的趋势。在这种形势下，刚性的管理制度的缺陷就日益明显，因为制度有三个难以克服的缺陷：一是有限性，再严密的制度也不能包罗万象；二是强制性，可以想象在强制管理下，员工不能最大限度地发挥其聪明才智；三是静止性和滞后性，无法应对组织面临的多变的内外部环境。

所以客观上需要有新的理论来弥补这一不足，而组织文化能自觉引导组织成员的行为，弥补这些缺陷。在组织价值观念的理性约束下，组织成员清晰地知道"这些是我应该做的"、"那些行为是我应当避免的"，如果成员的某项行为违背了组织的理念，群体压力将促使其自动纠正行为。组织文化正是通过这种微妙的暗示，以无形的手调解成员的自我行为。

加利福尼亚大学的管理学教授威廉·大内（William Ouchi）从 1973 年开始研究日本公司的企业管理方法，认为面对日本的挑战，美国应当从日本的经验中吸取有益的成分。他经过长期研究，写出了他自认为"阐述处理日本企业管理和美国生产力中根本性问题的书"——《Z 理论—美国企业界怎么样迎接日本的挑战》。大内在分析了美国占多数的 A（American）型组织和日本类型的 J（J 型组织）之后，提出了他所设计的"Z 型组织"、"Z 型文化"。

20 世纪 80 年代初，美国哈佛大学教育研究院的教授泰伦斯·迪尔（Terrence E. Deal）和麦肯锡咨询公司的顾问艾伦·肯尼迪（Allan Kennedy）在长期的企业管理研究中积累了丰富的资料。他们在 6 个月的时间里，集中对 80 家企业进行了详尽的调查，写成了《企业文化—企业文化的习俗和礼俗》一书。该书用丰富的例证指出：杰出而成功的企业都有强有力的组织文化，即为全体成员共同遵守，但往往是自然而然约定俗成个人非书面的行为规范；并有各种各样用来宣传强化这些价值观念的仪式和习俗。正是组织文化这一非技术、非经济的因素，促成了这些企业的成功。

美国哈佛大学的安东尼·阿索斯（Anthony G. Athos）和斯坦福大学的理查德·帕斯卡尔（Richard Tanner Pascale）在麦肯锡咨询公司的7S理论基础上比较了日本企业和美国企业在观念上的区别，特别是比较了日本松下公司及其成功的领导人松下幸之助和美国国际电话电报公司及其成功的领导人哈罗德·吉宁之间的区别。阿索斯和帕斯卡尔认为，美国企业家重视硬件，而日本企业家不但重视硬件，更重视诸如共有价值观、作风、人员、技巧等软件因素。

企业文化学者，企业问题专家、麦肯锡咨询公司的托马斯·彼得斯（Thomas Peters）和小罗伯特·沃特曼（Robert H. Waterman）在1982年出版的《追求卓越》一书中提到，超群出众的企业，必然有一套独特的文化品质，这种文化品质使他们脱颖而出。这些品质包括：贵在行动，紧靠顾客，鼓励革新，容忍失败，以人促产，深入现场，以价值观为动力，精兵简政，辩证处理矛盾。

彼得·圣吉（Peter M. Senge）教授和麻省理工学院的一群工作伙伴及企业界人士，创立了人们得以由工作中得出生命的意义、实现共同愿望的"学习型组织"理论，这一在系统动力学与组织学、创造原理、认知科学等知识体系基础上构筑的学习型组织理论，开创了"自我超越"和"共同愿景"的组织文化新概念，进一步发展和丰富了20世纪80年代以来形成的组织文化理论。在圣吉看来，人类对于学习有一种深切的动力，所以，企业家创造的组织文化只要切合人性，就可以形成一种学习型的组织文化；同时，人们在自我超越的驱动力下，在共同的愿景的牵引下，企业就有可能形成使人产生奉献精神的企业文化。

到20世纪90年代，随着以速度求效益的"知识经济"的来临，越来越激烈的竞争态势要求企业应变能力的提高和升级，组织文化开始越来越多地强调柔性管理、模糊控制、管理创新、机制创新等。新经济时代组织文化所面临的种种冲击和变革，迫使人们去思考，如何去形成创新组织文化。"企业再造"既是对知识时代竞争的回应，而作为再造工程的倡导者——迈克尔·海默（Michael Hammer）和詹姆斯·钱皮（James Champy）认为，一些公司在一个或多个领域取得惊人成就的根本原因在于追求根本性的改变而不是渐进式的改良，这种企业再造工程应当建立一种与之相对应的组织文化。

另外，科特（Kotter）和赫斯科特（Heskett）还从组织文化与企业长期经营业绩之间的关系层面剖析了两者的互动性，进而指出了企业经营业绩如何运用组织文化使其增长的问题。组织文化研究的发展阶段如表1-2所示。

组织文化研究发展阶段　　　　　　　　　　　　　　　表1-2

发展阶段	代表人物及著作	主要特征或贡献
萌芽期 （20世纪60~70年代）	纳德拉(Nadler)组织微观文化概念 蒂默(Timmer)的次产业文化研究	将组织视为整体形态，采用描述性的方法来分析单个组织的风貌与特性，是组织文化研究的先驱

续表

发展阶段	代表人物及著作	主要特征或贡献
奠定期 (20世纪70年代末 ～80年代初)	潘迪(Pondy) 《跨越组织开放系统模式》	提出组织文化的概念与文化模式的研究概念,为组织文化的研究奠定基础
发展前期 (20世纪80年代末)	威廉·大内(William Ouchi) 《Z理论》 帕斯卡尔(Pascale)和阿索斯(Athos) 《日本经营管理艺术》	形成了组织文化研究的理论框架,以独特的视角、全新的思路、丰富的例证以及精辟独到的见解,阐述了文化在企业中的作用,促使人们对组织文化理论进行新的探索
发展近期 (20世纪80年代 中后期至今)	圣吉(P. M. Senge) 《第五项修炼》 科特(Kotter)和赫斯克特(Heskett) 《组织文化与经营业绩》	从理论和实证两方面研究组织文化在组织中的总体作用

四、组织行为学的挑战与发展动向

根据美国学者安德鲁·J·杜布林(A. J. Dubrin)的定义:组织行为学是系统研究组织环境中所有成员的行为的一门学科,以成员个人、群体、整个组织以及外部环境的相互作用形成的行为作为研究的对象。因而组织行为学的应用重点是组织中管理者与被管理者之间、管理者之间、被管理者之间的行为关系,如何运用理论来指导实践,提高公司的管理绩效和员工满意度,激发个体的工作潜能,实现管理科学化。然而世界经济环境的不断变化给组织行为学的发展带来了很多机遇的同时,也带来了一些挑战。

(一)"新组织"的兴起带来的挑战

随着知识经济的不断发展,一些新的组织如团队型组织、虚拟组织、学习型组织、无边界组织及网络组织等也不断发展壮大起来。相对于比较固定的传统组织结构,新型组织结构具有信息流动快、组织结构灵活多变、无边界管理等优点。这些新型组织结构形式通过企业的组织重构简化内部组织结构,尤其是正式组织结构,弱化等级制度,促进组织内部信息的交流、知识的分享和每位成员参与决策过程,使得企业组织对外部环境的变化更敏感、更具灵活性和竞争实力。同时,由于技术进步的速度加快,竞争激烈,必然带来劳动市场流动率的提高、临时性增加和员工忠诚的减弱等,这样就必须要通过组织学习与界线管理,保证组织的核心竞争力,激发变革和创新;在持续提升核心竞争力的同时,舒缓员工的工作压力,改善其道德行为。

在新型组织结构中,领导者的权威意识较之前有所淡化,员工的相对权利扩大。知识员工正在崛起,他们具有较高的创造性、流动性、成就动机等特点,且所从事工作任务具有一定复杂性,因而其个性和行为表现出了不同于传统组织环境下的特征,这些知识员工对组织的依赖性降低,他们更看重工作的自主性而轻视来自组织的指令和管制;更看重工作的意义而不仅仅只是注重工作结果的关联性。新型企业领导的主要职能是使本组织适应新的现实并迎接所造成的价值挑战。这种新的领导将不再由一个"负责"的精英人物所提供,它将从每一个人内在的能力中产生,这种更加人性化的管理注重分权和劳动者自觉遵守纪律,工作由一些重复性的行为构成变成由个体之间的相互交流构成，而工业时代强调集权和强制性的纪律的领导方式必然会引发组织内部的很多矛盾。此外，相对于传统比较固定的组织结构，新型的组织结构更加注重对环境变化的适应能力，以提高自己的竞争能力和工作效率。那些依然只强调组织结构明确、稳定和角色的可替换性的传统组织已不再适应时代的发展。既然现在的组织行为学是一门应用性科学，就必须做出相应的变革，使得传统的组织行为学的理论向研究比较开放的新型组织结构做出一定的转变。

（二）劳动力多元化带来的挑战

随着全球竞争的不断激化，一个组织不得不努力提高自己的生产率和产品质量以求得生存。然而，经济的全球化，使得组织的劳动力、产品和资本市场也变得多元化，尤其是一些跨国公司，他们的成员大多来自不同的国家和民族，虽然不同的人在组织中多多少少会被自动的同化，但是员工是不可能把自己的价值观和生活方式完全置于一边的。因此，组织行为学的研究者在探索其发展时，需考虑到如何对不同国籍、宗教信仰、教育背景、生活习惯、思想需要的员工进行工作安排，澄清不同的生活方式、家庭环境和工作风格来使员工适应当前多变的工作环境和交际圈。当然管理人员还需要改变自己的经营哲学，不仅要平等对待自己的员工，更需要承认差异化，并且能够对员工之间的差异化作出积极的反应，从而提高生产率，为自己的组织创造更高的价值。此外，制定针对性的薪酬、福利、培训计划，通过不同的观点来改善决策质量对调动员工的积极性，增强组织的效率也是十分有效和必要的。

当然，处于知识经济的新时代，知识的含量决定着大多数产品的真正价值，脑力劳动已上升为人类劳动的主要形式，这点我们可以在电子产品方面得到淋漓尽致的诠释。因而如何提高劳动生产率亦不会再成为一个很严峻的问题。但是，因劳动生产率的提高而引发的一系列社会问题（如失业、生产过剩、如何稳固社会财富的持续增长等）不得不成为各学者和专家关注的焦点。由此，对于组织行为学的研究应该更加注重对人性的取向。

（三）提高劳动者创造性和积极性

很多实践证明，适当地运用激励机制，可以从精神上、物质上引导员工充分发挥他们的劳动创造性和工作积极性，提高工作效率和工作效益，推进企业的可持续发展，有着极其重要的作用。韦尔奇一向很鼓励员工勇敢地展示自己，他说："我希望员工能够充分发挥潜能，提出他们的建议，而我会为他们提供各种资源。这样，员工们给我的将是许多建议和计划，我可能会说'我不喜欢这个想法，但那个主意非常好'这样的交流更有创意。"然而，随着社会的发展，物质水平的提高，人们更多追求的是那些能够真正满足自身实现人生价值的成就感、有利于个人成长、极富挑战性以及实现工作生活高质量需求的内在报酬，显然传统经济时代只强调外在激励的政策已无法满足员工的需求，依据马斯洛的需求层次理论，激励必须要考虑人的需求，别人需要什么，我们就给予什么样的激励，这样的激励才是真正有效的。

因此，管理者在管理中能正确认识被管理者的需要多层次，努力把管理的手段和员工的需要结合起来,针对性地给予激励。一旦这种内在性的激励对员工的思想意识发生影响,便会给整个组织带来意想不到的收获。

上述组织行为学发展的历程说明,正是组织的演变、管理实践的需要、管理理论的发展,推动着组织行为学的研究不断深入,理论体系逐步完备。

第二节 组织行为学研究的目的和意义

一、组织行为学的研究目的

(一) 解释

组织行为学到底想做什么?我们已经知道它关注培养人际能力,但其确切的目的是什么呢?研究组织行为学的目的是为了帮助我们解释、预测和控制人的行为。

当我们对某个人或某个群体为什么做某事寻找解答时,我们就是在寻求对事情的解释。从管理的角度来看,寻求解释也许在三个目的中最不重要,因为它出现在事实发生之后。然而,如果我们想要理解某一现象,就必须从解释开始,然后才能通过对事物的理解来确定事情发生的真正原因。例如,如果有一大批重要员工集体辞职,毫无疑问我们会想知道为什么,然后考虑是否有什么办法能够阻止他们,显然,员工辞职的原因是多方面的,如果对高辞职率原因的解释是薪水太低或工作令人厌烦,管理者以后就可以采取相应的措施来改善这些条件。

(二) 预测

预测的目的是针对将来的事件,它探寻当某一行为发生时会产生什么样的结果。一家小工厂的经理正从事一项预测活动,试图评估在安装新的机器人设备之后员工会有什么反应。在组织行为学知识的基础上,这位经理能够预测对于该变化的某些行为反应。当然,还可能有其他方式来进行大的变革,这样经理就可以评估在几种不同变化交错情况下员工的反应。通过这种方法,这位经理就可以预测哪种方法带来的员工反对的阻力最小,并且可以利用这些信息做出决定。

(三) 控制

为了保证组织目标的实现和既定计划的顺利执行,管理必须监控组织的绩效,必须将既定的目标同预先设定的目标进行比较,如果出现了偏差,就需要运用各种管理方法使组织回到正确的轨道上。内容包括行动偏离目标和标准对组织活动的纠正以及对目标和标准的修改和重新制定,后者是指当组织内外环境发生变化时,原来的目标和标准已经不再适用。

二、组织行为学研究的意义

在现代化生产中,最重要的因素是人,因此,现代化的管理最主要的是对人的管理。组织行为学的主要任务和目的就是调动人的积极性和创造性,开发人力资源。学习和运用组织行为学,对于推进我国管理现代化的水平,提高劳动生产率,加强政治思想教育,都有着十分重要的意义。

(一) 有助于加强以人为中心的管理

如何充分调动人的积极性、主动性和创造性是组织行为学研究的重要内容。

组织行为学认为，人是组织的主体，现代化的管理中，最重要的管理是对人的管理。实现管理的目标，就要实行合乎人情味的管理，建立以人为中心的而不是以工作任务为中心的管理制度。科学技术越发展，就越要重视人的因素，就越要重视提高人的素质，提高脑力劳动者的比重。据统计，体力劳动和脑力劳动的耗费比重，在机械化水平低下的情况下一般为 90∶10；在中等机械化水平下为 60∶40；在全盘自动化的情况下为 10∶90。特别是进入使用电子计算机、信息化管理时代，对脑力劳动的要求越来越高。比如 20 世纪 70 年代美国新增加的近 2000 万就业人员中，就有 90% 左右的人在高技术信息服务业工作。实践证明，越是高级的脑力劳动者，就越需要实行具有人情味的管理，充分发挥其主动性和自觉性，而不能主要靠监督。

（二）有助于知人善任，合理地使用人才

组织中的每一个人均有他们各自的个性特征，有他们不同的气质、能力、性格和兴趣。而组织行为学的个体行为部分，通过对个性理论及其测定方法的研究，通过对个人绩效考核方法的研究，使组织领导能够全面地了解每个人的性格特点和能力所长，从而安排与之相适应的工作岗位和职务，真正做到扬长避短、人尽其才、才尽其用，取得最佳的用人效益。同时，也可为我国当前的劳动人事制度的改革，为制定用人和育人政策，提供科学依据。

（三）有助于改善人际关系，增强群体的凝聚力和向心力

组织中的职工绝不可能孤立行事，必然在一定的工作群体中与他人协作配合，发生各种各样的关系。组织行为学对群体行为规律的研究，为改善人际关系，发挥群体的功能，提高群体绩效，提供了依据。如组织行为学主张，把组织中的正式群体和非正式群体的作用结合起来。如当前的劳动优化组合的形式就是把非正式群体转化为正式群体，实行将点兵、兵择将的自由组合。出于这些人感情、志趣相投，价值观相一致，容易增强群体的凝聚力和向心力，满足人们的归属感和友谊的需要。在这样和谐的人际关系下，人们心情舒畅，有利于进一步提高群体绩效。

（四）有助于提高领导水平，改善领导者和被领导者的关系

一个组织内的运营绩效是由组织成员的各种行为决定的，而组织成员的工作和行为又受到领导者及其领导行为的引导、调控与控制。从这个意义上说，领导者的行为决定着组织的绩效，而且直接决定着组织的兴衰成败。因此，组织要生存并取得成功，就需要有效的领导。组织行为学通过分析个人心理与行为、群体心理与行为和领导心理与行为来改善领导者与被领导者的关系，提升组织绩效。

（五）有助于提高现代化管理水平

随着我国对外开放的深入发展，作为现代管理理论的重要组成部分的行为科学、组织行为学也随之传入我国。组织行为学研究的领导的心理与行为、激励的各种方式，可以提高领导水平、领导艺术和领导者的素质；组织行为学研究的人们心理变化的各种因素，可以预测人的行为，使思想政治工作富有预见性和针对性，促进人的行为的转变。总之，我们在管理工作中借鉴这个学科理论中的合理成分，对于促进我国企业管理的现代化与科学化将发挥积极的作用。

(六) 有助于提高劳动生产率或工作效率

组织行为学是研究人的心理与行为产生的原因及其规律的科学，其目的在于调动人们工作的积极性和创造性。因此，在实际工作中，当我们掌握了生产中个体、群体、组织、领导人和心理活动的规律之后，就可以制定出管理个体、群体、组织的科学管理方法。这些科学管理方法有利于提高工作效率和劳动生产率。

我国现阶段的物质生产水平还较低，劳动者的生活还不富裕，而要提高劳动者的生活水平，就需要极大地提高劳动生产效率。所以，组织行为学当前的一项主要任务就是千方百计地运用组织行为学的规律来促进劳动生产率的增长。

虽然组织行为学还在不断完善，但它的实践作用已经被越来越多的人所认识与接受，随着对它的深入研究，必将建立起具有中国特色的组织行为学的理论体系。

第三节 组织行为学的研究对象与方法

一、组织行为学的研究对象

具体来说，组织行为学主要研究三个方面的问题：一是研究组织对其成员心理和工作行为的影响，包括价值观、工作态度和行为方式等方面的影响；二是研究组织成员的行为方式以及绩效对整个组织的效率和绩效的影响；三是研究组织对环境的适应性和持续发展问题，组织行为学研究的具体内容如图1-2所示。

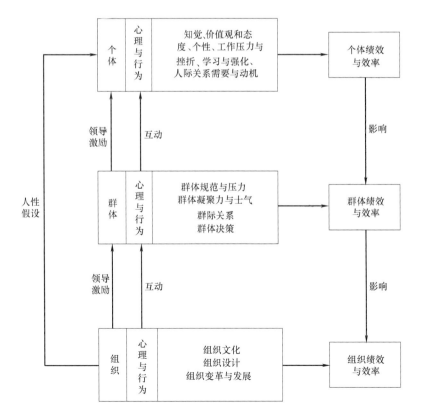

图1-2 组织行为学研究的具体内容

（一）个体心理与行为

对于心理与行为的研究，一般都要从个人心理与行为的研究开始。因为个体是群体和组织的细胞，个体心理与行为是群体心理与行为、组织心理与行为的基础，它使管理者在各项工作中考虑到人的差异性来解释人的需要、动机、行为之间的因果关系，以达到人尽其才、人尽其用的目的。这种差异性包括价值观、直觉、态度、人格、能力、兴趣、意志、情感等心理因素。

通过对个体心理的研究，可以了解和把握在管理活动中个体行为的原因，进一步预测和控制个体的行为，充分挖掘个体的潜能，激发个体工作积极性，使个体心理和行为符合管理目标，实现管理科学化。同时，通过对个体心理与行为的研究可以帮助管理者认识掌握组织成员共同的心理活动规律，据此制定切实可行、行之有效的管理制度。

（二）群体心理与行为

群体是具有相同利益或情感的两个或两个以上的人以某种方式相结合的集合体。人总是属于各种各样的群体，群体是组织中的基本单元，对外有完成组织目标，对内有协调人际关系，满足个体心理需求，所以群体对个体心理状态以及整个组织的社会心理气氛具有很大的影响。群体心理与行为是群体成员在群体活动中表现出来的心理和行为特点。研究群体心理与行为主要是从群体规范、群体压力、群体气氛、信息沟通、人际关系等多种维度来进行的。研究群体内部个体互动的心理与行为反应，以达到正确处理人际关系，增强群体凝聚力和群体绩效的目的。在群体内不可避免地会出现竞争与冲突，如何正确从而更好地实现组织目标是研究群体心理与行为的重要内容。群体心理与行为研究的主要任务包括对正式群体和非正式群体的研究，引导非正式群体为实现组织目标起到良好的促进作用。

（三）领导心理与行为

领导是管理的重要职能，领导的水平高低通常决定着群体和组织的生死存亡。其思想观念、心理素质和特殊心理机制，不仅影响到个人工作的成效，更影响到其部属和群体作用的发挥乃至整个组织的行为和绩效。领导心理的研究具体包括研究领导者的权力、影响力的来源以及如何正确发挥领导职能。通过探索不同的领导行为和领导作风所产生的不同心理效应来指导管理者因时因地地采取不同的管理策略，来提高领导艺术和领导效率服务。

激励是领导者重要的职能。组织行为学对激励的研究起源于对人们需求的理解。早期的激励理论研究是对于"需要"的研究，回答了以什么为基础，或根据什么才能激发调动起工作积极性的问题，包括马斯洛的需求层次理论、赫茨伯格的双因素理论和麦克利兰的成就需要理论等。激励理论中的过程学派认为，通过满足人的需要实现组织的目标有一个过程，即需要通过制订一定的目标影响人们的需要，从而激发人的行动，包括弗洛姆的期望理论、波特和劳勒的综合激励模式、亚当斯的公平理论、斯金纳的强化理论等等。激励理论是行为科学中用于处理需要、动机、目标和行为四者之间关系的核心理论，目的在于激发人的正确行为动机，调动人的积极性和创造性，有效地组织成员来完成组织的目标。

(四)组织心理与行为

从广义上说,组织是指由诸多要素按照一定方式相互联系起来的系统。从狭义上说,组织就是指人们为实现一定的目标,互相协作结合而成的集体或团体。在对个体、群体、领导特征研究的基础上,探求准则管理、组织发展与组织变革的正确之道。组织心理与行为的研究包括组织的结构类型、组织的设计和变革、组织文化等方面。

根据组织结构基本维度的不同组合构成了几种基本的组织结构类型:直线式、职能式、直线职能式、事业部制和矩阵式,以及现代商业出现的新型组织形式。组织设计与变革则包括组织设计的原则与步骤、组织变革的过程及方法的研究。而组织文化的研究是组织行为学深入发展的标志。无论是从宏观还是微观角度上讲,文化因素无疑对组织行为具有重要的影响和巨大的意义。对组织文化的研究有助于我们对组织成员乃至整个组织行为的理解、预见和把握。

二、组织行为学的研究方法

组织行为学的研究方法可以按研究的性质、研究的深度和研究变量的可控程度三种情况进行分类:

(一)以应用广度为原则分类

(1)理论性研究。这种研究主要是为了积累组织行为学的学科知识,并不直接着眼于应用。例如对人性的探索,对激励的心理规律的研究等。

(2)应用型研究。研究方法侧重于对观察结果的证明以及对如何把这种新发现的研究成果用于解决实际问题的研究。

(3)服务型研究。这种研究主要是指咨询人员或顾问人员所做的研究。

(4)工作性研究。这种研究就是针对具体情况进行的研究性调查,使人们认清问题并采取相应的解决问题的措施。

(二)以研究的深度分类

(1)描述型研究。这种研究的主要目标是为了了解客观事物的特点和出现频率。这种研究一般只反映组织行为的现实,不涉及事物变量之间的关系,研究者也不施行干预措施。企业中经常采用的人员基本情况调查、职工态度调查、心理挫折的各种表现分析都属于此类。

(2)因果性研究。因果性研究也称"分析性研究",这种研究要求弄清楚各个因素之间的相互关系以及发展的趋势。例如,一个人对工作的满意度和他的工作绩效这两个变量的因果关系就有人提出不同的见解。有人认为,绩效是因,满意是果;有人认为,满意是因,绩效是果;也有人认为绩效和满意互为因果。

(3)预测性研究。这是实际管理人员提前考虑今后可能发生情况的方法。比如,经理要对他所主管的人员的行为、工作成效及整个组织目标的完成情况作出预测。这种预测性研究对有计划地控制人的行为和绩效具有重要意义。

(三)按研究变量的可控程度分析

1. 案例分析

案例分析是指研究人员通过查阅各种原始记录,或通过访问、发表调查和实地观察所收集到的有关某一个人或某个群体的各种情景,用文字如实记载,形成案例，为学生的课堂学习提供模拟的具体管理情景。学生在讨论分析中，找出主要问题，并运用知识提出解决问题的意见。

应用有实践经验的材料来训练学生由来已久。医学院运用病例、军事学校利用战例及法学院采用判例法来进行教学可以追溯到较早的时代。管理教育中引入案例的方法是在20世纪20年代由哈佛学院首创。这是在学校教育中结合"实践"操作的有效方法，通过众多的具体管理情景的分析，使学生在课堂学习中能短期内"接触"到大量各种各样的实际管理问题，一方面经济有效地弥补了学校学习实践不足的缺陷，另一方面相对于学生深入企业具体操作的学习方式，又具有系统普遍性，具有较强、省时省事、规模化成本低的优势，适应了现代工商企业对大量管理者进行职业教育的需要。案例分析方法一经实施就迅速推广，成为一种普遍的管理教学方法。

案例分析方法对实践经验不足的学生的课堂教学来说，是一种较为有效的方法。但是，这种方法也有自身的缺点：第一，文字记载对情景信息的反应是有局限性的，背景材料不可能完备。因此分析中的"隐含前提"比较多，容易出现个人说法不一、没有统一明确答案的情况。第二，案例结论的一般性与细节的具体性难以兼得，越是具体的信息，其应用的条件要求越多。第三，案例不可避免地带有观察者的认知偏见与主观解释，案例质量和撰写者的洞察力有很强的相关性。所以高质量的案例往往很难获得。即使在长期投入巨大人力物力进行案例开发的哈佛商学院，经典案例的形成也是沙里淘金般的艰难。

2. 现场研究

现场研究就是在现实的环境中对实际情况的研究，与实验室实验相比，它具有更强的逼真性。现场研究可以把猜测降到最低限度，被试者的反应会更加自然，更少受到猜测引起的各种倾向性的影响。现场研究的另一个优点是，有时可以观察到实验室里得不到的情景和变量。现场研究有三种情况：

（1）现场调查。这是结合实际中所发生的问题而进行的调查研究方法。对某些个人或群体进行访谈并发给调查问卷表，收集所需要的各种资料和数据。这种调查有普遍和抽样调查两种。其中，抽样调查方法一般所用的人、财、物和时间都比较少，因而广为采用。现场调查的目的是收集情报资料和数据，并不是要去改变或影响被调查者的行为。

（2）现场观察。这是围绕群体生活、工作的正常活动进行的系统观察，以获得数据，做出结论。例如，研究企业中的人际关系，可以深入基层作系统观察，以获得真实材料。

（3）现场实验。自然实验法也称现场实验，这是利用现存的机构（如工作班组）有目的地控制和改变某些因素和条件，验证某项假设，或检验一些管理措施所产生的效果而采用的方法。自然实验法主要是在自然情况下控制条件进行实验，对于个体或群体由此而发生的相应的心理变化进行分析研究，得出结论。例如，比较计时工资制和计件工资制对工人积极性的影响，可以把条件相仿的两组工人施以这两种不同的工作制，然后比较双方的劳动热情和生产率以判断孰优孰劣。这比自然实验更接近现实生活，但是不如实验室那样容易控制自变量与因变量相互间的因果关系。

3. 实验室实验

实验室实验法通常指在实验室内，借助各种实验仪器设备，严格控制实验条件，主动创造条件，用给定的刺激，引起一定行为反应，在这种条件下研究心理的原因、特点和规律的方法。如关于消费者对购物环境的颜色心理反应的研究就可以通过实验室实验法进行，精确的设备可以准确记录下受试者的一系列生理反应，结论比较科学。但是这种方法一般难以准确地测定复杂的、深层的心理活动和个性心理，应用范围有限。

实验室研究也有其不足。其一，被试者知道正在接受实验，那么总会有行为方面的不自然性。例如，"迎合心理"，就是被试者处于"好心"主动配合研究者的意图，有意表现出符合研究者主观愿望的心理活动；"逆反"心理，则是被试者处于"好奇"或反暗示，故意反常地表现出自己的心理活动。这都会造成假象，使实验数据失去意义。其二，被试者会按照自己觉得应该的方式行动，会因为怀疑而不接受实验措施等。其三，由于实验设计的操作方法不可能尽善尽美，一些外在因素的影响会使实验结果失真，或混淆实际存在的相互关系和作用。

除了这些方法，常用的研究方法还包括以下方法。

1. 观察法

观察法是在自然条件下，如在正常的、真实的工作情景中，有目的、系统地观察、研究对象以获得数据，得出结论，如对领导的工作能力和工作风格等的研究，对于员工的工作技能、工作压力等的研究都可以用观察法。研究者在进行观察之前，必须明确了解"观察什么"、"怎样观察"和"怎样记录"等问题，以便不失时机地捕捉到有关信息。

观察法的优点在于：研究者对研究对象施加任何影响，不改变其活动进程，因此能够掌握研究对象的许多生动活泼的实际材料，所以通过观察法获得的资料的可靠性、可信度较高。观察法也有一定的缺点，研究者对于被研究者的情况即使了解得很清楚，但任何个体和群体都有其独特性，因此很难把研究成果运用于其他的个体和群体中去。

2. 测验法

采用标准化的心理测验表或精密的测量仪器测量被研究者的有关行为特征和心理品质的研究方法，称为测验法。例如，智力测验、机械能力测验、个性检测、手指灵巧度测验等。在组织行为学的研究中，测验法往往为人员选拔、安置和提升等提供依据。采用标准化的测验工具，需要特别检验其信度和效度。

3. 调查法

为了达到设想的目的，制定某一计划全面或比较全面地收集研究对象的某一方面情况的各种材料，并做出分析、综合，得到某一结论的研究方法，就是调查法。它的目的可以是全面把握当前的状况，也可以是为了揭示存在的问题，弄清前因后果，为进一步的研究或决策提供观点和论据。

三、组织行为学研究的道德问题

组织行为学和心理学、社会学、社会心理学等社会学科一样，研究的对象本质上是人的活动。这与以物为研究对象的学科有一个基本的不同，那就是道德问题。

道德是一种社会现象，是人们共同生活及行动的准则和规范。组织作为人们社会群体性的重要表现形式，其产生、存在和发展本身就是一定历史条件下人类道德活动的必然结果。这是因为，任何组织的出现，都是人与人之间一定责任关系的合成，而责任关系是道德的应有之义。道德规范随着不同历史阶段的演进决定了组织中人际关系、权责关系的进化，推动了组织的变革和发展。家庭作为最古老的组织之一，它在不同时期的特点无不打上了道德的烙印。同样企业管理从过去的"大棒子加萝卜"到现在的有效激励，都与一定的道德标准相联系。可见任何组织都生存于一定的社会道德环境中，受到道德的制约。

组织行为研究的三个层次——个体、群体和组织都涉及道德内容。

组织成员的角色是很多的，他同时也是社会的一分子。一个组织成员既要完成工作任务，又要承担社会责任；既要遵守组织规范，又要符合社会伦理。当两个角色冲突时，组织成员就面临职业道德和社会道德的协调问题。这正是组织行为学研究中必须正视的道德问题。

人与人之间的关系，不仅是个人的本能需要，还要受到社会伦理标准的制约。随着社会的进步，个人的自由、权利、荣耀、人格尊严，人与人之间的平等观念和人道主义已成为社会伦理的基本原则。但是组织作为人的集合，本质上是在一定的规范下特定人际关系、群体活动的综合，成员在组织中的地位、拥有的信息并不是完全平等的，因而人际关系呈现非对称性，一些人有决策和监督、指挥的权威，另一些人则只能服从。这种权、责、利的不对等是提高组织效能的必然要求，也使员工的自由度减少。因此，个人自由和组织规范、个性发展与组织纪律、平等和权威、个人尊严和服从管理是处理组织内人际关系，尤其是上下级关系时必然遇到的矛盾。例如，在21世纪初，福田汽车公司是美国发展最快的公司之一，福特发明了流水生产线，用机器来控制生产的节拍，大幅度降低了成本，也使人工变成了机器的附庸。当时为了防止汽车工人大面积跳槽，他一方面把日工资从3美元调到了5美元，一面雇用了上百名稽查员，晚间闯入工人家中检查他们的生活起居，控制之严达到极点。这些现象的背后反映的是组织管理中的效率与道德的深刻矛盾，为组织行为学研究提出了重要课题。

组织内部的制度设计也要符合道德标准。组织的整体利益和员工的个人利益、组织目标和个体需要的协调是制度设计的基本任务，是激励理论的核心。许多忠诚的组织成员、先进分子为组织利益而放弃、牺牲了个人利益。但今天劳模晚景凄凉、生活失去保障者不乏其人，而损害组织利益却能不劳而获，甚至大肆挥霍者大有人在。这种不公平的献血会严重损害组织制度和管理方式的道德基础，隐次通过创新建立激励相容的制度安排也是组织行为学研究的道德问题。

由于组织、社会及其环境存在相互依存性，某项活动在使其组织获得利益的同时，也要向外部社会付出代价，因此个人、群体需要与社会需要，组织利益与社会利益之间不可能完全一致。例如，假冒产品使企业获利，却坑害了消费者。企业生产产生的污染给社会和环境带来很多恶果。人们逐渐认识到对小群体合理的，对社会不一定合理，纯粹的经济组织是不存在的。因此，组织追求自身利益时也要兼顾社会利益、承担社会责任，增进社会福利。这种新的价值观就是组织与社会、环境关系中的道德问题。社会责任的基本哲理在于"人类活动是整个自然社会系统的一个组织部分，大家都栖息在同一星球上，因而我们的活动都应对这些现实负责"。

道德准则既是一个历史的范畴，又是制度和文化的内核。国家之间社会和文化的差异决定了道德准则不可能跨越国界而普遍适用。例如，在西方国家许多服务行业的小费是员工薪酬的重要来源。而在中国，由于员工薪酬从企业领取，向顾客索要小费有悖于职业道德信仰，而和不同文化背景的人们在一起工作将成为普遍的现象，这样在组织活动中不同道德观念的碰撞将成为组织行为研究的重要课题。

此外，组织行为学研究采用调查、实验等研究方法时，其对象实际就是被测试的人、群体、组织。这就使组织行为学研究规范也涉及伦理道德的问题。在这种研究工作中常发生的工作道德问题，主要表现为：

（1）违反被试者"知情和同意原则"，这就是由于主试者要使实验或调查取得较好效果，不让被试者知道试验的意图和过程。

（2）侵犯私人保密权利。

（3）有的实验者用物质奖励和行政命令诱惑使人员参加试验。

美国心理学协会为此在1973年制订了一项有关实验情境的指南——"使用参与人进行研究的伦理原则"，其中列出了一系列必须坚持的伦理道德原则：在测试过程中，不能影响被研究者的生理和心理的健康，不应该给以任何恐慌、担心以及情绪冲击等不良刺激，并且应该避免产生不愉快、疲劳感等研究程序。如果在实验中采用隐瞒研究的真实目的和意图的策略，在实验过后必须把研究的真实目的详细地告诉被测试的人，以便使被测试人理解这样的理由。研究人员还必须对研究过程中获得的有关个人的任何信息加以保密，保障个人的隐私不泄漏。研究中的角色扮演，要得到当事人的理解、认同。要保护人的权利、利益，尊重其人格尊严。

组织行为学中道德问题的研究，要以马克思主义哲学为指导，坚持辩证唯物主义和历史唯物主义原则，全面考察个人、群体、组织和社会的需要，实现协调发展。

复 习 题

1. 试说明组织行为的内涵。
2. 组织行为学的发展与管理学有何关系？
3. 组织行为学产生的过程中对人的看法有哪些变化？
4. 为什么说组织行为学的产生是历史发展的必然？
5. 组织行为学研究有哪些基本的类型和方法？
6. 组织行为学的研究为何会涉及道德问题？

7. 案例研究有哪些优势和不足?
8. 说明现场实验和实验室实验的区别。

思 考 题

1. 举例说明组织演变和管理理论发展的关系。
2. 说明组织行为学产生的必然性。
3. 说出组织行为学与其他学科的联系。
4. 具体说明组织行为学发展遇到的挑战。

案 例 分 析

Microsoft：别具一格的文化个性

1975年，保罗·艾伦和比尔·盖茨合伙创建微软公司。产品是微软BASIC，雇员为3人，当年收入6000美元。1977年，推出BASIC。1982年，在英国建立欧洲分部。1986年，微软在NASDAQ上市。

1986年上市后，经营利润率持续保持在30%以上，到1995年，年收入已达59亿美元，拥有大约200多种产品，约17800名雇员。微软控制了PC软件市场中最重要的部分——操作系统的80%～85%。这些软件在操作系统上运行，使用户能在计算机上执行特定的任务。没有哪一个与计算机或信息技术有关的行业和用户不受到微软及其产品的影响。微软从最早卖程序设计语言，到出售操作系统，再到向零售店出售各种应用软件产品，从国内到国外，不断获得发展。但微软始终保持着公司早期结构松散、反官僚主义微型小组文化等特性的基本部分，从而与顾客更接近，更了解市场的需要。

面对市场和技术方面的挑战，微软总是奉行最基本的战略，向未来进军。它拥有出色的总裁和高级管理队伍，以及才华过人的雇员，拥有高度有效和一致的竞争策略和组织目标，组织机构灵活，产品开发能力强、效率高。微软人有一种敢于否定自我，不断学习提高的精神。当然，在其优点和成绩之后也潜藏着很多弱点。但微软正是在克服弱点和发挥优势的过程中不断向前发展。微软公司令人吃惊的成长速度，引起世人的广泛关注。透过辉煌业绩，我们不难发现其成功不仅在于科技创新和优异的经营管理，更重要的是创设了知识型企业独特的文化个性。

一、比尔·盖茨缔造了微软文化个性

比尔·盖茨独特的个性和高超技能造就了微软公司的文化品位。这位精明的、精力充沛且富有幻想的公司创始人，极力寻求并任用与自己类似的既懂得技术又善于经营的经理人员。他向来强调以产品为中心来组织管理公司，超越经营职能，大胆实行组织创新，极力在公司内部和应聘者中挖掘同自己一样富有创新和合作精神的人才委以重任。比尔·盖茨被其员工形容为一个幻想家，是一个不断积蓄力量和疯狂追求成功的人。他的这种个人品行，深深地影响着公司。他雄厚的技术知识存量和高度敏锐的战略眼光以及在他周围汇集的一大批精明的软件开发和经营人才，使自己及其公司矗立于这个迅速发展的行业的最前沿。盖茨善于洞察机会，紧紧抓住这些机会，并能使自己个人的精神风范在公司内贯彻到底，从而使整个公司的经营管理和产品开发等活动都带有盖茨色彩。

二、管理创造人才和技术的团队文化

知识型企业一个重要特征就是拥有一大批具有创造性的人才。微软文化能把那些不喜欢大量规则、组织、计划,强烈反对官僚主义的 PC 程序员团结在一起,遵循"组建职能交叉专家小组"的策略准则;授权专业部门自己定义他们的工作,招聘并培训新雇员,使工作种类灵活机动,让人们保持独立的思想性;专家小组的成员可在工作中学习,从有经验的人那里学习,没有太多的官僚主义规则和干预,没有过时的正式培训项目,没有"职业化"的管理人员,没有耍"政治手腕"、搞官僚主义的风气。经理人员非常精干且平易近人,从而使大多数雇员认为微软是该行业的最佳工作场所。这种团队文化为员工提供了有趣的不断变化的工作及大量学习和决策机会。

三、始终如一的创新精神

知识经济时代的核心工作内容就是创新,创新精神应是知识型企业文化的精髓。微软人始终作为开拓者——创造或进入一个潜在的大规模市场,然后不断改进一种成为市场标准的好产品。微软公司不断进行渐进的产品革新,并不时有重大突破,在公司内部形成了一种不断新陈代谢的机制,使竞争对手很少有机会能对微软构成威胁。其不断改进新产品,定用淘汰旧产品的机制,始终使公司产品成为或不断成为行业标准。创新是贯穿微软经营全过程的核心精神。

四、创建学习型组织

世界已经进入学习型组织的时代,真正创建学习型组织的企业,才是最有活力的企业。微软人为此制定了自己的战略,通过自我批评、信息反馈和交流而力求进步,向未来进军。微软在充分衡量产品开发过程的各要素之后,极力在进行更有效的管理和避免过度官僚化之间寻求一种新平衡;以更彻底地分析与客户的联系,视客户的支持为自己进步的依据;系统地从过去和当前的研究项目与产品中学习,不断地进行自我批评、自我否定;通过电子邮件建立广泛的联系和信任,盖茨及其他经理人员全力主张人们保持密切联系,加强互动式学习,实现资源共享;通过建立共享制影响公司文化的发展战略,促进公司组织发生变化,保持充分的活力。建立学习型组织,使公司整体结合得更加紧密,效率更高地向未来进军。

思考题:

(1) 试分析微软公司成功的地方在哪里?

(2) 这对我们有什么启示?

第二章 西方人性假设

第一节 人性假设的含义

在人类的管理活动中,管理的要素主要有人、财、物、信息等。由于人的特殊性,对人的管理是最为重要的,特别是社会发展到今天,人自身的素质得到了空前提高,人们对自身的价值和自身存在的意义比以往任何时候都要更加关注,人的成长和发展对于社会物质财富和精神财富的增长所起的作用与日俱增。因此,"人"这个要素在管理中越来越受到重视。然而对组织中的"人"采取一定的管理措施和方法,则离不开对人的认识。对人性进行的探讨,有的是属于管理学和经济学的范畴,是严格意义上的人性假设理论。

> **科普知识**
>
> 亚当·斯密经典语录
> 我们每天所需的食料和饮料,不是出自屠户、酿酒师和烙面师的恩惠,而是出自他们自利的打算。
> It is not from the benevolence of the butcher, the brewer, or the baker, that we expect our dinner, but from their regard to their own self-interest.
> 人天生,并且永远,是自私的动物。
> People are born, and will always be, is selfish animal

而有的人性假设理论则超出这些范畴,和伦理学、社会学相联系,可以看成是广义上的人性假设理论。这些对人性的深入分析所形成的人性假设理论,成为管理学和经济学的立论基础。基于不同的人性假设理论,管理学史上形成了种种不同的管理方法理论,经济学上则作为分析经济现象的理论前提之一。

> **科普知识**
>
> 古代思想家人性假设:
> 乃若其情,则可以为善矣,乃所谓善也。若夫为不善,非才之罪也。恻隐之心,人皆有之;羞恶之心,人皆有之;恭敬之心,人皆有之;是非之心,人皆有之。
>
> ——孟子

> 人之性恶明矣，其善其伪也。
>
> ——荀子
>
> 性之品有上、中、下三。上焉者，善焉而已矣；中焉者，可导而上下也；下焉者，恶焉而已矣。
>
> ——韩愈
>
> 无善无恶心之体，有善有恶意之功。知善知恶是良知，为善去恶是格物。
>
> ——王守

人性假设是指管理者在管理过程中对人的本质属性的基本看法。实际上是指管理者对员工的需要和劳动态度的看法。哲学家讨论的是善恶问题，组织行为学人性假设中的"人"，主要是管理特定活动范围中的"人"，所探讨的人性的假设问题，是对影响人的生产、工作积极性的最根本的人性因素的认识。它会影响到制定什么样的管理制度、采用什么样的管理方法，建立什么样的组织结构。人性假设决定领导方式。人性假设，作为管理思想、管理观念的认识基础，直接决定着管理者的领导方式。有效的管理者，应在系统分析的基础上，因人、因事、因时、因地制宜，灵活采取更为适宜的领导方式。

随着社会的发展，人们周围的客观世界不断发生的新变化正影响着人的思想和行为。同时，人们对自身的认识也在深化，人性假设理论在21世纪有了新的进展。西方人性假设理论在发展过程中以需求为中心提出了"经济人"假设、"社会人"假设、"成就人"假设、"复杂人"假设和"文化人"假设。并针对不同的假设分别对应提出了X理论、人际关系理论、Y理论、超Y理论与Z理论。

第二节 "经济人"假设

一、"经济人"假设的基本观点

"经济人"假设认为，人的一切行为都是为了最大限度地满足自己的私利。工作动机是为了获得最大的经济报酬。

"经济人"的假设，起源于享受主义哲学和英国经济学业家亚当·斯密（Adam Smith）的关于劳动交换的经济理论。亚当·斯密在其著作《国富论》中对"经济人"假设做出了生动的描述："我们每天所需的食料和饮料，不是出自屠户、酿酒师和烙面师的恩惠，而是出自他们自利的打算。"

美国工业心理学家麦格雷戈在他的《企业中的人性方面》一书中，提出了两种对立的管理理论：X理论和Y理论。麦氏主张Y理论，反对X理论。而X理论就是对"经济人"假设的概括。X理论的基本观点如下：①多数人天生是懒惰的，他们都尽可能逃避工作；②多数人都没有雄心大志，不愿负任何责任，而心甘情愿受别人的指导；③多数人的个人目标都是与组织目标相矛盾的，必须用强制、惩罚的办法，才能迫使他们为达到组织的目标而工作；④多数人干工作都是为满足基本的生理需要和安全需要，因此，只有金钱和地位才能鼓励他们努力工作；⑤人大致可分为两类，多数人都是符合于上述设想的人，另一类是能够自己鼓励自己，能够克制感情冲动的人，这些人应负起管理的责任。

二、"经济人"假设的管理策略

根据"经济人"假设,管理人员的职责与管理方式应当是:管理工作的重点在于提高劳动生产率,完成生产任务;通过强调科学严密的组织,制定严格具体的规范和工作制度,发号清晰直接的施令来使员工完成组织目标;管理工作是少数人的事情,与广大工人群众无关;在激励约束制度方面,主要通过金钱报酬来调动人的积极性,同时对于怠工者采取严厉的惩罚措施。

泰勒制是"经济人"假设的典型代表。

人物简介

弗雷德里克·温斯洛·泰勒(Frederick Winslow Taylor),1856~1915 年,美国著名管理学家,经济学家,被后世称为"科学管理之父",其代表作为《科学管理原理》。泰勒出生于美国费城一个富有的律师家庭,中学毕业后考上哈佛大学法律系,但因眼疾而不得不辍学。1875 年,他进入一家小机械厂当徒工,1878 年转入费城米德瓦尔钢铁厂(Midvale Steel Works)当机械工人,他在该厂一直工作到 1897 年。在此期间,由于工作努力,表现突出,很快先后被提升为车间管理员、小组长、工长、技师、制图主任和总工程师,并在业余学习的基础上获得了机械工程学士学位。泰勒的做法和主张并非一开始就被人们所接受,相反还受到包括工会组织在内的人们的抗议。美国国会于 1912 年举行对泰勒制和其他工场管理制的听证会。泰勒在众议院的委员会作的精彩的证词,向公众宣传了科学管理的原理及其具体的方法、技术,成为他对其科学管理原理所做的最好说明,引起了很大的轰动。

他采用"胡萝卜加大棒"的方式,一方面通过金钱报酬来激励员工为完成组织目标而努力,另一方面也通过严厉的监督、控制和惩罚措施来约束员工与组织目标不相容的行为。现在,在发达的资本主义国家,一般认为"经济人"的假设已经不适用于现代企业的经营与管理,但其思想影响仍然存在。在我国的企业改革与组织工作中,这一理论仍具有借鉴意义。"胡萝卜加大棒"的方式如图 2-1 所示。

三、"经济人"假设的评价

"经济人"假设及其相应的 X 理论曾风行于 20 世纪初到 30 年代的欧美企业管理界。这种理论改变了当时放任自流的管

图 2-1 "胡萝卜加大棒"

理状态；加强了社会上对消除浪费和提高效率的关心，促进了科学管理体制的建立。这对我国目前的管理实践，有一定借鉴作用。但"经济人"假设及X理论，也有很大局限性。

第一，"经济人"假设是以享乐主义哲学为基础的，它把人看成是非理性的，天生懒惰而不喜欢工作的"自然人"。这是20世纪初个人主义价值观点统治思想的反映，泰勒从企业家与工人都有的营利心当作提高效率的根源，把人看成机器。这是与马克思主义的人是社会的人，人的本质就是社会关系总和的观点相对立的。

第二，"经济人"假设的管理是以金钱为主的机械的管理模式，否认了人的主人翁精神，否认了人的自觉性、主动性、创造性与责任心。他们认为由于人是天性懒惰的，因此必须用强迫、控制、奖励与惩罚等措施，以便促使他们达到组织目标。

第三，"经济人"假设认为大多数人缺少雄心壮志，只有少数人起统治作用，因而把管理者与被管理者绝对对立起来，反对工人参与管理，否认工人在生产中的地位与作用，其人性观是错误的。

第三节 "社会人"假设

一、"社会人"假设的基本观点

"社会人"假设是乔治·埃尔顿·梅奥（George Elton Mayo）根据霍桑实验的结果提出来的。这一假设的基本观点是良好的人际关系是调动人工作积极性的决定因素。"社会人"在生活中不仅有追求金钱报酬的动机与需求，他在工作中还有友谊、安全、尊重和归属的需求。

人物简介

乔治·埃尔顿·梅奥（1880～1949），美国管理学家，原籍澳大利亚，早期的行为科学——人际关系学说的创始人，美国艺术与科学院院士。

他出生在澳大利亚的阿得雷德，20岁时在澳大利亚阿福雷德大学取得逻辑学和哲学硕士学位，应聘至昆士兰大学讲授逻辑学、伦理学和哲学。1922年在洛克菲勒基金会的资助下，埃尔顿·梅奥移居美国，在宾夕法尼亚大学沃顿管理学院任教。1926年，他进入哈佛大学工商管理学院专事工业研究，以后一直在哈佛大学工作直到退休。尽管埃尔顿·梅奥从事过不同的职业，但使他闻名于世的还是他对霍桑实验所做的贡献。1927年冬，梅奥应邀参加了开始于1924年但中途遇到困难的霍桑实验，从1927年至1936年断断续续进行了为时9年的两阶段实验研究。在霍桑实验的基础上，埃尔顿·梅奥分别于1933年和1945年出版了《工业文明的人类问题》和《工业文明的社会问题》两部名著。

霍桑实验历时8年，共分为四个阶段：

(一) 照明实验

这项实验在霍桑工厂进行了两年半的时间。当时关于生产效率的理论占统治地位的是劳动医学的观点，认为影响工人生产效率的也许是疲劳和单调感等，于是当时的实验假设便是"提高照明度有助于减少疲劳，使生产效率提高"。实验是在被挑选出来的绕线工人中间进行的。一组是"实验组"，一组是"参照组"。在试验过程中，"实验组"不断增加照明的强度，而"参照组"的照明度始终保持不变。可是经过两年多实验发现，照明度的改变对生产效率并无影响。具体结果是：当实验组照明度增大时，实验组和控制组都增产；当实验组照明度减弱时，两组依然都增产，甚至实验组的照明度减至0.06烛光时，其产量亦无明显下降；直至照明减至如月光一般实在看不清时，产量才急剧降下来。研究人员面对此结果感到茫然，失去了信心。

科普知识

> 1LUX大约等于1烛光在1m距离的照度。一般情况：夏日阳光下为100000LUX；阴天室外为10000LUX；室内日光灯为100LUX；距60W台灯60cm桌面为300LUX；电视台演播室为1000LUX；黄昏室内为10LUX；夜间路灯为0.1LUX；烛光（20cm远处）10~15LUX。

从1927年起，以梅奥教授为首的一批哈佛大学心理学工作者将实验工作接管下来，继续进行。

(二) 福利实验

福利实验是继电器装配测试室研究的一个阶段，时间是从1927年4月~1929年6月。

实验目的总的来说是查明福利待遇的变换与生产效率的关系。但经过两年多的实验发现，不管福利待遇如何改变（包括工资支付办法的改变、优惠措施的增减、休息时间的增减等），都不影响产量的持续上升，甚至工人自己对生产效率提高的原因也说不清楚。

后经进一步的分析发现，导致生产效率上升的主要原因如下：

(1) 参加实验的光荣感。实验开始时6名参加实验的女工曾被召进部长办公室谈话，她们认为这是莫大的荣誉。这说明被重视的自豪感对人的积极性有明显的促进作用。

(2) 成员间良好的相互关系。成员之间良好的相互关系有助于形成愉快的工作氛围，从而提升工作效率。

(三) 访谈实验

研究者在工厂中开始了访谈计划。此计划的最初想法是要工人就管理当局的规划和政策、工头的态度和工作条件等问题做出回答，但这种规定好的访谈计划在进行过程中却大出意料之外，得到意想不到的效果。工人想就工作提纲以外的事情进行交谈，工人认为重要的事情并不是公司或调查者认为意义重大的那些事。访谈者了解到这一点，及时把访谈计划改为事先不规定内容，每次访谈的平均时间从30分钟延长到1~1.5个小时，多听少说，详细记录工人的不满和意见。访谈计划持续了两年多。工人的产量大幅提高。

工人们长期以来对工厂的各项管理制度和方法存在许多不满，无处发泄，访谈计划的实行恰恰为他们提供了发泄机会。发泄过后心情舒畅，士气提高，使产量得到提高。

（四）群体实验

梅奥等人在这个试验中是选择14名男工人在单独的房间里从事绕线、焊接和检验工作。对这个班组实行特殊的工人计件工资制度。

实验者原来设想，实行这套奖励办法会使工人更加努力工作，以便得到更多的报酬。但观察的结果发现，产量只保持在中等水平上，每个工人的日产量平均都差不多，而且工人并不如实地报告产量。深入的调查发现，这个班组为了维护他们群体的利益，自发地形成了一些规范。他们约定，谁也不能干的太多，突出自己；谁也不能干的太少，影响全组的产量，并且约法三章，不准向管理当局告密，如有人违反这些规定，轻则挖苦谩骂，重则拳打脚踢。进一步调查发现，工人们之所以维持中等水平的产量，是担心产量提高，管理当局会改变现行奖励制度，或裁减人员，使部分工人失业，或者会使干得慢的伙伴受到惩罚。

这一试验表明，为了维护班组内部的团结，可以放弃物质利益的引诱。由此提出"非正式群体"的概念，认为在正式的组织中存在着自发形成的非正式群体，这种群体有自己的特殊的行为规范，对人的行为起着调节和控制作用。同时，加强了内部的协作关系。

根据霍桑实验提出的"社会人"假设的基本内容包括以下几个方面：

第一，工人是"社会人"，而不是单纯追求金钱收入的"经济人"。作为复杂社会系统的成员，金钱并非刺激积极性的唯一动力，他们还有社会、心理方面的需求，因此社会和心理因素等方面所形成的动力，对效率有更大的影响。

第二，企业中除了"正式组织"以外，还存在着"非正式组织"，这种非正式组织是企业成员在共同工作的过程中，由于共同的社会感情而形成的非正式团体。这种无形的组织有它特殊的感情、规范和倾向，左右成员的行为。古典管理理论仅注重正式组织的作用，这是很不够的。非正式组织不仅存在，而且同正式组织是相互依存的，对生产效率的提高有很大影响。

第三，新型的领导通过职工"满足度"的增加，来提高工人的"士气"，从而达到提高效率的目的。生产率的升降，主要取决于工人的士气，即工作的积极性、主动性与协作精神，而士气的高低，则取决于社会因素特别是人群关系对工人的满足程度，即他的工作能否被上级、同伴和社会承认。满足程度较高，士气也越高，生产效率也就越高。所以领导的职责在于提高士气、善于倾听和沟通了解下属职工的意见，使工人在正式组织的经济需求和工人在非正式组织的社会需求之间保持平衡。这样就可以解决劳资之间乃至整个"工业文明社会"的矛盾和冲突，提高效率。"社会人"假设的基本观点如图2-2所示。

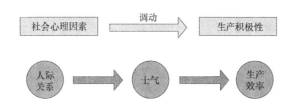

图 2-2 社会人假设的基本观点

二、"社会人"假设的管理策略

根据这一假设，相应的管理措施包括：

第一，管理者不应只注意完成生产任务，而应重点关心人和满足人的需要。

第二，管理人员不能只注意指挥、监督、计划、控制和组织等，更应重视员工之间的关系，培养和形成职工的归属感和整体感。

第三，重视职工之间的关系，培养和形成职工的归属感和整体感，在实际奖励时，提倡集体的奖励制度，而不主张个人奖励制度。

第四，管理者职能不应只限于制定计划、组织工序、检验产品，而应在职工与上级之间起联络人的作用。一方面，要倾听职工的意见和了解职工的思想感情，另一方面，要向上级呼吁、反映。

第五，"参与管理"，即让职工和下级不同程度地参加企业决策的研究和讨论。

三、"社会人"假设的评价

随着社会生产力的发展，企业之间竞争的加剧和企业劳资关系的紧张，使得管理者开始重新认识"人性"问题。从"经济人"的假设到"社会人"的假设；从以工作任务中心的管理到以职工为中心的管理无疑是管理思想与管理方法上进了一步。资本家实行参与管理，满足工人一些需要，在企业中确实起到了缓和劳资矛盾，改善企业管理，推动生产力发展的效果。"管理人"假设的出现开辟了管理和管理理论的一个新领域，对以后的管理工作有很大的启发。

尽管这一理论在西方的企业管理中收到了很好的效果，但是"社会人"假设也存在着一定的局限性。由于"社会人"假设强调在工作中，物质利益是相对次要的因素，因此，在一定程度上忽视了员工的经济需要；在"社会人"假设中，过于偏重非正式组织的作用，对正式组织的研究有放松的趋势。

第四节 "自我实现人"假设

一、"自我实现人"假设的基本观点

"自我实现人"假设又称"成就人"假设，认为人都期望发挥自己的潜力，表现自己的才能，只要人的潜力充分发挥出来，就会产生最大的满足感。这一概念最初由马斯洛提出。马斯洛的需要层次理论中，最高一级的需要就是自我实现的需要。阿吉雷斯的"成熟—不成熟"理论对"自我实现人"假设的描述同马斯洛的"自我实现理论"有相同的含义。麦格雷戈在《企业的人的方面》一书中，以马斯洛的需要层次理论为基础,把自我实现作为人性的特质,提出了作为"X 理论"对立面的"Y 理论"。

> **人物简介**
>
> 道格拉斯·麦格雷戈(Douglas Mc Gregor)出生于 1906 年。1924 年,18 岁的他还是一个服务站的服务员,后来在韦恩大学取得文学学士学位。1935 年,他取得哈佛大学哲学博士学位,随后留校任教。1937~1964 年期间在麻省理工学院任教,他教授的课程包括心理学和工业管理等,并对组织的发展有所研究。1948~1954 年在安第奥克学院任院长。任院长期间,麦格雷戈对当时流行的传统的管理观点和对人的特性的看法提出了疑问。1957 年 11 月,美国杂志《管理评论》发表了《企业的人的方面》(*The Human Side of Enterprise*)一文,提出了著名的 X—Y 理论,该文在 1960 年出版成书。1967 年去世。

Y 理论的基本观点认为一般人都是勤奋的,如果环境条件有利,工作如同游戏或休息一样自然;控制和惩罚不是实现组织目标的唯一方法。人们在执行任务中能够自我指导和自我控制;在正常情况下,一般人不仅会接受责任,而且会主动寻求责任;在人群中广泛存在着高度的想象力、智谋和解决组织中问题的创造性;在现代工业条件下,一般人的潜力只利用了一部分。"自我实现人"假设的主要内容包括以下几个方面:

第一,人们并非天生就厌恶工作,人们在工作中的体力和脑力的消耗,就像游戏或休息一样自然,工作对于人们来说是一种满足。

第二,在适当的条件下,人们不但能接受,而且能主动地承担职责。

第三,如果提供适当的机会,人们就能将个人目标与组织目标统一起来。个人自我实现的要求和组织目标的要求之间并不是对立的、矛盾的。

第四,人们并非天生就对组织的要求采取消极或抵触的态度,人们也愿意、也能够通过自我管理和自我控制来完成自己认同的组织目标。严格的控制和处罚并不是使人们努力达到组织目标的唯一手段,它甚至妨碍了个人的发展与成熟。

第五,大多数人都具有较高的解决组织问题的想象力和创造力,但在现代工业社会条件下,人们的智慧潜力只得到了部分的发挥。

X 理论和 Y 理论的区别如表 2-1 所示。

X 理论与 Y 理论的差别 　　　　　　　　　表 2-1

	X 理论	Y 理论
基本观点	人之初,性本恶 每个人都好逸恶劳	人之初,性本勤 每个人都想创造价值

续表

	X理论	Y理论
企业特点	等级森严 气氛紧张 管理者是监工 管理者职责监督、管理	环境宽松 气氛和谐 管理者是服务者 管理者职责是创造良好的环境平台
管理手段	严厉的惩罚手段,采取严格的控制、强制方式	目标导向、股东分红等激励措施
背景场景	工业化时代,对蓝领进行管理	知识时代,对白领进行管理

二、"自我实现人"假设的管理策略

根据这一假设,相应的管理策略包括以下几个方面:

第一,管理重点的改变。把管理的重点从人的身上转移到工作环境上,即创造一种适宜的工作环境、工作条件,使人在这种环境条件下,能充分挖掘自己的潜力,充分发挥自己的才能,也就是说,能够充分地自我实现。

第二,管理人员职能的改变。管理者的职能既不是生产指导者,也不是人际关系的协调者,而是一个采访者,他们的主要任务在于如何发挥人的才智,创造适宜的条件,减少和消除职工自我实现过程中所遇到的障碍。

第三,奖励方式的改变。将奖励方式分为两类:一类是外在奖励(物质奖励),如工资、提升等;一类是内在奖励(精神奖励),即在工作中使人能增长知识和才干,发挥自己的潜力。只有内在奖励才能满足人的自尊和自我实现的需要,从而极大地调动起职工的积极性。

第四,管理制度的改变。管理制度应保证职工能充分地表露自己的才能,达到自己所希望的成就。

三、"自我实现人"假设的评价

"自我实现人"假设促使企业推行目标管理、参与管理、弹性工作时间等管理措施,对生产力发展起到了促进作用。它还注重调动员工的积极性,培养员工的工作兴趣,培养员工对企业的归属感和责任感,相信员工的力量与独立性、创造性。但是它也存在着片面强调个人努力,忽视了社会环境的作用,片面要求为个人的自我实现服务,有违团体精神的问题。

第五节 "复杂人"假设

一、"复杂人"假设的基本观点

"复杂人"假设是在20世纪60年代末70年代初提出来的。20世纪60年代沙因(E. H. Schein)等人考察了前面几种对人性的假设后指出:人类的最大需求并不可能都是一样的,而是因人、因时、因地而异的。不可能有纯粹的"经济人",也不可能有纯粹的"社会人"或"自我实现的人",实际存在的,只是在各种情况下采取不同反应的"复杂人"。由此提出"复杂人"假设,主要包括以下内容:

(1)不同的人有不同的需求结构。有的人追求低层次的需要,有的人追求高层次的需要；有的人要求参与决策，愿意承担更大的责任；有的人则宁愿接受正规的组织结构及其他规章制度的约束，而不愿意参与决策和承担责任。而且，各个需求层次之间又是相互作用的。

（2）人的很多需要不是天生就有的，而是在后天的影响下形成的。由于人的工作和生活环境在不断变化，因而人们的需求结构也在不断变化。从某种程度上说，人在一定时期的需求结构是已有的需求结构同环境条件相结合的产物。

（3）人对不同的组织或组织的不同部门会有不同的需要。人在正式组织内会更多地关心物质方面的利益，而在非正式组织内会更多地关心人际关系方面的需求。

（4）一个人在组织内是否感到满足关键在于该组织的状况同他的需求结构是否相一致。如果两者一致就会对工作产生积极影响，如果不一致就会损害其工作积极性。

（5）由于每个人的需要和能力各不相同，因此他们对一定的管理方式就会产生不同的反应。这就要求管理者针对不同的下属采取不同的管理策略。

二、"复杂人"假设的管理策略

根据"复杂人"假设，管理的方法与技巧必须因环境的不同而随机应变，这也体现出了管理的艺术性。所谓艺术就是以个人的经验和熟练程度为基础的技艺和技巧。管理活动是处理和协调人与人之间关系的社会活动，管理主体是人，管理主体之中最重要的也是人，人是有思想、有意识的高级社会动物。虽然管理活动必须遵循客观规律办事，但是管理者在应用管理理论指导管理实践时，不可能像自然科学应用其定理和公式去指导自然科学实践那么"刻板"和"一丝不苟"，而是要求管理者在管理实践中灵活多变地运用管理理论进行具体问题具体分析。

几乎在同一时期，美国管理学家约翰·莫尔斯（J. Malse）和杰伊·洛希（J. W Lorsch）于1970年提出了"超Y理论"，其思想观点和"复杂人"假设如出一辙。他们共同构成权变学派的理论基础。"超Y理论"强调要根据具体情况，采取相应的措施，要因人而异，因事而异，而不能千篇一律。换言之，要根据具体情况采取适当的管理措施。这就叫"应变"或"权变"。"复杂人"的假设和"超Y理论"含有辩证思想，这无疑对具体的管理工作具有启发意义。

具体来说，"复杂人"假设的管理策略如下：

第一，设法把工作、组织和人密切配合，使特定的工作，由适合的组织与适合的人员来担任。

第二，应先对工作任务的确认和对工作目标的了解等方面来考虑，然后决定管理阶层的划分，工作的分派，酬劳和管理程度的安排。

第三，合理确定训练计划和强调适宜的管理方式，使组织更妥当地配合工作与人员，这样能够产生较高的工作效率和较高的胜任感的激励。

三、"复杂人"假设的评价

第一，强调根据不同的具体情况，针对不同的人采取灵活机动的管理策略，这对于我们的管理工作有一定的启发意义。

第二，只强调人们之间的差异性的一面，而在某种程度上忽视了人们共同性的一面，从某种意义上来说这种假设是片面的。

第三，在阶级社会中，人们的共性首先是由于在生产关系中所处的地位所决定的阶级性，对于人的阶级性，"复杂人"理论避而不谈，这说明，"复杂人"理论并未摆脱历史唯心主义。

人物简介

艾德家·沙因（Edgar H. Schein）是企业文化与组织心理学领域的开创者和奠基人。他在1947年毕业于芝加哥大学教育系，1949年在斯坦福大学取得心理社会学硕士学位，1952年在哈佛大学取得博士学位，此后一直就任于麻省理工大学斯隆商学院。在组织文化领域，他率先提出了关于文化本质的概念，对于文化的构成因素提出了分析，并对文化的形成、文化的固化过程提出了独创的见解。1992年，沙因在他的名著《组织文化与领导》（Organizational Culture and Leadership）一书中，将组织文化定义为："一种基本假设的模型——由特定群体文化在处理外部适应与内部聚合问题的过程中发明、发现或发展出来的——由于运作效果好而被认可，并传授给组织新成员以作为理解、思考和感受相关问题的正确方式。"沙因的著作包括：《组织文化与领导》（Organizational Culture and Leadership）、《组织心理》（Organizational Psychology）、《职业动力学》（Career Dynamics）、《咨询过程》（Process Consultation）等。

这几种假设分别从人需求的不同方面对人性做出了描述。"经济人"假设认为金钱是激励员工的唯一要素，强调的是其生理需要与安全需要。"社会人"假设认为金钱不是刺激员工的唯一要素，员工从人际关系中得到的满足对于员工工作效率有更大的影响，强调的是社交需要与尊重的需要。"自我实现人"假设认为员工都有实现自己价值的需要，只有员工的潜力充分发挥出来才能产生最大的满足感。因此，此假设强调的是自我实现的需要。"复杂人"假设认为员工的需求并不可能都是一样的，而是因人、因时、因地而异的。不可能有纯粹的"经济人"，也不可能有纯粹的"社会人"或"自我实现人"，实际存在的，只是在各种情况下采取不同反应的"复杂人"。此假设强调的是管理者应该根据不同的情况选择合适的管理策略。人性假设与马斯洛需要层次理论的关系如图2-3所示。

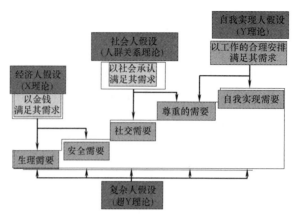

图 2-3　人性假设与需要层次理论的关系

第六节　"文化人"假设

一、"文化人"假设的基本观点

Z 理论（Theory Z）是由威廉·大内在 1981 年提出代表日本式管理的理论。20 世纪 80 年代初，日裔美国管理学家威廉·大内研究日本企业，并针对美日两国的管理经验，出版了《Z 理论》一书。20 世纪 60 年代日本"企业文化"管理模式的出现，开始了对管理理论中"经济人"、"社会人"等假设的扬弃和超越。它越过对人经济和心理等层面的关注，直接逼近对人的行为影响更深远、更有力的文化价值层面。日本人成功地把民族传统文化和现代工业精神有机结合，建设和张扬了"企业共同价值观"等企业文化管理的核心内涵，使企业凝结起强大的团队精神，极大激发了企业员工的创造精神。可以认为，日本企业文化管理为劳动者的"文化人"假设的提出作了有益的尝试。

> **人物简介**
>
> 威廉·大内（William Ouchi），Z 理论创始人，最早提出企业文化概念的日裔美籍管理学家，美国斯坦福大学的企业管理硕士，在芝加哥大学获企业管理博士学位。
>
> 威廉·大内（William Ouchi）从 1973 年开始转向研究日本企业管理，经过调查比较日美两国管理的经验，于 1981 年在美国爱迪生维斯利出版公司出版了《Z 理论——美国企业界怎样迎接日本的挑战》（Z Theory）一书，在这本书中，他提出 Z 理论，并最早提出企业文化概念，其研究的内容为人与企业、人与工作的关系。如今，他是加利福尼亚州立大学洛杉矶分校的管理学教授。

美国人总结了日本的企业文化的优点与不足，创造了更新的文化管理模式，如"学习型企业"、"流程再造"等，真正突破了传统人性假设框架。这种模式的最大特点，就是在知识经济条件下依靠劳动者的高度主体性和自觉精神，不断学习、持续进步、自我超越。从而保持企业蓬勃发展的生命力。现代管理实践为我们总结、概括和提炼新的人性学说，总结和发展新的管理理论提供了充足的材料。管理实践和理论发展历史表明，只有以先进的价值文化为圭臬，才有劳动者不断进取、终身学习、自我超越的精神，才有劳动者强烈的创造欲望和竞争意识。而这种新的理论和实践，只有"文化人"假设才能为它提供哲学支持。

大内选择了日、美两国的一些典型企业（这些企业在本国及对方国家中都设有子公司或工厂）进行研究，发现日本企业的生产率普遍高于美国企业，而美国在日本设置的企业，如果按照美国方式管理，其效率便差。根据这一现象，大内提出了美国的企业应结合本国的特点，向日本企业学习管理方式，形成自己管理方式。他把这种管理方式归结为Z型管理方式。并对这种方式进行了理论上的概括，称为"Z理论"。

Z理论认为，一切企业的成功都离不开信任、敏感与亲密，因此主张以坦白、开放、沟通作为基本原则来实行"民主管理"。大内把由领导者个人决策、员工处于被动服从地位的企业称为A型组织，他认为当时研究的大部分美国机构都是A型组织，日本的大部分机构属于J型组织。

大内不仅指出了A型和J型组织的各种特点，而且还分析得出了美国和日本各自不同的文化传统才导致其典型组织分别为A型和J型，这样，就明确了日本的管理经验不能简单地照搬到美国去。为此，他提出了"Z型组织"的观念，认为美国公司借鉴日本经验就要向Z型组织转化，Z型组织符合美国文化，又可学习日本管理方式的长处，比如"在Z型公司里，决策可能是集体做出的，但是最终要由一个人对这个决定负责"。

美国企业和日本企业的区别如表2-2所示。

日本机构与美国机构的区别　　　　　　　　　　　　表2-2

日本机构	美国机构
终身雇佣制	短期雇佣
缓慢的评价和升级	迅速的评价和升级
非专业化的经历道路	专业化的经历道路
含蓄的控制	明确的控制
集体的决策过程	个人的决策过程
集体负责	个人负责
整体关系	局部关系

Z理论认为人的行为及其价值选择，是由其所处的文化决定的，有什么样的文化就有什么样的人的行为。Z理论主张建立一种适合于企业发展的企业文化，提高员工对企业的认同感和归属力，以改变人的态度和行为，从而获得较高的管理效

果和效率。

二、"文化人"假设的管理策略

根据文化人假设，相应的管理策略包括以下几个方面：

第一，通过实行长期或终身雇佣制，并进行定期考核、逐步提级晋升，使员工把个人与企业的发展紧密联系在一起。

第二，注重培训，积蓄人才资源，提供发展机会。

第三，管理既要重视控制手段，又要注意对人的经验和潜能的诱导。

第四，企业决策采用集体研究和个人负责的方式，鼓励员工提出建议，领导决策并承担责任。

第五，组织应大胆引进新员工，使他们融入企业文化。

第六，职工考核不能过于狭窄，应当全面客观地评定职工各方面的表现，长期坚持下去，作为晋升的依据。

第七，管理者应该创造良好的工作环境，不仅关心生产任务，还要设法让工人在工作中找到乐趣。

第八，管理者应关心员工的福利，设法使职工们心情舒畅，营造上下级之间亲密无间的关系氛围。

"文化人"假设和Z理论提出了新的管理视角，认识到了企业文化对企业的重要作用，强调企业发展离不开企业员工的价值观、企业精神、企业形象的培育和塑造。

三、"文化人"假设的评价

第一，Z理论是对X理论和Y理论的一种补充和完善。X理论和Y理论基本回答了员工管理的基本原则问题，Z理论将东方国度中的人文感情揉进了管理理论。在Z理论的指导下，在员工管理中根据企业的实际状况灵活掌握制度与人性、管制与自觉之间的关系，因地制宜地实施最符合企业利益和员工利益的管理方法。

第二，Z理论开启了企业文化论理论研究的先河，也为美国企业管理寻找到了新的突破点，为振兴美国经济发挥了重大作用。它不仅对美国企业文化的发展有着重要的指导作用。对其他国家企业的文化发展也有着重要的指导作用，进而促进企业生产率提高。

复 习 题

1. 试说出人性假设的发展史。
2. 试说出"经济人"假设的基本内容。
3. 试说出"复杂人"假设的基本内容。
4. 各种人性假设分别对应员工的什么需要？
5. "复杂人"假设的管理策略的艺术性体现在哪里？
6. "文化人"假设的基本内容是什么？
7. "文化人"假设的管理策略是什么？

思 考 题

1. 具体说明什么情况适用于"经济人"假设?什么情况下适用于自我实现人假设?
2. 五种人性假设的优缺点各是什么?
3. 试比较 X 理论和 Y 理论的不同。

案 例 分 析

1　清华大学教授罗家德受访谈富士康企业文化

《21世纪》：富士康现在受到高度关注，这是一家怎样的企业？

罗家德：我曾花了八年多时间在高科技代工企业里面做调研，富士康文化让我印象很深刻。形象地讲，它是一种男性文化、刚性文化，比较没有那种体贴细腻温柔的感觉。或者说是一种军队文化。

你可以想象军队里面，规定很多，而且都非常严谨。在这种军队文化里面，可能你稍微有一点做不好就要受到很严厉的惩处和责备。

我接触到的富士康员工非常功利、实际，对眼前的工作效率非常重视。

《21世纪》：是不是这种企业文化导致了富士康现在的问题？

罗家德：我必须要先说明，对富士康的企业文化不能先做好与坏的价值判断。

实际上，富士康的文化代表了一个时代，是一个工厂文化主导的时代，而且它在那个时代非常成功、非常重要。

工厂很大程度上就是适合军队化管理的。这种模式在很长的一段时间里非常适合进城的农民工。因为这些农民工不懂如何自律，军队化管理可以使他们迅速懂得纪律。可能这在某种程度上是富士康文化的一个成功点。

《21世纪》：那么现在是否还是这种军队文化在企业管理中占主导的时代？

罗家德：情况已经发生变化了。富士康员工当中80、90后已经占到了85%。那么我们就要想这样一个问题：这种军队文化可能还适合工厂管理，但已不适合80、90后了。

我十年前就已经来过大陆教书，那时候教70后学生，十年后教80后的学生。80后的学生比较有创意、有想法，当然也就比较有个性。80后更有公民精神。他们乐于做志愿者、乐于结成社团、乐于自我管理。他们自主能力强了。那么作为企业来讲，就应该培养这样的员工自主管理创新的能力。

面对这一群体时，过去很合适的军队文化现在可能就要遇到麻烦了。富士康遇到的问题恰好说明了这一点。

《21世纪》：为什么在你看来"有想法"的80后员工，会连续出现自杀的问题？

罗家德：物质上的东西是远远不够的，最主要的是来自于情感上的支撑。一个情感支持网丰富、嵌入在社区生活的人是不容易自杀的。从这个角度讲，在人员管理上，我们很害怕的是原子化的个人。而富士康却恰恰面临这样的问题。

这与富士康的加班制度关系非常大。我之前讲军队文化，但军队文化是很强调兄弟感情的，而加班制度却恰恰把这个东西破坏掉了。富士康的薪水结构是鼓励加班的。这造成了员工除了加班之外没有社区生活，彼此之间没有情感上的交流。

2 通用电气的"情感管理"

现代企业管理已进入一个以人为本的管理新时代，其重要内容不再是板着面孔式的条条框框的限制，而是一门融进了管理者对职工、对事业献身精神的独特的艺术。

面对面管理，是以走动管理为主的直接亲近职工的一种开放式的有效管理，它洋溢着浓厚的人情味。其内容外延广阔，内涵丰富，富于应变性、创造性，以因人因地因时制宜取胜。实践证明，高技术企业竞争激烈，风险大，更需要这种"高感情"管理。它是医治企业官僚主义顽症的"良药"，也是减少内耗、理顺人际关系的"润滑剂"。通用电气公司前总裁斯通就努力培养全体职工的"大家庭感情"的企业文化，公司领导和职工都要对该企业特有的文化身体力行，爱厂如家。从公司的最高领导到各级领导都实行"门户开放"政策，欢迎本厂职工随时进入他们的办公室反映情况，对于职工的来信来访能负责地妥善处理。

公司的最高首脑与全体职工每年至少举办一次生动活泼的"自由讨论"。通用公司像一个和睦、奋进的"大家庭"，从上到下直呼其名，无尊卑之分，互相尊重，彼此信赖，人与人之间关系融洽、亲切。

1990年2月，通用公司的机械工程师伯涅特在领工资时，发现少了30美元，这是他一次加班应得的加班费。为此，他找到顶头上司，而上司却无能为力，于是他便给公司总裁斯通写信，"我们总是碰到令人头痛的报酬问题。这已使一大批优秀人才感到失望了。"斯通立即责成最高管理部门妥善处理此事。

三天之后，他们补发了伯涅特的工资，事情似乎可以结束了，但他们利用这件为职工补发工资的小事大做文章。第一是向伯涅特道歉；第二是在这件事情的推动下，了解那些"优秀人才"待遇较低的问题，调整了工资政策，提高了机械工程师的加班费；第三，向著名的《华尔街日报》披露这一事件的全过程，在美国企业界引起了不小轰动。

事情虽小，却能反映出通用公司的"大家庭观念"，反映了员工与公司之间的充分信任。

人际关系上常常也有"马太效应"的影子。常人总是密者密上加亲，疏者疏而愈远。美国通用电气公司总裁斯通却主张"人际关系应保持适度的距离"。现实生活中，国与国、人与人之间的关系演变例子一再证明"适度距离"理论不无道理。

斯通对"适度距离"身体力行，率先示范，密者疏之，疏者密之。斯通自知与公司高层管理人员工作上接触较多，在工余时间就有意拉大距离，从不邀公司同僚到家做客，也从不接受客邀。相反，对普通工人、出纳员和推销员，他有意亲近，微笑问候，甚至偶尔"家访"。

1980年1月，在美国旧金山一家医院里的一间隔离病房外面，一位身体硬朗、步履生风、声若洪钟的老人，正在与护士死磨硬缠地要探望一名因痢疾住院治疗的女士。但是，护士却严守规章制度毫不退让。

这位真是"有眼不识泰山"，她怎么也不会想到，这位衣着朴素的老者，竟是通用电气公司总裁，一位曾被公认为世界电气业权威杂志——美国《电信》月刊选为"世界最佳经营家"的世界企业巨子斯通先生。护士也根本无从知晓，斯通探望的女士，并非他的家人，而是加利福尼亚州销售员哈桑的妻子。

哈桑后来知道了这件事，感激不已，每天工作达16小时，为的是以此报答斯通的关怀，加州的销售业绩一度在全美各地区评比中名列前茅。正是这种适度距离的管理，使得通用电气公司事业蒸蒸日上。

通用电气公司像美国其他一些公司一样，从经理到基层领导人员，已有不少采用"静默沉思"法使紧张心理宁静下来，消除神经紧张所造成的不安。经常"静默沉思"的人说，自从坚持定时沉思默想后，工作效率提高了，不容易激动，能较好地对付外界压力了。

而以前通用公司也普遍采用节食和体育锻炼计划来消除工作人员的情绪病，虽长期执行，但见效甚微。许多人因紧张心理造成的血压升高、压抑感很重和易怒等现象并未减轻。

哈佛大学心理和体育治疗研究所推广沉思默想之后，通用公司便向雇员推荐此法，公司聘请了默思辅导员指导雇员苦练这种默思法，包括瑜伽、冥想、端坐不动等。雇员们反映，他们已初步收到效果。

公司在推行此法后，使公司精神病治疗费用减少27%；各分公司经理用此法后工作效率大为提高，为此该分公司已安排12名一天工作12~14小时的经理人员参加静默活动，工作热情普遍高涨，精神也格外饱满。

企业中的人事管理要比政府、学校等其他职能管理棘手得多，因为企业人事管理的对象、性别、年龄、学历、工种、品性等方面存有更大差异。

通用公司在人事管理上近几年采取重大改革，改变了以往的人事调配的做法（由企业单方面评价职工的表现、水平和能力，然后指定其工种岗位）。现在，反其道而行之，开创了由职工自行判断自己的品格和能力，提出选择自己希望工作的场所，尽其可能由他自己决定工作前途的"民主化"人事管理，称为"建言报告"，引起管理界的瞩目。

专家们认为，"让棋子自己走"的这种"建言报告"式人事管理，比传统的人事管理更能收集到职工的容易被埋没的意见和建议，更能发掘人才和对口用人，从而对公司发展和个人前途更加有利。

此外，通用公司还别出心裁地要求每位雇员写一份"施政报告"，从1983年起每周星期三由基层员工轮流当一天"厂长"。"一日厂长"9点上班，先听取各部门主管汇报，对全厂营运有了全盘了解后，即陪同厂长巡视部门和车间。"一日厂长"的意见，都详细记载在《工作日记》上。

各部门、车间的主管得依据其意见，随时改进自己的工作，并在干部会上提出改进后的成果报告，获得认可后方能结案。各部门、车间或员工送来的报告，需经"一日厂长"签批后再呈报厂长。厂长在裁决公文时,"一日厂长"可申诉自己的意见供其参考。

这项管理制度实行以来,成效显著。第一年施行后,节约生产成本就达200万美元,并将节约额的提成部分作为员工们的奖金,全厂上下皆大欢喜。

通用电气公司的日本子公司——左光兴产公司还实行一种特殊的"无章管理",也是感情化管理,最大限度地减少公司内部人际间的紧张关系,增强员工之间的信任,上下级之间的信任及员工对企业的信任。该公司近几年实行"无章管理"以后,年销售额在通用电气的所有海外子公司中独占鳌头。

思考题:

(1) 试分析富士康和通用公司的管理模式有什么特点?分别对应着什么样的人性假设?

(2) 造成两家企业管理模式的不同的主要原因是什么?

第三章 个体心理与行为

第一节 个体心理概述

个体心理是指个体在特定的社会组织中所表现的心理现象和行为规律，个人所具备的心理现象，概括起来可以分成个体心理过程、个体倾向性、个体心理特征三个方面。

通过对个体心理的研究，可以了解和把握在管理活动中个体行为的原因，进一步预测和控制个体的行为，充分挖掘个体的潜能，激发个体工作积极性，使个体心理和行为符合管理目标，实现管理科学化。

对于个体心理的研究经过了以下三个阶段：

一、个体心理发展的内发论观点

该观点认为人类个体的心理发展完全是由个体内部所固有的自然因素预先决定的，心理发展的实质是这种自然因素按其内在的目的或方向而展现的。外部条件只能影响其内在的固有发展节律，而不能改变节律。内发论观点又称自然成熟论、预成论、生物遗传决定论等。

以美国心理学家霍尔（G. S. Hall）、奥地利心理学家彪勒（K. Buhler）等为代表，从生物发展来看心理发展，将个体的心理发展过程视为复演物种进化的过程，心理发展是按预先形成了的生物学形式，即按遗传程序进行的，一两的遗传胜过一吨的教育（参见朱智贤，1980）。比如，霍尔认为胎儿的发展复演了动物进化的过程，而出生后的心理发展则复演了人类进化的过程。以弗洛伊德（S. Freud）为代表的精神分析理论认为，存在于个体的潜意识中的性本能是人的心理发展的基本动力，是决定个人发展的永恒力量。以马斯洛（A. H. Maslow）为代表的人本主义心理学家则认为，人的心理发展是人固有潜能的自我实现的结果。人不是被浇铸、塑造或教育成人的，环境的作用最终只是容许或帮助他，使他自己的潜能现实化。环境、文化等外界因素只是阳光、食物和水，但不是种子（马斯洛，1987）。

从上述观点来看，内发论认为心理发展与生理发展没有什么根本的实质性的区别，心理发展是先天因素成熟的结果，完全否定后天学习、经验在其中的作用。这就导致了以生理发展曲解心理发展，这是内发论的根本错误所在，是庸俗进化论观点在心理发展问题上的一种表现。

二、个体心理发展的外塑论观点

该观点与内发论相反，认为个体心理发展的实质是环境影响的结果，环境影响决定个体心理发展的水平与形式。这种观点又称心理发展的环境决定论、外塑论或经验论等。

行为主义心理学可以看作是外塑论的典型代表。华生（J. B. Watson）认为，环境与教育是心理发展的唯一条件,并且教育是万能的。他曾扬言,"给我一打健康和天资完善的婴儿,并在我自己设置的特定环境中教育他们,那我愿意担保,任意挑选一个婴儿,不管他的才能、嗜好、定向、能力、天资和他祖先的种族,都可以把他训练成我所选定的任何一种专家:医生、律师、艺术家、商界首领乃至乞丐和盗贼"。斯金纳(B. F. Skinner)继承了华生的环境决定论观点,认为人的行为乃至复杂的人格都可以通过外在的强化或惩罚手段来加以塑造、改变、控制或矫正。

外塑论把心理发展看作是外界环境影响的结果,否认心理发展的内因作用。其根本错误在于否认心理反应的能动性,是一种机械主义的发展观。

三、个体心理发展的社会文化历史观点

该观点认为,人类个体心理发展的实质是在与周围人的交往过程中产生和发展起来的,而不是与生俱来的固有本能,心理发展受人类的社会文化历史制约。这种观点是由苏联心理学家维果斯基首先提出,后经列昂节夫和鲁利亚等人的进一步完善,形成了社会文化历史学派,又称"维列鲁"学派。

维果斯基认为应区分两种心理机能:一种是作为动物进化结果的低级心理机能,这是个体早期以直接的方式与外界相互作用时表现出来的特征。另一种是作为文化历史发展结果的高级心理机能,以符号、语言等间接方式与外界相互作用时表现出来的特征。高级心理功能具有一系列根本不同于低级心理功能的特征,主要表现在四个方面:第一,心理活动的主动、随意性,即心理活动是主体按照预定的目的而自觉产生的。第二,心理活动的抽象概括性,这是由于语言的使用及其思维的参与而导致的。第三,心理结构的形成是以符号或词等为中介的,具有间接性。第四,心理活动的个性化,个性的形成是高级心理机能发展的重要标志。

第二节 个体心理过程

心理过程是指在客观事物的作用下,心理活动在一定时间内发生、发展的过程。通常包括认知过程、情绪情感过程和意志过程三个方面。认知过程指人以感知、记忆、思维等形式反映客观事物的性质和联系的过程;情绪情感过程是人对客观事物的某种态度的体验;意志过程是人有意识地克服各种困难以达到一定目标的过程。三者有各自发生发展的过程,但并非完全独立,而是统一心理过程中的不同方面。

一、知觉的概念与特征

知觉是通过系统化的处理,进而对外界客观因素产生的信息状态进行分析和处理,最后是个体获取信息的过程。知觉具备着以下几个特性,分别是选择性、意义性、恒常性以及整体性。其最初的研究源自于生物学中的神经反射,后来研究思维与行为的关系,现在已经变成心理学研究的内容,是心理咨询师研究的前提和关键所在。

知觉有两个特征。第一,知觉具有归类和推理的性质。所谓知觉,就是人们根据刺激输入的某些确定的或关键的属性,有选择地把它们归入某一类别;然后根据这一类别的已有知识加以推论(关于这一点,下文进一步再讲述)。知觉过程的这一主要特征,也是一般认知的特征。因此,布鲁纳断言:"像认知理论所需要

的一样，知觉理论需要一种能够归类和推理的机制（Bruner，1956）"。因此，布鲁纳赞同赫尔（Hebb）的论断，认为知觉的某些基本单位或认同性（Identification）是天生的、内源的，而不是习得的。事实上，皮亚杰也认为，用某种特定方式归类的某些基本的能力，取决于某些更为基本的能力是否存在，这也就是说，要识别某种事物，首先要存在把该事物归入其中的类别，那么，在儿童认识的最初期，必然已存在某些最基本的、非习得的类别。而随着形成比较复杂的类别，归类就涉及学习的过程，即要学会如何识别、权衡和使用关键属性。

第二，知觉具有各种不同的真实性。前面提及的儿童对硬币大小有不同的估计，就是一个例子。布鲁纳认为人们所知觉到的东西，实际上多少是以不同程度的精确性来预见该物体事实上应是什么样的。换言之，当人们把某一物体归入某一类别时，就会对该物体必须具备的、但现在还没有知觉到的属性做出预测。这里，布鲁纳引用了美国实用主义哲学家皮尔斯（Peirce）的观点。皮尔斯认为，一个命题的意义，是人们对与该命题有关的属性或结果做出的假设性的陈述。布鲁纳由此推断：一件事物的意义，在于把它置于假设性推理的网络中，然后对它的特征和效应做出的推理。

科普知识

卢卡斯的女巫前妻

经济学史上有一个故事叫"卢卡斯的女巫前妻"，说的是1982年卢卡斯与前妻分居，1989年他们正式办理离婚手续时妻子提出，若卢卡斯在1995年前获得诺贝尔奖，她要分得全部奖金的一半。卢卡斯认为这是不可能的，就答应了。然而1995年10月10日诺贝尔奖评审委员会宣布了卢卡斯获奖的消息，此时离约定的最后期限还剩80多天，于是卢卡斯不得不按离婚合同的约定将奖金的一半分给了她。

盲人摸象

从前，有四个盲人很想知道大象是什么样子，可他们看不见，只好用手摸。胖盲人先摸到了大象的牙齿。他就说："我知道了，大象就像一个又大、又粗、又光滑的大萝卜。"高个子盲人摸到的是大象的耳朵。"不对，不对，大象明明是一把大蒲扇嘛！"他大叫起来。"你们净瞎说，大象只是根大柱子。"原来矮个子盲人摸到了大象的腿。而那位年老的盲人呢，却嘟囔："唉，大象哪有那么大，它只不过是一根草绳。"原来他摸到的是大象的尾巴。四个盲人争吵不休，都说自己摸到的才是大象真正的样子。而实际上呢？他们一个也没说对。后以"盲人摸象"比喻看问题以偏概全。比喻看问题总是以点代面、以偏概全。寓言讽刺的对象是目光短浅的人。出自《长阿含经》卷十九。是个贬义词。

二、影响知觉的因素

第一，知觉对象。知觉对象本身与环境的对比度越大，被注意到的可能性越大；那些强度较强、体积较大、运动变化、色彩鲜艳的事物，更容易被人注意到而被选择成知觉对象；相反那些强度弱、体积小、静止不动、色彩灰暗的事物，则容易被忽略。知觉对象外观的相似性、空间上的接近性、时间上的接近等特点也会影响到知觉的整体性和理解性：人们通常把外观相似，或者在空间上、时间上比较接近的知觉对象作为一个整体加以识别，把他们归为同一类别。还有必须注意到，人们常很自然地认为一个人对任何客体的知觉的主要决定因素是客体本身的特点，实际上并非如此：当知觉对象变得越来越抽象时，人的知觉受知觉对象本身特点的影响越小，而受知觉者及环境因素的影响越大。

第二，知觉者。知觉者的差异性与本身的经验、态度、情绪状态、需要、职业、个性、兴趣等相关。态度：对待事物的态度不同，人所选择的外部刺激就不同，从而导致知觉的不同。情绪状态：一个人在特定时刻所体验到的特殊情绪状态强烈地影响到个体对环境刺激的选择和解释，这种情绪状态包括愤怒、愉快、恐惧、焦虑、绝望等。需要：一个人的需要在很大程度上决定着人们知觉的选择，尤其是在知觉对象模棱两可时更是如此，当一个人的某种需要特别强烈时，他的知觉活动就直接指向与满足需要密切相关的事物，而对满足需要无关的事物则被排斥。经验：一个人在相似目的或相似条件下由经历所获得的经验也会影响这个人的知觉的选择和对刺激的解释，经历不同，所获取的经验不同，观察问题的角度和内容就不同。其他的因素如一个人的个性、职业、兴趣等对知觉都会产生不同的影响。以上这些因素构成了人在知觉时的心理过滤器，从而影响对知觉对象的认知。

第三，知觉情境。每一种知觉都是在特定的情境中产生的，情境的特点会影响一个人的知觉。典型的情境可能来自于时间压力、危急时刻、截止时间等，情境作用主要表现在三个方面：一是选择怎么样的刺激；二是如何解释刺激；三是对刺激的添加和想象。情境的另一方面是指知觉者知觉时的具体环境，知觉者与知觉对象发生互动的场所也影响知觉者对知觉对象的形成。

三、社会知觉与社会知觉效应

在传统普通心理学中，知觉不包括判断、推理等认识过程。这里的知觉既包括对人的外部特征的知觉，也包括对人的个性特点的理解，对人的行为的判断和解释。这里的知觉相当于认识，因此在社会心理学书籍中有人主张用"社会认知"一词来代替社会知觉。

社会知觉的概念是美国心理学家J·布鲁纳于1947年在知觉研究中采用的，用来指知觉的社会决定性，即知觉不仅仅决定于客体本身，也决定于主体的目的、态度、价值观和过去经验。这种用法与社会心理学中的用法有所不同。在社会心理学中，社会知觉主要用来表示对人、对己和对社会群体的知觉。

苏联社会心理学家A·A·包达列夫认为，人际知觉过程具有两个层次，表现为反映社会现实的两个水平，即感知水平和逻辑水平。前者指形成关于某人外貌的形象，如外表、衣着、表情等。后者指在感知基础上对该人个性特点的推论。

苏联的研究查明，在感知水平上对人知觉和对物知觉也有所不同，如人面辨认阈限低于物体辨认阈限。

F. 海德在其《人际关系心理学》一书中指出对人知觉和对物知觉的3个差别：①人能体验其内部生活，而物不能。每个人都体验到其思想和感情，认为别人也是如此。②物不被认为是其自身活动的原因，而人则往往被认为是第一原因。责任感就意味着个人的行动有其内部原因，而不只是对环境力的反应。③人可以有意识地操纵和利用知觉者，而物则不能。对人知觉的目的就是使观察者预测作为刺激之人的可能的行动，以便预先计划自己的行动。

社会知觉效应有以下几方面：

首因效应（第一印象）：是指人们在对他人总体印象的形成过程中，最初获得的信息比后来获得的信息影响更大的现象。

近因效应：指在总体印象形成过程中，新近获得的信息比原来获得的信息影响更大的现象。

在印象形成的过程中，当不断有足够引人注意的新信息，或者原来的印象已经淡忘时，新近获得的信息的作用就会较大，形成近因效应。

晕轮效应：指人们对他人的认知判断首先是根据个人的好恶提出来的，然后再从这个判断推论出认知对象的其他品质的现象。

晕轮效应在评价员工工作表现时常起很大作用：管理人员可能选用一种品质作为基础来判断员工其他方面的表现。例如，如果某人全年无一次旷工、迟到行为，那么，很可能由此就会认为他的生产率也高，工作质量也好，工作勤勉。管理人员评价员工时往往把某些品质联系起来。例如，可能认为进取心强的人必然精力充沛，能控制别人，必有成就；待人友好的人，必然是热情的、慷慨的，且富有幽默感。

社会刻板印象：也叫定势现象，指人们对社会上某一类事物产生比较固定的看法，也是一种概括而笼统的看法。在进行社会认知的时候，人们往往将聚在一起的人们赋予一些特征，对不同职业、地区、性别、年龄、民族等群体的人们形成较为固定的看法。当人们采用这些较为固定的看法去识别一个具体的人，去对他进行判断、推测和概括的时候，就有可能出现偏差，产生刻板印象。

社会知觉：就是指个体在社会环境中对人的心理状态、行为动机和意向做出推测与判断的过程。

自我知觉：对自己的心理和行为状态的知觉。就是自己对自己的看法和评价，是个体的自我观。

第三节 个体倾向性

个性倾向性是推动人进行活动的动力系统，是个性结构中最活跃的因素。决定着人对周围世界认识和态度的选择和趋向，决定人追求什么。包括：需要、动机、兴趣、爱好、态度、理想、信仰和价值观。它是个性中的一部分，个性可分为个性倾向性和个性心理特征两大部分。个性倾向体现了人对社会环境的态度和行为的积极特征,对消费者心理的影响主要表现在心理活动的选择性,对消费对象的不同态度体验,以及消费行为模式上。

一、价值观与行为

价值观是指个人对客观事物(包括人、物、事)及对自己的行为结果的意义、作用、效果和重要性的总体评价,是对什么是好的、是应该的总看法,是推动并指引一个人采取决定和行动的原则、标准,是个性心理结构的核心因素之一。它使人的行为带有稳定的倾向性。价值观是人用于区别好坏、分辨是非及其重要性的心理倾向体系。它反映人对客观事物的是非及重要性的评价,人不同于动物,动物只能被动适应环境,人不仅能认识世界是什么、怎么样和为什么,而且还知道应该做什么、选择什么,发现事物对自己的意义,设计自己,确定并实现奋斗目标。这些都是由每个人的价值观支配的。价值观决定、调节、制约个性倾向中低层次的需要、动机、愿望等,它是人的动机和行为模式的统帅。人的价值观建立在需求的基础上,一旦确定则反过来影响调节人进一步的需求活动。人们对各种事物,如学习、劳动、享受、贡献、成就等,在心目中存在主次之分,对这些事物的轻重排序和好坏排序构成一个人的价值观体系。价值观体系是决定一个人行为及态度的基础。价值观受制于人生观和世界观,一个人的价值观是从出生开始,在家庭和社会的影响下,逐渐形成的,一个人价值观的形成受其所处的社会生产方式及经济地位的影响,在一定程度上是不可逆的。具有不同价值观的人会产生不同的态度和行为。

由于个人的身心条件、年龄阅历、教育状况、家庭影响、兴趣爱好等方面的不同,人们对各种职业有着不同的主观评价。从社会来讲,由于社会分工的发展和生产力水平的相对落后,各种职业在劳动性质的内容上,在劳动难度和强度上,在劳动条件和待遇上,在所有制形式和稳定性等诸多问题上,都存在着差别。再加上传统的思想观念等的影响,各类职业在人们心目中的声望地位便也有好坏高低之见,这些评价都形成了人的职业价值观,并影响着人们对就业方向和具体职业岗位的选择。

价值观是一种内心尺度。它凌驾于整个人性当中,支配着人的行为、态度、观察、信念、理解等,支配着人认识世界、明白事物对自己的意义和自我了解、自我定向、自我设计等;也为人自认为正当的行为提供充足的理由。我们这里考察的职业价值观,不是看人们如何看待"职业价值"的本质,而是注重探讨人们在职业选择和职业生活中,在众多的价值取向里,优先考虑哪种价值。

价值观代表一系列基本的信念:从个人或社会的角度来看,某种具体的行为类型或存在状态比与之相反的行为类型或存在状态更可取。这个定义包含着判断的成分,这些成分反映了一个人关于正确与错误、好与坏、可取与不可取的观念。价值观包括内容和强度两种属性。内容属性告诉人们某种方式的行为或存在状态是重要的;强度属性表明其重要程度。当我们根据强度来排列一个人的价值观时,就可以获得一个人的价值系统。每个人的价值观都是一个层次,这个层次形成了每个人的价值系统。这个系统通过我们赋予自由、快乐、自尊、诚实、服从、公平等观念的相对重要性程序而形成层次。

价值观对于研究组织行为是很重要的，因为它是了解员工的态度和动机的基础。同时它也影响我们的知觉和判断。每个人在加入一个组织之前，早已形成了什么是应该的、什么是不应该的思维模式。当然，这些观点不可能与价值观毫无关系，相反，它们包含着对正确与否的解释，而且，它们隐含着一种观念：某种行为或结果比其他行为或结果更可取。因此，价值观使客观性和理性变得含糊不清。

从组织行为学的观点来考虑，价值观会影响当前及将来员工的行为，对塑造组织的未来也有着深刻的影响，所以对价值观的了解和研究就显得极为重要。

价值观在组织中的影响主要表现在以下几方面：影响对他人及群体的看法，从而影响到人与人之间的关系；影响个人对决策和问题解决方法的选择；影响个人对所面临的形势和问题的看法；影响关于道德行为标准的确定；影响个人接受或抵制组织目标和组织压力的程度；影响对个人及组织的成功和成就的看法；影响个人对目标和组织目标的选择；影响管理和控制组织中人力资源的手段的选择。

在人力资源管理中，根据组织的总体目标、基本的价值观、对员工的看法等方面的不同划分，存在着以下三种管理模式。一是最大利润管理模式。它在19世纪和20世纪初被广泛应用于美国等工业发达国家的企业中，在美国现有的许多企业和其他一些国家的企业中仍然信仰和坚守这一观念。在最大利润管理模式下，企业经营的总体目标就是取得最大利润，以在市场竞争中求得生存和发展。一切管理决策和组织行为都必须服从最大利润，并以此作为评价企业经营管理好坏的唯一标准。与这种管理模式相适应的价值观为利己主义、适者生存、个人奋斗、竞争等。企业的员工仅仅是企业获取利润的手段而不是目的。领导方式是粗暴的、个人专断的。组织考虑员工福利是为了组织取得最大利润。

二是委托管理模式。它是从20世纪20年代开始，在企业规模扩大、组织复杂、投资额巨大等背景下形成的。委托管理模式不是只顾投资者取得最大利润，而要使各方面都感到满意。员工既被看作是手段，也被看作是目的，而不再单纯是劳动力市场中任人雇佣和解雇的一种资源。它承认员工的权利必须得到承认，可以组织工会等员工团体来关注他们的利益。但是，它仍然有强烈的利润指标需求。因此，它是一种在谋取利润与社会道德之间进行调和的管理模式。

三是生活质量管理模式。这是20世纪70年代兴起的一种最新的管理模式，它承认企业需要利润，但强调追求利润要合理，倾向于在确定企业利润水平时，不仅要考虑企业所有者的利益，还要考虑防止污染等社会效益。利润更多地被看成是一种手段而不是目的，人本身在组织中及组织外部的全面自由发展，被看成是比金钱、物质、技术更为重要的事情，人所拥有的生活质量成为组织所追求的目标。与此管理模式相适应的价值观是分享、合作、开明和共赢。企业竞争不再被看作是你死我活，而是努力争取双赢的局面。在管理中强调了人本主义观念，员工的多样性得到承认和尊重，注重充分发挥员工的技术和能力，使其参与管理，领导作风也倾向于民主和分权，管理者和员工互相沟通，彼此信任。

价值观有一部分是属于遗传的。比如婴儿一出生便有与众不同的气质。气质与遗传有关，属于先天性的，新生儿自出生的瞬间即表现出不同的气质，而且具有相当的稳定性。这种气质随着宝宝日后在成长中的实践，慢慢就养成了特定的性格。

以前人们一直认为，家长对待婴儿的态度和行为完全是由父母一方的个性、价值观念、教育观念和对孩子的期望决定的，然而，现代心理学的研究却表明，这种观点过于绝对。事实上，许多实验已经表明，婴儿本身的气质特征在很大程度上制约着父母对待婴儿的态度和方式。而父母对待婴儿的态度和方式又会影响价值观的形成。

二、态度与行为

对于态度的定义最早是斯宾塞（Spencer）和贝因（Bein）在1862年提出，认为态度是一种先有主见，是把判断和思考引导到一定方向的先有观念和倾向，即心理准备。奥尔波特（Allport）受行为主义影响，认为态度是一种心理和神经的准备状态，它通过经验组织起来，影响着个人对情境的反应。他的定义强调经验在态度形成中的作用。克瑞奇（Krech 1948）则认为态度是个体对自己所生活世界中某些现象的动机过程、情感过程、知觉过程的持久组织。他的定义强调当下的主观经验，把人当成会思考并主动将事物加以建构的个体，反映了认知派的理论主张。美国心理学家巴克（Buck）认为态度是对任何人、观念或事物的一种心理倾向。强调态度是一种观念、意见等主观的东西。迈尔斯（Miles）对于态度的定义较为完善，认为态度是对某物或者某人的一种喜欢或者不喜欢的评价性反应，他在人们的信念、情感和倾向中表现出来。

态度是个体对特定对象（人、观念、情感或者事件等）所持有的稳定的心理倾向。这种心理倾向蕴含着个体的主观评价以及由此产生的行为倾向性。

态度具有对象性、评价性、稳定性和内在性四个特性。（1）态度具有对象性，态度是有对象的，它总是针对某种事物的；（2）态度具有评价性，它意味着是否赞同该事物；（3）态度相对于情绪具有稳定性，它是一种对事物比较持久的而不是偶然的倾向；（4）态度是个体内在的心理状态，往往不能为别人所直接观察到，但它最终会通过当事人的言行表现出来。

态度是指个体对所处环境中的人物、事情及其他客体比较持久认知、情感和倾向性。反映个人对人物、事物、客体的心理感受。态度不仅可以影响一个人的行为，而且也可以决定一个人的生活方式。

（1）态度的认知成分：是指个体对某种事物或对象的看法、评价以及带有评价意义的叙述。既包括对人对事的知晓，也包括对人对事的评论、赞同或反对。

（2）态度的情感成分：是指个体由认知而产生的对态度对象的一种情绪情感体验，即态度中的情绪情感部分。

（3）态度的意向成分：个体对态度对象的反映倾向，是行为的准备状态，即准备对态度对象做出某种反映。

影响态度形成的因素包括以下几个方面：

（1）需要的影响：凡能满足自己需要的对象或能帮助自己达到目标的对象必然产生喜欢的态度，反之产生厌恶的态度。（2）知识的影响：知识形成态度，也改变态度。（3）团体的影响。（4）个人性格的影响。（5）行为的影响。（6）其他：

个人创伤或戏剧性的经验。

行为指个体或组织为了实现某一目标而采取的有意识的活动过程。行为分为：(1) 个体的行为和组织的行为；(2) 心理行为和物理行为；(3) 有意识的、有目的的行为；(4) 工作中的行为。

影响行为的个性因素：(1) 控制点：①内控型，②外控型。(2) 权威主义：是一种在组织中人们之间应该具有地位和权力的差异的信念。(3) 自尊：高自尊者相信自己拥有工作成功所必需的大多数能力，他们往往选择更具冒险性的和非传统的工作。低自尊者比高自尊者对外界更为敏感，他们更乐于赞同别人的观点，更倾向于按照自己尊重的人的意志和信念办事。(4) 自我监控：个体根据外部环境因素的变化而自我调整自己行为的能力。

三、态度与行为的关系

在心理科学发展的早期，有一个未经验证的假设，即不论是对蔬菜的偏爱还是对他人的看法（社会态度），一个人的态度与行为之间一般具有一致性，即态度与行为存在着动态相依性。与此同时，人们的态度与行为之间还存在着相互作用关系，有时态度决定行为，有时行为影响态度。

勃朗特华沙之跪

勃朗特一行来到波兰的第二天，西德与波兰签订了华沙条约。西德总理威利·勃朗特来到华沙犹太隔离区起义纪念碑前敬献花圈，勃朗特缓缓地走上石阶，面前是巨大的、中部塑有人物雕像的青石纪念碑。沉重的石块、黝黑的人形，犹如在代表千百万无辜的死难者向这里默然注目。这里曾经是华沙犹太人隔离区的所在地。勃朗特突然自发下跪并且为在纳粹德国侵略期间被杀害的死难者默哀（图3-1）。勃朗特将花圈敬献在纪念碑前了。他直立

图3-1 勃朗特华沙之跪

起身体，肃立在无声的石像前，就在他垂首致意的那个瞬间，他的双膝却弯了下去，他跪在了冰冷的石阶上！

他的表情是凝重的。他看到了什么？也许他觉得他面对的是成千上万死难者的尸骨？也许他看到了，当年希特勒上台后，20岁的他远走他乡登上的那艘驶往挪威的船？独立船头，他曾立志，誓与纳粹法西斯不共戴天，战斗到底！他没有能在战场上与纳粹战斗，却要同纳粹遗留下来的仇恨抗争。

这位57岁的反法西斯老战士跪立在纪念碑前了。他的随同人员惊呆了。这个出乎意料的、未在日程安排当中的举动，让他们一时手足无措。而周围的波兰官员和民众，却被这突如其来的举止深深震撼了。一时呆愣住的各国记者们在短暂的愕然之后，纷纷举起相机，闪光灯亮成一片。一位跪立在冰冷石阶上的德国总理的形象旋即传遍了世界的各个角落，成为二战后世界上意义重大的瞬间定格，在所有爱好和平的人民心头激起了强烈的、恒久的震荡。

胜利日之吻

胜利之吻（图3-2）也称作胜利日之吻、世纪之吻，是指在当地时间1945年8月14日发生在纽约时代广场的一幕亲吻。时值日本宣布无条件投降，纽约民众纷纷走上街头庆祝胜利。一位水兵在时代广场的欢庆活动中亲吻了身旁的一位女护士，这一瞬间被《生活》杂志的摄影师阿尔弗雷德·艾森施泰特抓拍下来，成为传世的经典历史画面。从此以后，每年8月14日都有数百对男女在时代广场重现"胜利日之吻"，以纪念二战结束。

图3-2 胜利日之吻

四、需要、动机与行为

需要概念：需要是指人们对某种目标的渴求和欲望。欲望是一种心理现象，行为科学家把促成行为的欲望称为需要。

需要三个基本内涵：生活体缺乏时，叫缺乏状态（饥、渴、不识字，即缺食、缺水、缺文化）。生活体自己去平衡这种缺乏状态（要吃、要喝、要学习），这种平衡是生活体内部的自动平衡。生活体去择取缺乏物（吃饭、喝水、识字）。

缺乏状态是需要产生的原因。由于缺乏状态的出现，才有对缺乏状态的平衡，进而对缺乏物的择取。但是，需要不是平衡过程本身和择取过程本身，而是这个平衡的倾向和择取倾向，需要是作为"倾向出现的"。所谓需要是生活体处于缺乏状态而出现的体内自动平衡倾向和择取倾向。需要产生的原因示意图：主体缺乏状态自动平衡倾向择取倾向。需要是由缺乏状态引起的主体平衡倾向。缺乏状态是需要产生的前提，从缺乏状态到需要，中间有一个转换环节就是自动平衡。主体内部这个自动平衡过程就是对缺乏的解除，使缺乏得到满足。因此，这个自动平衡是需要形成的内部机制。没有这个自动平衡，"缺乏"照旧是"缺乏"，不学文化，照旧不识字。需要是"缺乏"未得到满足的一种状态，表现为自动平衡倾向。需要产生动机。一个人渴了想喝水，就会产生寻找饮料的行为，行为指向一定的目标，直到找到饮料为止。根据心理学原理，产生行为的直接原因是动机，渴了，是个体缺乏某种东西——水，想喝水是需要，需要产生找水的动机，动机是引起个体找水行为，并维护该行为，将行为导向直至找到饮料这一目标的过程。

当个体缺乏某种东西时叫需要，缺乏某种东西有两种情况：一种是缺乏个体内部维持生理作用的物质因素如：食物、饮料、药品等。渴了，说明人的生理上缺乏水，进而产生了喝水的需要。还有一种是缺乏社会生活所必需的心理及精神因素，如成就感、荣誉感、受人尊重、音乐享受等。当一个人缺乏这些东西时，就会感到身心不安，紧张或不舒服从而产生某种需要。需要就会产生能够满足需要的动机，进而产生某种行为。外部刺激也会引起动机的产生。有时外部条件即外部刺激也会引起动机的产生，例如：一个人上街路过卖烤红薯的烤炉，香味扑鼻而来，在这种香味的刺激下，引起吃烤红薯的欲望（也就是动机），为此，就买了个烤红薯吃了起来。此时身体内部并不特别需要烤红薯，而是在香味的外界刺激下所产生买烤红薯的动机。

马斯洛理论把需求分成生理需求（Physiological Needs）、安全需求（Safety Needs）、爱和归属感（Love and Belonging）、尊重（Esteem）和自我实现（Self-actualization）五类，依次由较低层次到较高层次排列。在自我实现需求之后，还有自我超越需求（Self-Transcendence Needs），但通常不作为马斯洛需求层次理论中必要的层次，大多数会将自我超越合并至自我实现需求当中。

通俗理解：假如一个人同时缺乏食物、安全、爱和尊重，通常对食物的需求量是最强烈的，其他需要则显得不那么重要。此时人的意识几乎全被饥饿所占据，所有能量都被用来获取食物。在这种极端情况下，人生的全部意义就是吃，其他什么都不重要。只有当人从生理需要的控制下解放出来时，才可能出现更高级的、社会化程度更高的需要，如安全的需要。

第四节 个体心理特征

一、气质与行为

（一）气质的概念及类型

1. 气质的概念

气质是人的个性心理特征之一，它是指在人的认识、情感、言语、行动中，心理活动发生时力量的强弱、变化的快慢和均衡程度等稳定的动力特征。主要表现在情绪体验的快慢、强弱、表现的隐显以及动作的灵敏或迟钝方面，因而它为人的全部心理活动表现染上了一层浓厚的色彩。气质（Temperament）是表现在心理活动的强度、速度、灵活性与指向性等方面的一种稳定的心理特征。人的气质差异是先天形成的，受神经系统活动过程的特性所制约。

2. 气质类型

（1）多血质。多血质是人的气质类型之一。多血质的人表现出这样的特点：容易形成有朝气、热情、活泼、爱交际、有同情心、思想灵活等品质；也容易出现变化无常、粗枝大叶、浮躁、缺乏一贯性等特点。这种人活泼、好动、敏感、反应迅速、喜欢与人交往、注意力容易转移、兴趣和情感易变换等。这种人适宜做要求反应迅速而灵活的工作。外向，活泼好动，善于交际；思维敏捷；容易接受新鲜事物；情绪情感容易产生也容易变化和消失，容易外露；体验不深刻等。多血质合适的职业有职业多面手、专长多、能力强，精于调整、调和各类关系，有经营管理、分析设计和规划能力，会推销商品。适于经济规划、统计、设计、商业推销、节目主持、相声演员等。

（2）黏液质。人的气质类型之一。黏液质人的表现特点：黏液质相当于神经活动强而均衡的安静型。这种气质的人平静，善于克制忍让，生活有规律，不为无关事情分心，埋头苦干，有耐久力，态度持重，不卑不亢，不爱空谈，严肃认真；但不够灵活，注意力不易转移，因循守旧，对事业缺乏热情。

（3）胆汁质。胆汁质（Bilious Temperament），人的四种性格类型之一，其特点是"情感发生迅速、强烈、持久，动作的发生也是迅速、强烈、有力"。属于这一类型的人都热情，直爽，精力旺盛，脾气急躁，心境变化剧烈，易动感情，具有外倾性。反应迅速，情绪有时激烈、冲动，很外向。

（4）抑郁质。抑郁质是人的一种气质类型，抑郁质特点：抑郁质的人神经类型属于弱型，他们体验情绪的方式较少，稳定的情感产生也很慢，但对情感的体验深刻、有力、持久，而且具有高度的情绪易感性。抑郁质的人为人小心谨慎，思考透彻，在困难面前容易优柔寡断。抑郁质的人一般表现为行为孤僻、不太合群、观察细致、非常敏感、表情腼腆、多愁善感、行动迟缓、优柔寡断，具有明显的内倾性。此外，抑郁质适合的职业：校对、打字、排版、检察员、雕刻工作、刺绣工作、保管员、机要秘书、艺术工作者、哲学家、科学家等。

（二）气质差异与管理

1. 气质无好坏之分

性格有好坏之分，但气质类型并无好坏之分。任何气质类型都有积极和消极两个方面，任何气质类型的人都有长处和短处。胆汁质的人，积极、充满活力和生气勃勃，也有一些浮躁、任性和感情用事。多血质的人，灵活、亲切又不乏机敏，也轻浮和情绪多变。黏液质的人，沉着、冷静、坚毅，又冷淡和缺欠活力。抑郁质的人，长处是情感深刻稳定，短处是孤僻、羞怯。认识到气质类型并无好坏之分，任何气质类型的人都有长处和短处，不要因为对自己的气质类型不满而自暴自弃，不求进取，也不要因为对员工的气质类型不满而贬低、压抑其劳动工作积极性，要认真分析自己及员工气质类型中的积极、消极之处，发扬光大积极的一面，控制、克服消极的一面，自觉培养和锻炼，逐渐改进自己及员工的气质。

2. 气质差异与工作安排

气质虽不在人们的实践活动中起决定的作用，但它可以影响人们活动的效率。某些工作，某种气质类型的人干起来效率更高；另一些工作，另一种气质类型的人干起来更有效率。例如，像自动化系统操作、营销这类要求做出灵活反应的工作，多血质、胆汁质的人比较合适，因为这两种气质类型的人有灵活、机敏或积极、生气勃勃的特点；而像微电子技术、钟表修理这类要求持久、细致的工作，黏液质、抑郁质的人更适宜，因为他们的气质类型中有沉着、冷静、坚毅或稳定、深刻的一面。正因为气质会影响人们活动的效率，管理者在安排工作时，一定要考虑员工的气质特点及员工的气质差异，尽量把他们安排到最有利于发挥其个体气质特长的工作岗位上，为他们更有效地工作创造条件和机会，也为更有效地实现整个管理系统的管理目标创造条件。

3. 气质差异与思想政治工作

思想政治工作方法是现代管理工作的四大基本方法之一。思想政治工作要启发人们的思想觉悟，使人们自觉地取向于组织的共同目标并付出行动。但思想政治工作要起到应有的作用，它必须具备科学性和启发性。也就是说，思想政治工作的有效性是以科学性、启发性为前提和基础的。由于气质对于形成和改造人们的某种情感与行为特点或个性特征都具有很大影响。因此，管理者也必须根据员工的气质差异来做好思想政治工作，才能使思想政治工作起到应有的作用。

根据气质差异来做好思想工作，不仅要求对不同气质类型的员工教育的侧重点不同，而且教育的方式也应当有所不同。对有暴躁、任性、感情用事的缺点的胆汁质的员工，应侧重培养其自制能力和持之以恒的精神。因为这种人易冲动，吃软不吃硬，批评他们的缺点错误时，应避免顶牛，严厉中有说理，批评中有鼓励，循循善诱。对灵活、亲切而又不乏浮躁、情绪多变的多血质的员工，应着重培养其专心、扎实和勇于克服困难的精神。加强自制力、注意力的稳定性及细致、耐心品质方面的训练，在教育方式上可以对其缺点进行严肃的批评，以有助于其快速改正错误。对缺乏活力、冷淡的黏液质的员工，重在培养热情爽朗和生气勃勃的精神风貌，批评、教育时，要有耐心，给予足够的时间以自省和做出反应，点到为止。对不乏孤僻、羞怯的抑郁质的员工，要着重培养其大方、善交、自信的品质，对其缺点及错误，一般不宜严厉批评，更不宜在大庭广众之下公开指责，应更多地予以关心、体贴和爱护，对他们的微小进步都应给予充分肯定以增强他们的自信心。

4. 气质差异与领导班子配备

领导班子，属于管理主体，在整个企业管理系统中居主导和支配地位。因此，有一个合理的领导班子，对企业管理系统的正常、有效运行尤为重要。而有一个合理的领导班子，应当有合理的专业结构、能力结构、气质结构和年龄结构。从我国的实际情况来看，无论是上级委派还是群众选举，我们对企业领导班子成员专业结构、能力结构、年龄结构的合理化都比较关注，而对其气质结构合理化则较为忽视。实际上，领导班子成员气质结构合理化，就是指领导班子应当由有不同气质类型的人构成，既要有积极主动、敢冲敢闯的多血质、胆汁质的人，又要有脚踏实地、持之以恒的黏液质和抑郁质的人。这样，既可以避免鲁莽行事造成失误，又不至于因犹豫徘徊而坐失良机，这样的领导班子才能在社会主义市场经济的大潮中求生存、图发展、创大业、展宏图。因此，配备企业领导班子，应考虑其成员的气质差异，形成合理的气质结构。

四大名著与气质类型

张飞属于胆汁质类型。

张飞豹头环眼，面如韧铁，黑中透亮，亮中透黑，颔下扎里扎煞一副黑钢髯，犹如钢针，恰似铁线，头戴镔铁盔，二龙斗宝，朱缨飘洒，上嵌八宝，云罗伞盖花冠于长，身披锁字大叶连环甲，内衬皂罗袍，足蹬虎头战靴，胯下马，万里烟云兽，手使丈八蛇矛。站在桥头之上，咬牙切齿，捶胸愤恨，大骂："曹操你且听真，今有你家张三爷在此，尔等或攻、或战、或进、或退、或争、或斗，不攻，不战，不进，不退，不争，不斗，尔乃匹夫之辈。"大喊一声，曹兵退后；大喊二声，顺水横流；大喊三声，把当阳桥喝断。后人有诗赞之曰："长坂坡前救赵云，喝退曹操百万军，姓张名飞字翼德，万古流芳莽撞人！"

王熙凤属于多血质类型。

一语未完，只听后院中有笑语声，说："我来迟了，不曾迎接远客！"林黛玉思忖道："这些人个个皆屏气如此，这来者是谁，这样放诞无礼？"心下想着，只见一群媳妇丫鬟拥着一个丽人，从后房进来。

这个人打扮与姑娘们不同，彩绣辉煌，恍若神仙妃子，头上戴着金丝八宝攒珠髻，绾着朝阳五凤挂珠钗；项上带着赤金盘螭璎珞圈；身上穿着缕金百蝶穿花大红洋缎窄裉袄，外罩五彩缂丝石青银鼠褂；下着翡翠撒花洋绉裙。一双丹凤三角眼，两弯柳叶掉梢眉，身量苗条，体格风骚。粉面含春威不露，丹唇未启笑先闻。

唐僧属于黏液质类型。

唐僧是西天取经的领导者，是一个虔诚的佛教徒，在佛教传说中，唐僧是一个完美的圣人。他的性格特点有以下两个方面：（1）佛法高深，信念坚定。第贞观十三年，陈玄奘大法师集聚了一千二百名高僧在长安城化生寺开演诸品妙经。当唐僧受旨上西天拜佛取经时说了这一段话："我这一去定要捐躯努力，直到西天；如不到西天，不得真经，即死也不敢回国，永堕沉沦地狱。"（2）心地善良，知恩图报。唐僧带领的两名从者在取经的路上被老虎精、熊精和野牛精吃掉了。唐僧在山岭间奔跑，四周布满了毒虫妖兽。在危难之际，一位骁勇异常的猎户救了唐僧。当猎户得知唐僧就是大唐的高僧时，请他到家里做客，热情款待。唐僧为了感谢他，为刘太保的亡父念经超度。

林黛玉属于抑郁质类型。

宝玉一时高兴把身上的所佩之物都给了众小厮们。林黛玉知道后，以为自己送给他的"荷包"也给小厮们拿走了，就道："我给的那个荷包也给他们了？你明儿再想我的东西，可不能够了！"说完就赌气回房，把原来正替宝玉做的香袋儿"拿过来就绞"。后来宝玉跟她解释过后，他也知道了那"荷包"宝玉珍藏在怀里，可还是生气，当宝玉向她赔不是时，她还边哭边说："你不用同我好一阵歹一阵的，要恼，就撂开手，这当了什么！"最后禁不住要宝玉"好妹妹"长、"好妹妹"短地赔不是。

二、性格与行为

（一）性格的概念与类型

性格是指表现在人对现实的态度和相应的行为方式中的比较稳定的、具有核心意义的个性心理特征，它是一种与社会相关最密切的人格特征，在性格中包含有许多社会道德含义。性格表现了人们对现实和周围世界的态度，并表现在他的行为举止中。性格主要体现在对自己、对别人、对事物的态度和所采取的言行上。

性格分以下六种类型：

1. 现实型

现实型的人喜欢户外、机械以及体育类的活动或职业。喜欢与"物"打交道而不喜欢与"人"打交道，喜欢制造、修理东西。喜欢操作设备和机器，喜欢看到有形的东西。有毅力、勤勉，缺乏创造性和原创性。喜欢用熟悉的方法做事并建立固定模式，考虑问题往往比较绝对。不喜欢模棱两可，不喜欢抽象理论和哲学思辨。是个传统、保守的人，缺乏良好的人际关系和言语沟通技巧。当成为别人瞩目中心时会感到不自在，不善于表达自己的情感。别人认为他比较腼腆害羞，绝大多数现实主义者都秉承实事求是的生活和工作作风。

2. 探索型

探索型的人好奇心强，好问问题。喜欢了解、解释和预测身边发生的事。有科学探索的热情。对于非科学、过于简单或超自然的解释，多持否定和批判的态度。对于喜欢做的事能够全神贯注，心无旁骛。独立自主并喜欢单枪匹马做事。不喜欢管人也不喜欢被管，喜欢从理论和思辨的角度看问题。喜欢解决抽象、含糊的问题，具有创造性，常有新鲜创意，往往难以接受传统价值观。逃避那种高度结构化、束缚性强的环境。处理事情按部就班、精确且有条理，对于自己的智力很有信心。在社交场合常会感到困窘，缺乏领导能力和说服技巧。在人际关系方面拘谨、刻板。不太善于表达情感，可能给人不太友善的感觉，探索型应该更加注重自身的发展与创新精神。

3. 艺术型

艺术型的人有创造力、善表达、有原则、天真、有个性。喜欢与众不同并努力做个卓绝出众的人。不喜欢从事笨重的体力活动，不喜欢高度规范化和程序化的任务。喜欢通过艺术作品表现事物，表现自我，希望得到众人的关注和赞赏，对于批评很敏感。在衣着、言行举止上倾向于无拘无束、不循传统。喜欢在无人监督的情况下工作，处事比较冲动。非常重视美及审美的品位，比较情绪化且心思复杂。喜欢抽象的工作及非结构化的环境。寻求别人的接纳和赞美，觉得亲密的人际关系有压力而避免之。主要通过艺术间接与别人交流以弥补疏离感，常常自我省思，思想天马行空，拥有强大的发散性思维。

4. 社会型

社会型的人友善、热心、外向、合作。善于交流，喜欢与人为伍。能洞察别人的情感和问题。喜欢扮演帮助别人的角色，如教师、顾问、公务员。喜欢表达自己并在人群中具有说服力，喜欢当焦点人物并乐于处在团体的中心位置。对于生活及与人相处都很敏感、理想化和谨慎。喜欢哲学问题，如人生、宗教及道德伦理问题。不喜欢从事与机器或资料有关的工作，或是结构严密、重复性的工作。和别人相处融洽并能自然地表达情感，待人处事圆滑，给别人以仁慈、乐于助人的印象，如果能够得到社会的认可将对国家具有重大的贡献。

5. 管理型

管理型的人外向、自省、有说服力、乐观。喜欢有胆略的活动，敢于冒险。支配欲强，对管理和领导工作感兴趣。通常喜欢追求权力、财富、地位。善于辞令，总是力求使别人接受自己的观点，具有劝说、调配人的才能。自认为很受他人欢迎，缺乏从事细致工作的耐心。不喜欢那些需要长期智力活动的工作，管理型的人头脑清楚，思维敏捷。是可靠的生活和社会的保障。

6. 常规型

常规型的人做事一板一眼、固执、脚踏实地，喜欢做抄写、计算等遵守固定程序的活动，是个可信赖、性格直率且尽责的人。依赖团体和组织以获得安全感并努力成为好成员，在大型机构中从事一般性工作就感到满足，不寻求担任领导职务。知道自己该做什么事时，会感到很自在。不习惯自己对事情作判断和决策，因而不喜欢模棱两可的指示,希望精确了解到底要求自己做什么,对于明确规定的任务可以很好完成。倾向于保守和遵循传统,习惯于服从、执行上级命令。喜欢在令人愉快的室内环境工作,重视物质享受及财物。有自制力并有节制地表达自己的情感,避免紧张的人际关系,喜欢自然的人际关系。在熟识的人群中才会自在。喜欢有计划地做事,不喜欢打破惯例,不喜欢从事笨重的体力劳动,此类型基本上按照社会规律生活。

美国职业指导专家霍兰德认为,每个人都是这六种类型的不同组合,只是占主导地位的类型不同。而每一种职业的工作环境也是由六种不同的工作条件所组成,其中有一种占主导地位。一个人的职业是否成功,是否稳定,是否称心如意,在很大程度上取决于其个性类型和工作条件之间的适应情况。

(二) 性格差异与管理

性格差异指的是人与人的性格之间的差异。

鉴于性格在个体结构中的重要地位,长期以来,许多心理学家高度重视对性格的理论研究,并尝试从不同角度对人的性格类型进行划分,不同性格类型存在着明显的差异。

1. 机能类型说

这种学说主张根据理智、情绪、意志三种心理机能在性格结构中所占的优势地位来确定性格类型。其中,以理智占优势的性格称为理智型。这种性格的人善于冷静地进行理智的思考、推理,用理智来衡量事物,行为举止多受理智的支配和影响。以情绪占优势的性格,称为情绪型。

2. 向性说

美国心理学家艾克森提出按照个体心理活动的倾向来划分性格类型,并据此把性格分为内向、外向两类。内向型的人沉默寡言,心理内向,情感深沉,待人接物小心谨慎,性情孤僻,不善交际;外向型的人心理外向,对外部事物比较关心,活泼开朗,情感容易流露,待人接物比较随和,不拘小节,但比较轻率。

3. 独立—顺从说

这种学说按照个体的独立性,把性格分为独立型和顺从型两类,独立型的人表现为善于独立发现和解决问题,有主见,不易受外界的影响,较少依赖他人。顺从型的人则表现为独立性差,易受暗示,行动易为他人左右,解决问题时犹豫不决。

4. 生活方式说

德国的心理学斯普兰格(E. Spranger)从文化社会学的观点出发,根据人认为哪种生活方式最有价值,把人的性格分为六种类型,即经济型、理论型、审美型、宗教型、权力型、社会型。

5. 特质论

特质是指个人的遗传与环境相互作用而形成的对刺激发生反应的一种内在倾向。特质既可以解释人格,又可以解释性格,因为性格是狭义的人格。

卡特尔16种性格因素

有关性格的自测量表很多,而最著名的是美国心理学家卡特尔编制的16种人格因素测验。卡特尔16种性格因素测验从乐群性、智慧性、稳定性、影响性、活泼性、有恒性、交际性、情感性、怀疑性、想象性、世故性、忧虑性、变革性、独立性、自律性、紧张性16个相对独立的性格维度对人进行评价，能够较全面地反映人的性格特点，该测验共由187道题组成，在职业指导及人员选拔领域被广泛运用。以下为卡特尔16种性格因素测验的测试题及评分标准。本测试包括一些有关个人生活情形的问题，每个人对这些问题会有不同的看法，每个人的回答也就自然会有所不同。因而对问题如何回答，不存在"对"与"不对"之分，只是表明您对这些问题的态度。请您尽量表达您个人的意见，不要有所顾忌。

每一个问题都有三个被选项，但您对每个问题只能选择一个项目。请尽量少选中性答案。每个问题都要回答。务必请您根据自己的实际情况回答。对每个问题不要过多考虑，请尽快回答。

1. 我很明了本测试的说明：
　（A）是的　　　　　　（B）不一定　　　　　　（C）不是的
2. 我对本测试的每一个问题，都能做到诚实地回答：
　（A）是的　　　　　　（B）不一定　　　　　　（C）不同意
3. 如果我有机会的话，我愿意：
　（A）到一个繁华的城市去旅行
　（B）介于（A）、（C）之间
　（C）浏览清静的山区
4. 我有能力应付各种困难：
　（A）是的　　　　　　（B）不一定　　　　　　（C）不是的
5. 即使是关在铁笼里的猛兽，我见了也会感到惴惴不安：
　（A）是的　　　　　　（B）不一定　　　　　　（C）不是的
6. 我总是不敢大胆批评别人的言行：
　（A）是的　　　　　　（B）有时如此　　　　　（C）不是的
7. 我的思想似乎：
　（A）比较先进　　　　（B）一般　　　　　　　（C）比较保守
8. 我不擅长说笑话、讲有趣的事：
　（A）是的　　　　　　（B）介于（A），（C）之间　（C）不是的
9. 当我见到邻居或新友争吵时，我总是：
　（A）任其自己解决　　（B）介于（A）、（C）之间　（C）予以劝解
10. 在群众集会时，我：
　（A）谈吐自如　　　　（B）介于（A）、（C）之间　（C）保持沉默
11. 我愿意做一个：
　（A）建筑工程师　　　（B）不确定　　　　　　（C）社会科学研究者
12. 阅读时，我喜欢选读：
　（A）自然科学书籍　　（B）不确定　　　　　　（C）政治理论书籍
13. 我认为很多人都有些心理不正常，只是他们不愿承认：
　（A）是的　　　　　　（B）介于（A）、（C）之间　（C）不是的

14. 我希望我的爱人擅长交际，无须具有文艺才能：
(A) 是的　　　　　(B) 不一定　　　　　(C) 不是的

15. 对于性情急躁、爱发脾气的人，我仍能以礼相待：
(A) 是的　　　　　(B) 介于（A）、（C）之间　(C) 不是的

16. 受人侍奉时我常常局促不安：
(A) 是的　　　　　(B) 介于（A）、（C）之间　(C) 不是的

17. 在从事体力或脑力劳动之后，我总是需要有比别人更多的休息时间，才能保持工作效率：
(A) 是的　　　　　(B) 介于（A）、（C）之间　(C) 不是的

18. 半夜醒来，我常常为种种不安而不能入睡：
(A) 常常如此　　　(B) 有时如此　　　　(C) 极少如此

19. 事情进行的不顺利时，我常常急得涕泪交流：
(A) 常常如此　　　(B) 有时如此　　　　(C) 极少如此

20. 我以为只要双方同意可离婚，可以不受传统观念的束缚：
(A) 是的　　　　　(B) 介于（A）、（C）之间　(C) 不是的

21. 我对人或物的兴趣都很容易改变：
(A) 是的　　　　　(B) 介于（A）、（C）之间　(C) 不是的

22. 工作中，我愿意：
(A) 和别人合作　　(B) 不确定　　　　　(C) 自己单独进行

23. 我常常无缘无故地自言自语：
(A) 常常如此　　　(B) 偶尔如此　　　　(C) 从不如此

24. 无论是工作，饮食或外出游览，我总是：
(A) 匆匆忙忙不能尽兴 (B) 介于（A）、（C）之间　(C) 从容不迫

25. 有时我怀疑别人是否对我的言行真正有兴趣：
(A) 是的　　　　　(B) 介于（A）、（C）之间　(C) 不是的

26. 如果我在工厂里工作，我愿做：
(A) 技术科的工作　(B) 介于（A）、（C）之间　(C) 宣传科的工作

27. 在阅读时我愿阅读：
(A) 有关太空旅行的书籍
(B) 不太确定
(C) 有关家庭教育的书籍

28. 本题后面列出三个单词，那个与其他两个单词不同类
(A) 狗　　　　　　(B) 石头　　　　　　(C) 牛

29. 如果我能到一个新的环境，我要：
(A) 把生活安排的和从前不一样
(B) 不确定
(C) 和从前一样

30. 在一生中，我总觉得我能达到我所预期的目标：
(A) 是的　　　　　(B) 不一定　　　　　(C) 不是的

31. 当我说谎时总觉得内心羞愧不敢正视对方：
（A）是的　　　　　（B）不一定　　　　　（C）不是的
32. 假使我手里拿着一颗装着子弹的手枪，我必须把子弹拿出来才能安心：
（A）是的　　　　　（B）介于（A）、（C）之间　（C）不是的
33. 多数人认为我是一个说话风趣的人：
（A）是的　　　　　（B）不一定　　　　　（C）不是的
34. 如果人们知道我内心的成见，他们会大吃一惊：
（A）是的　　　　　（B）不一定　　　　　（C）不是的
35. 在公共场合，如果我突然成为大家注意的中心，就会感到局促不安：
（A）是的　　　　　（B）介于（A）、（C）之间　（C）不是的
36. 我总喜欢参加规模庞大的晚会或集会：
（A）是的　　　　　（B）介于（A）、（C）之间　（C）不是的

三、能力与行为

（一）能力的概念

能力，是完成一项目标或者任务所体现出来的素质。人们在完成活动中表现出来的能力有所不同，是指顺利完成某一活动所必需的主观条件。能力是直接影响活动效率，并使活动顺利完成的个性心理特征。能力总是和人完成一定的实践联系在一起的。离开了具体实践既不能表现人的能力，也不能发展人的能力。

能力是生命物体对自然探索、认知、改造水平的度量。如人解决问题的能力，动物、植物的生殖能力等。

> **人物简介**
>
> （国际智商测试标准）智商，就是IQ（Intelligence Quotient 的简称），通俗地可以理解为智力，是指数字、空间、逻辑、词汇、创造、记忆等能力，它是德国心理学家施特恩在1912年提出的。智商表示人的聪明程度：智商越高，则表示越聪明。IQ多少算正常呢？一般情况下智商在90～120之间算正常。

（二）个体能力差异及管理

研究个体的能力结构和能力差异，有助于管理者发现人才，量才用人，合理分工，达到人尽其才、才尽其用的目的，提高组织活动的绩效。为此，组织活动中要注意处理好下列问题：

第一，企业各部门要有自己选用人才的标准。

要确定人才标准，必须首先做好组织计划与工作分析。即根据组织结构的需要，对组织内不同职务及相应的责任进行周密系统的调查研究，然后按照工作性质、责任大小、繁简难易、劳动强度、工作环境、上下关系，以及担任各级职务所需要的资格条件，诸如品格、学历、能力、年龄、健康状况等，分门别类，确

定名称，评定等级，制定规范，定出各种工作所需要的人才的各种特性，为人员的招聘和选拔提供科学的依据。

第二，各类企业要努力研究各种工作岗位的相关关系。

每个企业中的各类工作，虽然是因为分工不同而对任职者的要求也不同，但各种工作岗位间存在着正相关、负相关或不相关的关系。管理者通过对各种工作岗位间相互关系的研究，把高度同一职业系列，并根据岗位系列之间的相关方向与程度，编制职业系列图，用来帮助企业管理部门对员工进行合理安排。如需要进行人员调整时，可根据此图调某人到与其原任职正相关的新工作岗位上去。同时，还可以用来指导企业管理部门搞好晋升工作。

第三，企业管理者要注意用人之长，避人之短。

在企业管理工作中，一些地方和一些企业在用人上存在着不健康的心理。主要表现为：一是求全心理；二是嫉贤心理；三是惟亲心理；四是疑人心理。这些都是影响员工能力充分发挥的障碍，也是企业管理工作中的大忌。一般来说，在一个企业里，全才并不多，但擅长于某一方面、适合于某项工作的人才却不少，企业管理者应当针对他们的具体情况，安排适合他们特长的工作，使他们的能力得到充分的发挥。

第四，企业各级管理部门要探索招聘员工的方法和途径。

招聘和选拔直接影响整个企业员工队伍的素质和构成，是管理的重要环节。我国传统的做法是理论考核加一定的技能测试，并为理论考核规定一定的下限；而国外好多企业在招聘人员时，除了下限外还规定了一个上限，也就是说，如果一项工作不需要太高的文化水平，而更应该注重的是某一种特殊能力的话，那些他们宁可聘用一个文化水平不高但特殊、能力强的人，也不会聘用一个文化水平很高但不适合本工作的人。在聘用员工时，一定要对企业所需的人才做一个明确的考核范围，并据此录用最适合的人才。拥有一个素质良好、配合协调的员工队伍，并进而发挥出他们的最大潜能，企业在激烈的竞争环境下才能处于不败之地。

复 习 题

1. 什么是感觉？什么是知觉？分析二者的区别和联系。
2. 说明社会知觉的含义、类型及其对组织行为研究的意义。
3. 举例说明影响知觉准确性的因素。
4. 解释需要、动机和行为的关系。
5. 说明是价值观？举例说明价值观的作用。
6. 说明叫态度？态度的组成成分有哪些？
7. 说明叫气质？气质的分类有哪些特点？
8. 性格的特点和含义是什么？
9. 简述能力的含义及其分类。
10. 能力差异对管理者有什么启示？

思 考 题

1. 近年来,社会对"80后"、"90后"青年较为关注,试对你身边的"80后"、"90后"青年的行为风格、工作价值观与他们的父辈进行比较,分析其差异,并谈谈这对管理者有什么启发。
2. 改变态度,提高士气可采取哪些措施。
3. 请举出胆汁质、多血质、黏液质、抑郁质的例子。
4. 结合实例分析"情商"和"智商"对人行为的作用。

案例分析

谁当经理更合适？

某电子电器工业公司是一个由十几家小厂组成的专业公司。公司行政领导班子由一正三副四个成员组成。总经理由于年事已高即将退休，需要物色一个合适的新总经理。该公司的上级主管部门经过一段时间的研究考察，认为现任三位副经理不宜提升，新的总经理需从下面挑选。各方面的意见最后集中到李厂长和王厂长两个中选一个。下面是有关他们两人的资料。

李厂长，男，39岁，文化程度大学本科（电子专业），中共党员，原是该厂技术员，高级知识分子家庭出身。"文革"中父母受到严重迫害，他也受到影响。三中全会以后，他一反过去的消沉，工作十分积极努力，认真学习科学文化知识，并善于把学到的知识用于指导工作，为本厂的产品开发、产品的升级换代、提高质量、建立科学的检测手段等都做出了重要贡献。他从技术科长提升为厂长后，对厂里进行了一系列的改革，加强了科学管理，使工厂的面貌大为改观，大大提高了经济效益，年创利和人均创利都居本系统的首位，职工收入也大幅增加。全厂精神振奋，一派欣欣向荣景象。

李厂长性格开朗，精力充沛。善言谈，好交际，活动能力很强，积极开展横向联系，在全国十多个省市开设了二百多个经销点，三十多个加工企业，效益都很显著。他认为，要发展就要靠技术，因此千方百计，不惜重金引进人才，至今该厂已有十多位外来的高级工程师和工程师。他还很重视产品的广告，每年要花几十万广告费，电台、电视台、路边广告牌、电车、汽车以及铁路沿线都有该厂的广告，可谓"无孔不入"。他担任了市企管协会分会的理事，在协会中活动频繁，在各方面关系融洽，对厂里工作也有促进。李厂长事业心强，一心扑在工作上，早出晚归，南来北往，一年到头风尘仆仆，不辞辛苦。该厂曾被评为市企业管理先进单位，李厂长获市优秀厂长称号，该厂的产品也被评为市优质产品。

但李厂长也有一个明显的缺点，这就是骄傲自满，自以为是，常常盛气凌人，有时性情急躁，弄不好还会暴跳如雷，不大把公司的领导放在眼里，经常顶撞他们，公司的"指令"常常被他顶回去，因此公司领导对他这一点颇为不满。各科室也不大愿意和他打交道，他同公司下属的其他几个兄弟厂关系也不融洽。这些厂的厂长们对他敬而远之，对上级表彰他颇有微词。他也不善于做思想工作，认为这是党支部的事。所以平时遇到思想问题，他都是作为"信息"告诉书记，要支部去做工作。他和几个副厂长关系处理的也不太好，领导上几次协调也无济于事。

王厂长，男，37岁，文化程度大专（企业管理专业），中共党员，有技术员职称，家庭出身小业主，在"文革"期间，他不参与任何派性活动，而是偷偷学文化、钻业务，组建该厂时就担任了厂长，至今已近10年。他经历了该厂由衰到盛，几起几落的整个过程。对电子行业的特点非常熟悉，自己又有动手设计的能力。他最大的特点是精于企业管理，在学校学了计算机原理后，他率先把计算机运用到企业管理中去。他对整个厂的机构设置、行政人员的配备、岗位责任以及各副厂长、科长、车间主任和各级管理人员的职责都有明确的规定，每年考核两次，奖惩分明。因此，平时大家各司其职，他却显得很悠闲自在，常常上这个科室转转，到那个车间看看，以便了解情况，发现问题。公司及有关部门召开的会议，他从来不缺席，而有的厂长常常忙得脱不开身。他似乎比别的厂长"超脱"得多。厂长们都很羡慕他。

　　王厂长性格内向、沉稳，不喜欢大大咧咧地发议论，对什么事情总要深思熟虑，三思而后行，人们说他"内秀"。他对自己厂今后五年的发展，有一个远景规划，听起来切实可行，也颇鼓舞人心。对一些出风头的社会活动，他不太喜欢参加，但对各科开阔思路的业务技术讲座却很感兴趣。他很善于做职工的思想工作，他认为企业职工的思想问题都是在生产过程中产生的，都和生产有关。一厂之长，要抓好生产怎么能不做思想工作呢。因此，对一些老大难问题，他从不推诿，都是亲自处理。他还要求各级行政干部做人的思想工作，并把它作为考核的内容。他和党支部、工会的关系都很好，积极支持他们的工作。他待人谦和，彬彬有礼，和本公司上下左右的关系都不错，公司有什么事，只要打一声招呼，他就帮助解决了。因此，他的人缘挺好，厂里进行民意测验，几乎异口同声称赞他。

　　和李厂长不同，他不喜欢花高价引进工程技术人员，他认为这些人中不乏见利忘义之徒，只能同甘，不能共苦。关键时刻还是要靠自己，宁愿多花些钱来培养自己厂里的技术人员，这几年来，厂里也确实培养了一批技术骨干，有些人还很拔尖。他也不喜欢高价做广告。他说我们的产品质量自己有数。我不能干这边排队卖，那边排队修的事。他把作广告的钱用来购买先进的技术设备，为提高质量服务。他说等质量到经得起"吹"的时候再作广告。但实际上他们厂的产品质量还是不错的。开箱抽查，合格率达98%。

　　该厂是市企业管理先进单位，区文明单位。工会是区"先进职工之家"，团支部是区"先进团支部"，他本人则荣获市优秀厂长和局优秀党员称号。

　　但也有不少人认为，王厂长缺乏开拓精神，求稳怕变，按部就班，工作没有多大起色。按照厂里的基础和实力，应该发展得更快些。可他们的效益都比不上李厂长他们厂。和李厂长比，他就显得保守、过于谨慎、处事比较圆通、不得罪人。王厂长听了这些议论，不以为然，依旧我行我素。

思考题：

（1）依据有关个性理论，对两位厂长的能力、气质、性格进行分析、比较。

（2）你认为谁当总经理更为合适，怎样才能做到"扬长避短"、"人尽其才"？

第四章 群体心理与行为

从前有一座山，山上有座小庙，有一天庙里来了个小和尚。他每天挑水、念经、敲木鱼，给菩萨案桌上的水瓶添水，夜里不让老鼠来偷东西，生活过得安稳、自在。

不久，庙里又来了个瘦和尚。他一来就喝掉半缸水。小和尚叫他去挑水，瘦和尚最初去挑水了，但是后来看到小和尚在庙里清闲自在心想一个人去挑水太吃亏了，便要小和尚和他一起去抬水。两个人只能抬一只桶，而且水桶必须放在担子的中央，两人才心安理得。这样总算还有水喝。而两人的关系也僵化了。后来，又来了个胖和尚。他也想喝水，但缸里没水。小和尚和瘦和尚叫他自己去挑，胖和尚挑来一担水，立刻独自喝光了。从此谁也不挑水，三个和尚就没水喝。大家各念各的经，各敲各的木鱼，到最后干脆把菩萨面前的净水瓶里面的水抢着喝干了，也没人添水，花草枯萎了。夜里老鼠出来偷东西，谁也不管。结果老鼠猖獗，打翻烛台，燃起大火。三个和尚这才一起奋力救火，大火扑灭了，他们也觉醒了。从此三个和尚齐心协力，水自然就更多了。

第一节 群体的概念和类型

一、群体的定义

群体是具有相同利益或情感的两个或两个以上的人以某种方式相结合的集合体（群体是指在某种社会联系或共同目标的基础上形成的，心理上相互认知，在行为上相互作用、相互影响的人群集合体）。或者说具有以下特征的一群人，才可定义为群体：①各成员相互依赖，在心理上彼此意识到对方；②各成员间在行为上相互作用，彼此影响；③各成员有"我们同属于一群的感受"。

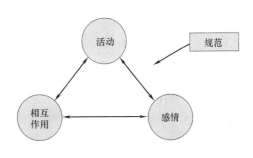

图 4-1 群体系统模型

根据1955年霍斯曼提出的群体系统模型，群体构成要素为活动、感情和相互作用。如图 4-1 所示。

组织行为学是一门研究组织中个体、群体和整个组织的行为发展规律，以及与之相对社会环境的关系的知识系统。一般来说，研究人的行为可以分为三个层次，即个体行为、群体行为和组织行为。人群、群体和组织的区别如表 4-1 所示。

人群、群体、组织的区别　　　　　　　　　表 4-1

人群	由一定数量的人组成（人的集合体）
群体	由一定数量的人组成，有共同的目标和自身的规则
组织	由一定数量的人组成，有一定的架构和同一的行为规范，拥有共同的目标和使命

群体之所以形成、存在和发展，主要在于它有一定的特殊功能。概括地说，群体具有两大功能：一是群体对组织的功能；二是群体对个人的功能。

（1）完成组织任务，实现组织的目标，这是群体对组织而言的。作为一个群体，只能在活动中生存，它的活动，就是为了完成组织的任务。群体是一个由若干人组织起来的有机组合体，它具有单个人进行活动时所没有的优越性，成员之间为了共同的奋斗目标，互相协作，互发所长，互补不足，使群体产生巨大的动力，促使活动顺利进行，圆满地完成任务，俗话说，"众人拾柴火焰高"，群体的力量是巨大的。

（2）满足群体成员的心理需求。心理学家认为，群体可以满足成员下列需求：

1）成员尊重、友谊、交往和情感交流的需求。成员可以得到其他成员的关心、友爱，免于孤独。

2）满足成员归属感和支持力量的需求。

3）满足成员成长和自我实现的需求。

（3）协调人群关系。在组织中，组织成员为了完成工作通常要与不同的人进行交流，组织可以帮助我们形成和谐、友好、积极的人际关系。

（4）影响和改变个人的观念和行为。人们在组织中需要遵循一定的行为规范，而且会遇到形形色色的人，这些会潜移默化地影响个人的观念与行为。

二、群体的类型

（一）正式群体和非正式群体

根据群体的构成原则与方式，可以把群体划分为正式群体和非正式群体。正式群体是由组织精心设计与规划，有自己明确的目的和规章制度，成员的地位和角色、权利和义务都很清楚并有稳定、正式结构的群体。其中，由组织结构所规定，由直接向某个主管人员报告工作的下属组成的群体称为命令型群体；为了完成一项工作任务而在一起工作的人所组成的群体称为任务型群体。

1. 非正式群体的定义

非正式群体是指人们在活动中自发形成的，未经任何权力机构承认或批准而形成的团体。自从梅奥通过霍桑实验发现企业中存在着各种形式的对工作绩效有严重影响的非正式群体后，对非正式群体的研究成为组织行为学中一个重要的方面。正式群体和非正式群体的区别如表 4-2 所示。

2. 非正式群体的特征

（1）自发性。非正式群体是自发形成的。员工在到非正式群体中去寻找归属、认同、理解和表现自己，自发形成不同类型的非正式群体。

（2）成员的交叉性。由于有些员工的兴趣、爱好比较广泛，体验感受比较丰富，因此，他们可能参加不止一个的非正式群体，从而使非正式群体成员具有交叉性。

正式群体和非正式群体的区别 表 4-2

类型	组成因素	特性
正式群体	以正式程序而组成	结构单一性 具有一定的结构形式
	以正式结构为本,产生心理认同	领导者通常具有主管身份 主要目标为达成工作任务
非正式群体	依人员自然交往而成	结构具有重叠性 不具有一定的结构形式
	由心灵组合为本,而产生无形结构	领导者不一定为主管,主要目标为满足成员需求

（3）有自然形成的核心人物。非正式群体和正式群体都一样有核心人物,但是非正式群体中的核心人物不是上级任命或者是员工选举产生的,而是在长期的工作、学习、生活和娱乐中自然形成的。

（4）排他性和不稳定性。非正式群体内部成员之间交往密切,互帮互助,但是对本群体以外的其他人员比较冷淡,甚至排斥,表现出明显的排他性。同时,非正式群体较正式群体又有相对不稳定性,当群体成员产生冲突时,不及时调节或调节无效的话会导致群体的分化、瓦解,以至于重新组合,产生新的非正式群体。

3. 非正式群体的分类

非正式群体的分类如表 4-3 所示。

非正式群体的分类 表 4-3

类型	特 点
利益型	成员利益一致,具有明确满足群体利益倾向,为满足成员利益要求提供一定的机会,凝聚力强
信仰型	共同的理想、信念的基础上形成的
兴趣型	强烈的兴趣爱好,共同活动,共同提高
情感型	感情、友谊或社交的需要形成,以感情为纽带
亲缘型	亲缘关系形成,稳定、凝聚力强

非正式群体的作用:非正式群体既有积极作用也有消极作用。主要受到下列条件的限制:

（1）非正式群体的组织结构与正式群体的组织结构是否一致;

（2）非正式群体的价值定向与整个社会目标是否一致。

非正式群体的积极作用主要表现为以下五个方面:

（1）可以满足员工的需要。非正式群体是志愿形成的,其成员是基于某种共同特征才聚集在一起的。他们之所以愿意成为非正式组织的成员,是因为组织能给他们带来某些需要的满足。比如工作上的频繁接触和工作以外的非正式联系而产生的友谊可以消除他们的孤独感。基于共同的认识和爱好,对一些共同关心的问题进行讨论可以满足他们"自我表现"的需要。从属于某个非正式群体这个事实本身可以满足他们"归属"、"安全"的需要。这些需要的满足，对员工的工作效率有着非常重要的影响。

（2）易于产生和加强合作的精神。员工在非正式群体的频繁接触会使组织成员之间的关系更加融洽，从而易于产生和加强合作的精神。这种非正式群体的协作关系如果能应用到工作中去，能极大地促进组织的活动协调进行。

（3）帮助正式群体起到一定的培训作用。非正式群体在其成员在工作中的表现也十分重视，对于那些工作技术不够娴熟、工作方法不够科学的成员，非正式群体的伙伴往往会给予指导和帮助。

（4）规范员工的行为。非正式组织存在于某种社会环境中，社会的认可或拒绝会对非正式组织的存在产生非常重大的影响。非正式组织为了群体的利益，为了在正式组织中树立良好的形象，往往会设定自己的行为准则来规范成员的行为，并对严重违反组织纪律的"害群之马"给予惩罚。

（5）非正式信息通道的补充。非正式信息有十分通畅的信息渠道，这是对正式组织重要的信息补充来源。这种信息也有不可避免的两面性，处理不好可能会造成流言蜚语的传播。

4. 非正式群体的危害

非正式群体可能造成的危害包括以下几个方面：

（1）非正式群体的目标如果与正式群体的目标不一致，则可能会引起人们的抵触情绪，进而对正式组织的工作产生消极影响。比如，在工作中管理者会鼓励员工之间进行竞赛以提高工作效率，但是非正式群体可能认为竞赛会导致其群体成员的不和，从而会抵制竞赛，设法阻止和破坏竞争的展开，其结果必然会对企业的竞争氛围产生不良的影响。

（2）非正式组织要求成员一致性的压力，往往也会束缚成员的个人发展。在非正式群体中，有些组织成员虽然有过人的才华与能力，但是非正式组织对其成员一致性的要求可能不允许他们冒尖，从而使个人的能力和才华得不到充分发挥。

（3）非正式组织的压力还会影响正式组织的变革，发展组织的惰性。这是因为群体中的大部分人害怕变革会对非正式群体赖以生存的正式群体的结构产生影响，从而威胁非正式组织的存在。

5. 发挥非正式组织的作用

如何发挥非正式群体的作用，我们应该从以下几个方面考虑：

（1）对于非正式群体，我们首先要承认它存在的必然性与合理性，允许甚至鼓励非正式群体的存在，并积极加以引导使其目标与正式组织的目标一致。

（2）区别对待不同类型的非正式组织。不同的非正式群体有不同的特征，应该针对不同的非正式群体采取不同的措施来使其作用。

（3）利用非正式群体的特点，做到为我所用。重视对非正式群体中"领袖人物"的把握。在非正式群体中，一般会存在一个默认的首领，对其他成员具有一定程度的领导和支配作用。在一定程度上给予该"领头羊"一定的信任和重视，加强感情的联络和沟通，往往会产生意想不到的作用。

在正确对待非正式群体的问题上，无论采取什么措施和方法，其目的却是相同的：促进非正式群体的健康发展，保证正式组织的有效运行和促进社会的进步和发展。

（二）大群体和小群体

根据群体规模的大小和沟通方式，可以把群体划分为大型群体和小型群体。大型群体是指群体成员人数众多并且以间接的方式（通过群体的目标、各层组织机构等）联系在一起的群体。例如阶级群体、大型企业、学校等都可以称为大型群体。小型群体是指组织相对稳定、人数相对较少且组织成员以直接接触的方式联系在一起的群体。因此，心理因素的作用要大于大型群体的作用。相反，在大型群体中，社会因素比心理因素有更大的作用。

（三）开放群体和封闭群体

根据群体成员的开放程度的原则，可以把群体划分为开放群体和封闭群体。开放群体经常更换成员，成员来去自由，封闭群体的成员比较稳定。另外，封闭群体的成员等级关系严明，而开放群体中成员的地位和权利不稳定。开放群体由于人员不稳定，所以不适合长期的任务，但也有其他的好处。

（四）假设群体和实际群体

根据群体是否存在分为假设群体和实际群体。假设群体是一种客观上并不存在的群体，只是为了研究或统计分析的需要被人们"设计"出来的。假设群体又被称为统计群体和目标群体，常常可以按照年龄、性别等特性进行二次划分。虽然假设群体在实际中并不存在，但在研究和分析某些问题时，却是一种比较有效的方法。比如，在市场消费占有率的消费群体分析中，在目标市场占有率指标下可建立一个接近市场其他特征的假设消费群体，并细化群体各类分项指标及必要的调整偏差方案，与实际消费群体的相关指标对比分析可以找到实际消费群体与目标消费群体的差异，以作为企业市场行为调整的参考依据。

所谓实际群体是指客观存在的群体，群体成员之间有直接或间接的联系，由共同目标和活动结合在一起，如同一个班级的学生、同一车间的工人。

第二节　群体的形成与发展

在组织行为学的发展史上，专家学者们提出了许多有关群体发展的理论，其中比较有代表性的是四阶段模型和五阶段模型。

一、塔克曼的群体发展四阶段模型

塔克曼（Tuckman）在1965年提出，群体发展要经历过四个阶段：形成阶段、风暴阶段、正常阶段、发挥作用阶段。如图4-2所示。

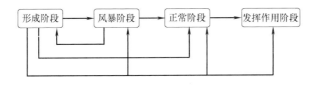

图4-2　塔克曼群体发展四阶段模型

群体的发展没有标准模式可言，但是塔克曼模型还是为研究群体的发展提供了一个普遍适用的可循之道。

二、群体发展五阶段模型

基于塔克曼的群体发展理论，专家们发展出了许多群体的发展理论，目前广为人们认同的是群体发展五阶段模型，这五个阶段分别是：形成阶段、震荡阶段、规范化阶段、执行任务阶段、中止阶段。如图 4-3 所示。

图 4-3　群体发展五阶段模型

第一阶段：形成（Forming）。这个阶段的特点是群体结构，组织目标和领导关系上存在着大量的不确定性。群体成员各自探索群体可以接受的行为规范。当群体成员开始把自己看作是群体的一员时，这个阶段就结束了。

第二阶段：震荡（Storming）。这个阶段的特点是内部冲突明显。群体成员接受了群体的存在，但是在面对群体施加给他们的约束是仍然予以抵制。而且对于谁可以控制这个群体还存在着争执。对造成震荡的根本冲突必须设法解决而不是进行压制。因为此时进行压制不仅会在群体内造成负面影响，还有可能在后续阶段中阻碍群体职能的发挥。在这个阶段结束后，群体内的领导层次会相对明确。

第三阶段：规范化（Norming）。这个阶段的特点是协作配合。群体进一步发展了密切的群内关系，同时也表现出了内聚力。当群体结构比较稳定，群体的行为标准、领导及其他工作岗位职责都将得以全部落实的时候，这个阶段就结束了。

第四阶段：执行任务（Performing）。在这个阶段中，群体结构已经开始充分发挥作用，并已被群体成员完全接受。群体的主要精力从互相了解认识进入到了完成当前的工作任务上。

第五阶段：终止（Adjourning）。对于长期的工作群体而言，执行任务的阶段是最后一个阶段，而对暂时性的委员会、团队等工作小组而言还有一个终止阶段。在这个阶段中，群体准备开始解散，高绩效不再是压倒一切的首要任务，注意力都集中到了工作的收尾上。在这个阶段，群体成员的反应差异很大，有的很乐观，沉浸在群体的成就中；有的则很悲观，惋惜在共同工作中建立的友谊。

值得注意的是，并不是所有群体都程式化地经过上述几个发展阶段。许多因素会对群体发展起到阻碍或促进作用。同样，群体也并不是明确地从一个阶段发展到下一个阶段,事实上,有时几个阶段同时进行,比如震荡和执行任务可能同时发生。群体甚至可能回归到前一阶段。

三、间接——平衡理论

有些研究者认为,群体发展的过程并不一定像五阶段模型中所描述的那样需要经过统一的一系列阶段,而是在群体如何形成和变化的方式上有一些明显一致的地方。这种模型认为,群体发展的过程中基本上以接近中间的某个时间作为分水岭划分为两个阶段,第一个阶段中群体运行的方式与第二个阶段中有着明显的不同。如图4-4所示。

在第一个阶段中,群体的第一次会议确立了行为规范,之后进入第一个阶段,在此阶段内群体按照惯性活动,不可能产生太多创意。因此,这个阶段群体的运行处于一个平衡的阶段。

在第二个阶段中,在生命周期的中间位置,会爆发一场变革,抛弃旧观点,采纳新观点,调整方向,进入第二个高水平运转阶段。经过又一段水平的惯性运动后,发展到最后,加速了运转,提高了进度,跑步冲向终点。

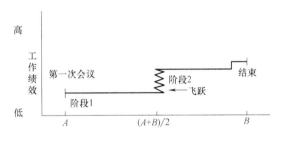

图4-4 间接平衡模型

研究者发现,无论是周期很短,只有几个小时的群体,还是长期性的工作群体,其发展的过程都会经历这样循环的规律。假设完成项目的时间限制是一年,那么在前两个月群体一般会平静地渡过。到了中间阶段,群体会积极变革以提高工作效率从而表现出更好的绩效水平。最后一次项目会议会比其他几次会议的时间更长,很多问题得到了最后的解决。如图4-4所示。

第三节 群体的特征

一、群体角色

每一位群体成员都遵循自己特定的行为模式,可称之为角色。群体的成员可以分为三类:自我中心角色、任务角色和维护角色。

(一) 自我中心角色

自我中心角色是群体成员总是为自己着想,只关心自己。

(1) 阻碍者,指那些总是在群体目标实现的过程中设置障碍的人。

(2) 寻求认可者,指那些努力表现自己以引起群体注意的人。

(3) 支配者,指那些试图驾驭别人或操纵所有事物并且也不估计对群体产生影响的人。

(4) 逃避者,指那些对群体漠不关心、不为群体做贡献的人。

研究表明这些角色表现会对群体绩效带来消极影响,造成绩效下降。

（二）任务角色

任务角色的表现有：

（1）建议者，指那些给群体提建议，出谋划策的人。

（2）信息加工者，指为群体收集有用信息的人。

（3）总结者，指为群体整理有关信息，为群体目标服务的人。

（4）评价者，指帮助群体检验有关方案、筛选最佳决策的人。

（三）维护角色

维护角色的表现有：

（1）鼓励者，指热心赞赏他人对群体产生贡献的人。

（2）协调者，指调节群体内部关系，解决群体内冲突的人。

（3）折中者，指协调不同意见，帮助群体成员制定大家都接受的中庸决策的人。

（4）监督者，指保证每人都有发表建议的机会，鼓动寡言的人，而压制支配者。

任务角色和维护角色都起积极作用。每一个群体不仅要完成任务，而且要始终维持自己的整体。而成员的任务角色和维护角色的作用正是为了达到这两个目的，研究发现，在任务角色、维护角色和群体绩效之间有正比关系。

不同的角色会对群体绩效产生不同的影响，如图4-5所示。

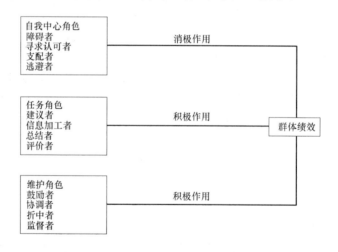

图 4-5 不同的群体角色对群体绩效的影响

二、群体类型

一个群体想要取得高绩效，任务角色和维护角色都很重要。但是群体发展的不同阶段，对于任务角色和维护角色的要求不一样。在群体形成阶段，监督者和建议者的角色能够帮助群体奠定一个良好的基础。监督者可以使成员增强主人翁精神，建议者可以提出群体的发展方向。在震荡阶段，总结者、信息加工者、协调者和折中者的角色可以帮助群体解决不可避免的冲突，顺利进入规范化阶段。在群体规范化和执行任务阶段，任务角色和维护角色都很重要。总之，一个有效的群体应激发成员扮演任务角色和维护角色的需要，而避免以自我为中心。

如果以任务角色的表现为横轴，以维护角色的表现为纵轴，可以把群体分为四种类型：如图 4-6 所示。

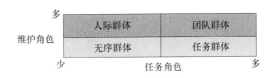

图 4-6 群体的类型

在一个群体中，如果成员扮演任务角色多而扮演维护角色少，则被称为任务群体。这种群体适合于紧急任务，但容易瓦解。作为管理者，就应该多扮演维护角色以帮助群体发展为团队群体。在团队群体中，任务角色和维护角色都很多。团队群体对于长期目标是最有效的。

如果成员扮演维护角色多，扮演任务角色的少，则称之为人际群体。在这种情况下，管理者就需要扮演任务角色以免耽误任务的完成。在无序群体中，任务角色和维护角色都很少，说明多数成员只顾自己，而很少关心任务及人际关系。无序群体是最没有绩效的。管理者既需要扮演任务角色又需要扮演维护角色。一般是先注重任务角色，等到群体有了成功的经验以后可以逐渐把工作重心转移到维护角色中去。

三、群体规范

（一）群体规范的定义

群体规范是指由群体成员建立的行为准则。有正式确定的，如法律、法规、规章制度等，也有自发形成的，如文化、风俗、时尚、舆论等。人们在共同活动中，其心理存在着一种社会标准化的倾向，即人们在对外界事物的共同认知和判断上，发生类化过程，彼此接近，趋于一致，从而导致模式化、固定化，以便于遇到同类事物时尽快地做出反应。另一方面，在群体成员的相互作用下，又会产生模仿、暗示、顺从等心理，这样就形成了群体意见的统一。规范正是在这两种因素的基础上产生的。

群体规范形成以后，为了保障其目标的实现和群体活动的一致性，就需要有一定的行为准则以统一成员的信念、价值和行为，这种约束成员的准则，就叫群体规范。群体规范是每个成员必须遵守的已经确立的思想、评价和行为的标准。这些标准为群体每个成员所公认，而且是每个成员必须遵守的。群体规范可以是在群体内正式规定的，但大部分是在群体中自发形成的，并且能潜移默化地影响着个人的行为及人格的发展，起着调节成员活动和关系的作用。

（二）群体规范的影响因素

群体规范的建立与发展受到许多因素影响。一是个体的特征。个体的特征对群体规范的建立和发展有重要的影响。比如，相对于流水线上的工人，科研人员更倾向于实现自己个人的价值、充分发挥自己的特长从而不愿意建立和遵循规范。二是群体的构成。相对于异质群体，同质群体更容易确认规范。三是地理环境。如果成员的工作地点较为接近，互相作用的机会多，那么就比较容易形成规范。四是群体的任务。如果任务比较常规、清楚，那么规范就容易形成。五是群体的绩效。一个成功的群体更加倾向于维持现有的规范并建立发展与其原有规范一致的新规范，而一个失败的群体就不得不改变原有的规范。六是组织规范。大部分情况下群体规范和组织规范是一致的，如果群体成员不同意组织规范，则群体就会产生与组织规范相对抗的规范。

（三）群体规范的功能

一般来说，群体规范具有以下四个功能：

（1）群体支柱的功能。群体规范是一切社会团体得以维持、发展的支柱。群体规范越能被群体成员所一致接受，则群体成员之间的关系就越密切，群体也越团结。

（2）评价准则的功能。群体规范是群体成员之间必须遵守的行动准则，因此，群体成员要根据群体规范来评价自己和其他成员的行为。

（3）对群体成员的约束功能。群体规范的约束功能主要表现在群体舆论中。当某些成员的行为举止与群体规范相矛盾时，其他成员会根据群体规范对其进行批评教育，这种带有情绪色彩的共同意见，对群体成员有约束作用，使其不至于违反群体规范。

（4）行为矫正功能。群体成员如果违反了规范，就会受到舆论的压力来迫使他改变某些行为，从而与群体成员保持一致。因此，群体规范具有行为矫正的功能。

（四）群体规范的建立方式

大多数的群体规范是通过以下四种方式建立起来的。

（1）主管或者同事的事先声明。有利于群体生存和完成生产任务的规范经常是由群体的领袖或者有权势的成员建立的。例如，一位主管规定工作时间不能玩手机，因为玩手机会降低工作效率。上级管理者或者重要的群体成员还可以确定每个群体成员的角色期望。由管理者明确制定的规范往往表达了群体的核心价值观念。

（2）群体历史上的关键事件。有时候，群体历史上的特殊事件会成为重要的先例。例如，组织内缺少一名重要的管理人员，上级领导决定通过外部选聘的方式来填补空缺。结果发现这种外部选聘的方式不仅损害了组织成员的积极性，而且外部选聘的管理人员由于对组织不熟悉从而很难完成组织的目标。下次，上级领导在面对同样的情况时可能会考虑从内部渠道晋升的方式来选聘管理人员。

（3）前例。群体中首次出现的行为方式往往会决定群体以后的期望。如果第一次会议上管理人员与下属之间有正常的交流，群体通常会希望以后的会议以同样的方式进行。以最初的做法建立规范是因为这样可以使事情简单化，成为约定俗成的习惯，使群体成员明白应该怎么做。对这些行为进行规范可以使生活更有规律，更容易预测。

（4）其他事情的迁移。群体成员会把在其他组织的工作群体既定的角色期望带到新的群体中，组织中的许多群体规范是由于这个原因建立的。过去个人行为的延续可以增加新情况下群体其他成员行为的可预测性，有助于完成工作任务。例如老师和学生在不同的课堂有稳定的角色期望。当一个学生从一个教室来到另外一个教室时，他们知道自己应该找个位置坐下来认真听讲。当一个老师从一个课堂来到另外一个课堂时，老师们无需重新学习自己的角色内容。例如，他们知道说话应该清楚、板书不能过于潦草等。

四、群体凝聚力

（一）群体凝聚力的定义

凝聚力是成员被群体吸引并愿意留在群体内的程度。凝聚力按群体成员实施团结协作的对象不同，可分为合聚力和向心力。合聚力是指群体成员之间以及群体各单位相互之间团结协作的程度，而向心力是指群体成员以群体领导为中心而实施团结协作的程度。简单地说，向心力也就是指群体成员对其领导的服从程度。

心理学家多伊奇的计算群体凝聚力的公式为：群体凝聚力＝成员之间相互选择的数目/群体中可能相互选择的总数目。

（二）影响群体凝聚力的因素

1. 态度和目标的一致性

当群体成员拥有相似的态度时，他们愿意在一起。同样，个体往往更容易被一个具有相同目的的群体所吸引。

2. 外部性威胁

外部威胁的存在可以增强群体的凝聚力，因为此时群体内的成员不得不共同舟共济。与外界的竞争可以增强群体凝聚力，但是群体成员内部的竞争会导致凝聚力下降。

3. 群体规模

一般情况下小群体的凝聚力比大群体拥有更高的凝聚力，因为小群体的成员相互交流的机会多。群体越大，群体成员在行为方式和价值观等方面差异越大。所以大群体凝聚力较低。

4. 奖酬体制

以群体为单位的奖酬比起以个人为单位的奖酬，会导致更高的凝聚力。以群体为单位的奖酬制度会使组织成员认识到自己和群体是联系在一起的，因此会增强合作精神。相反，以个人为单位的奖酬制度会使群体成员间的竞争加剧，从而降低群体的凝聚力。

5. 班组的组合

以人际吸引、价值观和目标的一致为基础形成的班组有较高的凝聚力。在一个经典研究中，凡·扎尔斯特根据无名选择工人伙伴的结果，把木工和砖瓦工重新编组，发现以人际吸引为基础的班组比随机组成的班组有更高的工作满意度。

6. 与外界的关系

一般来说，与外界隔离的群体有更高的凝聚力，一方面这些群体往往认为自己与众不同，隔离会使成员产生同命运的感觉。另一方面，隔离也会使群体免受外界的干扰。

7. 群体的绩效

一个成功的群体更容易发展凝聚力。成功往往使成员产生优越感，彼此增进好感。而失败会使成员相互埋怨，这种冲突会减弱群体凝聚力。

8. 领导作风

在民主的气氛下，领导有意识地创造优秀的群体规范，这样可以大大增强群体的凝聚力。此外，信息的交流方式、群体成员的个性和兴趣等都会对组织凝聚力产生影响。

群体凝聚力的作用包括以下几个方面：

（1）满意度。高凝聚力群体的成员比低凝聚力的成员可以得到更大的满足。对于他们来说作为群体的一员很骄傲，因此会忠诚于群体。

（2）沟通。高凝聚力群体的成员比低凝聚力群体的成员有更多的沟通机会。因为高凝聚力群体的成员往往拥有共同的价值观和目标，互相之间愿意交流。这样的沟通又加深了相互间的关系和了解的程度，促进了凝聚力的增加。

（3）生产率。决定凝聚力对生产率影响的主要因素是群体的目标与组织的目标是否一致。如果两者一致，则高凝聚力的群体会做出高绩效。如果二者相违背，则高凝聚力群体会做出低绩效。总的来说，高凝聚力群体比低凝聚力群体更倾向于维护他们的目标。最典型的研究是社会心理学家沙赫特（Schackter）的实验：沙赫特等人在严格控制的实验条件下检验了群体凝聚力和对群体成员的诱导对于生产率的影响。实验的自变量是凝聚力和诱导，因变量是生产率。除了设立对照组进行对比以外，沙赫特等人把实验组分成四种条件，即高、低凝聚力和积极与消极诱导，实验条件如图 4-7 所示。

实验结果如图 4-8 所示。结果表明，两种诱导产生明显不同的反应，极大地影响了凝聚力与生产率的关系。无论凝聚力高低，积极诱导都提高了生产率，而且高凝聚力组的生产率相对更高。而消极诱导则明显降低了生产率，高凝聚力组的生产率更低。这说明高凝聚力条件比低凝聚力条件更容易受诱导因素的影响。如图 4-8 所示。

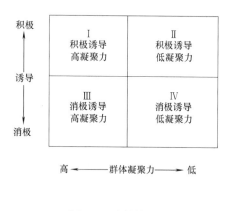

图 4-7 沙赫特实验

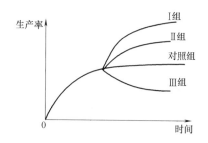

图 4-8 沙赫特实验的结果

世界杯的霸主地位

除了世界杯，奥运会绝对是收视率排行榜上的巨无霸。自从 1984 年奥运会走入市场操作领域，电视转播便将奥运会推向全世界各国家庭生活当中。2000 年悉尼奥运会的观众总数达到 36 亿人次，2004 年的雅典奥运会观众人数超过了 39 亿，这个数字对于奥运会比赛来说确实非常惊人了。可是如果和世界杯足球赛相比，这个数字仅仅是小巫见大巫。

1998年法国世界杯全世界范围的电视观众总数接近400亿人次，决赛的全球电视观众的数目有17亿。2002年世界杯，观众人数创造了历届世界杯的新纪录。韩日世界杯的比赛转播信号覆盖了213个国家，几乎是遍及全世界五大洲的各个地区转播时间总计多达41100小时——这还是在大量欧洲国家与亚洲有时差的情况下。德国和巴西的世界杯决赛观众人数达到15亿，而总共64场比赛的电视观众超过400亿。在中国，2002年有中国队参赛的3场小组赛，每场比赛的收看人数都超过了1亿6千万。特别是中国队和世界冠军巴西队的较量，整个中国将近2亿的观众收看了这场比赛。最后的重头戏——德国与巴西的决赛，吸引了更多的2.5亿观众为之瞩目。1998年通过中央电视台收看世界杯的观众超过28亿人次。2002年这个数字超过了70亿，仅仅这个数字就已经超越了奥运会在全世界的收视率。

世界杯的热潮可想而知，它的出现就是世界上所有其他电视节目的毒药，这段时期各个电视台也都不遗余力地推销世界杯节目，为的就是在这个特殊时期也能赚上一笔。本届世界杯的开幕式和揭幕战吸引了全世界15亿的观众，这个数字已经相当于2002年的世界杯决赛。根据权威机构的预测，本届德国世界杯的收视率将再创新高，总人数将达到惊人的500亿人次，远远超过1998年和2002年世界杯，平均每场比赛电视观众数将多达5亿人次。

世界杯的热潮已经越来越成为全球化不可逆转的潮流，也许其他赛事还要为观众的流失而感到忧心忡忡，可是世界杯从来就不担心这个问题。世界杯转播费用居高不下，还大幅度攀升就和它受到全世界最多观众群的关注有着直接的关系。作为世界第一运动，足球的魅力自不必说，四年一次的世界杯自然是全世界球迷的节日，收视率达到惊人的地步也就不那么出奇了。其他项目这个时候或者将比赛时间与世界杯错开，或者干脆放弃这个时期，否则他们的现场观众和电视观众的数量都无法得到保证。

五、群体意识

凝聚力高的群体更容易形成群体意识。在凝聚力过强的群体中，是不能容忍异议的。对这样的群体来说，最有价值的是大家一致，而不是做出高绩效。群体意识的另一个表现为高凝聚力群体成员一致对外。凝聚力使得群体成员产生优越感，这种优越感导致成员对外界的敌视和排斥。

第四节 群体内行为

一、群体的压力及作用

群体大多数成员的意见会产生一种无形的力量，它使群体内每个成员自觉不自觉地保持着与大多数人的一致性，这个力量就是群体压力。有时这种压力非常大，会迫使群体内的成员违背自己的意愿而产生完全相反的行为。社会心理学家把这种现象叫作"顺从"或"从众"。美国心理学家阿希设计了一个典型的实验来证明群体压力下会产生顺从行为。他把7～9人编成一组，让他们坐在教室里看两

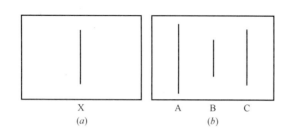

图 4-9 阿希的群体压力实验
(a) 标准线段；(b) 比较线段

张卡片，如图 4-9 所示：一张卡片上画着一条直线，另一张卡片上画着三条直线。让大家比较三条直线的卡片上哪条直线与另一张卡片上的直线长短相等。在正常情况下被实验者都能判断出 $X=C$，错误的概率小于 1%。但阿希对实验进行了布置，9 人的实验组中对 8 个人都要求他们故意做出一致的错误判断，例如 $X=B$。但第 9 个人并不知道事先有了布置。实验中让第 9 个人最后做判断。他曾组织了许多实验组进行这样的实验，统计分析表明，第 9 个人有 37% 放弃了自己的正确判断而顺从群体的错误判断。在阿希的实验之后，许多心理学家进一步分析了导致顺从现象产生的因素。这些因素包括环境因素和个性因素。从环境因素上看，如果某群体的意见比较一致，群体比较团结或者群体气氛比较专制，那么该群体的成员就容易在群体压力下产生顺从行为。从个性因素上看，如果一个人的地位较低，智力较差，缺乏自信心，则在群体中更容易顺从。

心理学家也对顺从现象的真相进行了分析。有些人是表面顺从，内心也顺从。即所谓的口服心服。有些人是表现顺从，内心不顺从。即所谓的口服心不服。还有些人是表面上不顺从，内心也不顺从。

二、社会助长作用与社会惰化作用

（一）社会助长作用

社会助长作用又称社会促进现象，是指当他人在场或与他人一起活动时，个体行为效率有提高的倾向。也就是说，在做某一项工作时，个体和别人一起做往往做得又快又好，比一个人单独做时效率高。

1897 年，特里普里特（N. Triplett）在《美国心理学杂志》发表了一项目的在于考察他人在场和竞争对个人行为的影响的实验报告。实验是这样进行的。他让被试在三种情境下，骑车完成 25 英里的路程。第一种情境是单独骑；第二种情境是让一个人跑步伴同；第三种情境是与其他骑车人竞赛。结果表明，在单独骑时，平均时速为 24 英里；有人跑步伴同时，平均时速为 31 英里；在竞赛的情况下，平均时速为 32.5 英里。这个报告引起了社会心理学家极大的兴趣。以后，从 1916～1919 年，F·奥尔波特在哈佛大学进行了一系列这方面的实验。结果证实，一个人单独做一项工作往往不如一群人一起做同样的工作效率高。也就是说，个体在群体中活动有增质增量的倾向。他把这种现象称为社会助长作用。

社会助长作用的原因主要包括下面几个方面：

（1）多数人在一起活动，增强了个人被他人评价的意识，从而提高了个人的兴奋水平。

（2）与他人一起活动，增加了相互模仿的机会和竞争的动机。

(3) 减少了单调的感觉和由于孤独造成的心理疲劳。

群体能不能产生增量,主要取决于群体成员的协同方向和程度。例如,"社会闲散"现象。要实现群体增量,必须培育良好的"群体生态系统"。

(二) 社会惰化作用

社会惰化是他人对个体行为所造成的另一种影响。社会惰化主要指当群体一起完成一件工作时,群体中的成员每人所付出的努力会比个体在单独情况下完成任务时偏少的现象,它一般发生在多个个体为了一个共同的目标而合作,自己的工作成绩又不能单独计算的情况下。例如,社会心理学家拉塔奈(B. Latane)曾在个体独自的情况下和在不同群体规模的情况下测查个体鼓掌和欢呼的声音强度,他发现,与个体独自情况相比,个体的声音强度(鼓掌声和欢呼声)是随着群体规模的增大而减弱的。如图4-10所示。

拉塔奈认为,出现社会惰化的原因可能有三个。第一,社会评价的作用。在群体情况下,个体的工作是不记名的,他们所做的努力是不被测量的,因为这时测量的结果是整个群体的工作成绩,所以,个体在这种情况下就成了可以不对自己行为负责任的人,因而他的被评价意识就必然减弱,使得为工作所付出的努力也就减弱了。第二,社会认知的作用。在群体中的

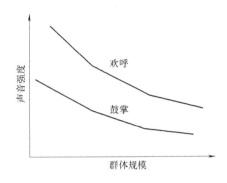

图4-10 拉塔奈社会惰化实验

个体,也许会认为其他成员不会太努力,可能会偷懒,所以自己也就开始偷懒了,从而使自己的努力下降。第三,社会作用力的作用。在一个群体作业的情况下,每一个成员都是整个群体的一员,与其他成员一起接受外来的影响,那么,当群体成员增多时,每一个成员所接受的外来影响就必然会被分散、被减弱,因而,个体所付出的努力就降低了。

社会惰化作用明显减弱了群体的工作效率。减少社会惰化的有效途径是:(1) 不仅公布整个群体的工作成绩,而且还公布每个成员的工作成绩,使大家都感到自己的工作是被监控的,是可评价的。(2) 帮助群体成员认识他人的工作成绩,使他们了解不仅自己是努力工作的,他人也是努力工作的。(3) 不要将一个群体弄得太大,如果是一个大群体,就可以将它分为几个小规模的群体,使得更多的成员能够接受外在影响力的影响。

三、从众行为

从众,是人类由于其社会性而存在一个非常普遍的现象:经常在一起交流的人由于互相影响,因此他们往往具有类似或者相近的思想。从众行为,是指个体在群体的压力下改变个人意见而与多数人取得一致认识的行为倾向,是社会生活中普遍存在的一种社会心理和行为现象。

造成从众行为的主要因素分为两大类:群体因素和个体因素。

(一) 群体因素

1. 群体的规模

如果只有两个人反对你，你很可能会坚持自己的意见；而如果有 100 人反对你，你多半会惊慌失措，内心不安，最终从众了事。一般来说，群体规模越大，持有一致意见或采取一致行为的人数越多，则个体所感到的心理压力就越大，也就越容易从众。

2. 群体的一致性

如果群体中只有一个人持不同意见，则他要承受巨大的压力。而如果群体中另外还有一个人持反对意见，则使前者所面临的从众压力大大缓解，从而明显降低从众的程度。阿希在进一步的实验中，让一位假被试做出不同于其他多数人的反应，结果被试的从众行为减少了 3/4，因为被试有了一个"合作者"，从中得到了巨大的支持力量。即使这个假被试并没有发表与被试相同的意见，但只要他与群体的意见相异，就会增强被试的信心，削弱从众心理。总之，增设一致性程度越多，个体越倾向于从众。

3. 群体的专长性

群体在某一方面具有专长时，个人很难挑战群体的权威，尤其是群体内具有某领域的权威时。因此导致了从众现象的发生。

4. 群体的凝聚力

群体的凝聚力越强，群体成员之间的依恋性、意见的一致性以及对群体规范的从众倾向就越强烈。

(二) 个体因素

1. 个性特征

个人的智力、自信心、自尊心、社会赞誉需要等个性心理特征，与从众行为密切相关。智力高的人，掌握的信息比较多，思维灵活，自信心较强，不容易发生从众行为，而智力低的人则容易从众。有较高社会赞誉需要的人，特别重视别人的评价，希望得到他人的赞誉，较易从众。性格软弱，暗示性强的人也容易表现出从众倾向。

2. 个体对群体的信任

群体成员越信任群体就越容易赞同组织的每一项决定。相反，当群体成员对组织不信任时会对组织的决定有所怀疑，从而减少从众现象的发生。

3. 对偏离的恐惧

个人对偏离的恐惧越大，就越容易附和群体的意见，就会导致从众现象的发生。

4. 性别差异

长期以来，人们认为女性比男性更容易从众，许多实验也证实了这一点。但如果选用女性熟悉的实验材料时，如烹调、服装，男性和女性都表现出较高的从众倾向。

5. 个体在群体中的地位

个体在群体中的地位越高，就越不容易屈服于群体的压力。

科普知识

塞勒姆女巫事件

塞勒姆女巫审判事件，1692年发生在美国马萨诸塞州塞勒姆镇，造成20人死亡，200多人被逮捕或监禁，是历史上著名的冤案之一。

1692年1月20日，牧师萨缪尔·帕里斯的女儿伊丽莎白·帕里斯有一些奇怪的举动，如尖叫，痉挛发作，精神恍惚的状态和神秘的咒语。在很短的时间内，一些其他的塞勒姆的女孩开始显出类似的举止。

1692年2月下旬，牧师帕里斯举行祈祷仪式和集体禁食，三个女奴被当作女巫指控，被指控的女奴蒂图巴拼命辩解，发现辩解不起作用后，决定揭发其他女巫以减轻罪罚。这一做法成为了一系列不幸事件的起源，被指控为女巫的人越来越多。1692年夏天，塞勒姆和波士顿的监狱里已经人满为患，指控他人已发展成为一种发泄私愤的途径，受害者不仅有普通的农民、生意人、甚至连牧师和教长，以至总督的夫人都受到指控。1692年9月，被捕者已达200多人，绝大部分都是女性，其中19人被处死，还有4人死在狱中。

1992年，塞勒姆审判案300周年时，马萨诸塞州议会通过决议，宣布为所有"塞勒姆女巫审判案"的受害者恢复名誉，克林顿政府也再一次向受害者的后人道歉。

四、顺从行为

顺从行为又称为依从行为，是个体为了符合群体或他人的期望和赞许而表现出来的符合外部要求的行为。

产生的原因：

第一，为了获得别人的赞许、期许；

第二，为了实现群体的目标；

第三，为了保持原有的良好的人际关系。

权力服从是顺从的一种典型的表现形式。

五、暗示、模仿和感染

暗示是在无对抗条件下，人们对某种信息迅速无判断地加以接受，并以此而做出行为反应的过程。

感染是通过某种方式引起他人相同的情绪和行动，或者是个体对某种心理状态的无意识、不自主的屈服。感染实质上是情绪的传递与交流，相似性是其基本条件。它的显著特点是循环反应。

模仿指有意无意地对某种刺激做出类似反应的行为方式。

在企业管理上启示我们可以充分利用年轻人模仿性强的特点，用正面的先进人物、模范、事迹等来进行教育，可以是影视人物、小说人物，或真实人物。

六、群体决策

群体决策是指多人组成的群体进行的决策。环境信息、个人偏好、方案评价方法是一个决策好坏的关键。而这些又与个人的经验和对问题的理解有关，特别是对于复杂的决策问题，不仅涉及多目标、不确定性、时间动态性、竞争性，而且个人的能力已远远达不到要求，为此需要发挥集体的智慧，由多人参与决策分析，这些参与决策的人，我们称之为决策群体，群体成员制订决策的整个过程就称为群体决策。

七、激发群体创新的方法

（一）头脑风暴法

头脑风暴法又称头脑振荡法。所谓头脑风暴（Brain-Storming），最早是精神病理学上的用语，指精神病患者的精神错乱状态而言的。而现在则成为无限制的自由联想和讨论的代名词，其目的在于产生新观念或激发创新设想。在群体决策中，由于群体成员心理相互作用影响，易屈于权威或大多数人意见，形成所谓的"群体思维"。群体思维削弱了群体的批判精神和创造力，损害了决策的质量。为了保证群体决策的创造性，提高决策质量，管理上发展了一系列改善群体决策的方法，头脑风暴法是较为典型的一个。

头脑风暴法是由美国创造学家亚历克斯·奥斯本（Alex Faickney Osborn）于1939年首次提出，1953年正式发表的一种激发性思维的方法。参加人数一般为5~10人，最好由不同专业或不同岗位组成。会议时间控制在一小时左右。头脑风暴法应遵循以下原则：

（1）禁止批评和评论，也不要自谦。对别人提出的任何想法都不能批判、不得阻拦。即使自己认为是幼稚的、错误的，甚至是荒诞离奇的设想，亦不得予以驳斥；同时也不允许自我批判，在心理上调动每一个与会者的积极性，彻底防止出现一些"扼杀性语句"和"自我扼杀语句"。诸如"这根本行不通"、"你这想法太陈旧了"、"这是不可能的"、"这不符合某某定律"以及"我提一个不成熟的看法"、"我有一个不一定行得通的想法"等语句，禁止在会议上出现。只有这样，与会者才可能在充分放松的心境下，在别人设想的激励下，集中全部精力开拓自己的思路。

（2）目标集中，追求设想数量，越多越好。在智力激励法实施会上，只强制大家提设想，越多越好。会议以谋取设想的数量为目标。

（3）鼓励巧妙地利用和改善他人的设想。这是激励的关键所在。每个与会者都要从他人的设想中激励自己，从中得到启示，或补充他人的设想，或将他人的若干设想综合起来提出新的设想等。

（4）与会人员一律平等，各种设想全部记录下来。与会人员，不论是该方面的专家、员工，还是其他领域的学者，以及该领域的外行，一律平等；各种设想，不论大小，甚至是最荒诞的设想，记录人员也要求认真地将其完整地记录下来。

(5) 主张独立思考，不允许私下交谈，以免干扰别人思维。

(6) 提倡自由发言，畅所欲言，任意思考。会议提倡自由奔放、随便思考、任意想象、尽量发挥，主意越新、越怪越好，因为它能启发人推导出好的观念。

(7) 不强调个人的成绩，应以小组的整体利益为重，注意和理解别人的贡献，人人创造民主环境，不以多数人的意见阻碍个人新的观点的产生，激发个人追求更多更好的主意。

(二) 德尔菲法

德尔菲法（Delphi）的名称来源于古希腊的一则神话。德尔菲是古希腊的一个地名。当地有一座阿波罗神殿，是众神占卜未来的地方。德尔菲法最早出现于20世纪50年代末期。当时美国政府组织了一批专家，要求他们站在苏军战略决策者的角度，最优地选择在未来大战中将被轰炸的美国目标，为美军决策人员提供参考。德尔菲法是由美国兰德公司所提出的一种复杂的、耗时的、适合高层管理者在作特定决策时常采用的方法。在1964年，美国兰德公司的赫尔姆和戈尔登首次将德尔菲法应用于科技预测中，并发表了《长远预测研究报告》。此后，德尔菲法便迅速在美国和其他许多国家广泛应用。

德尔菲法从不允许群体成员面对面一起开会。他的规范做法如下：

(1) 通常在组织内部和外部挑选研究某一领域的专家成立一个小组。

(2) 确定问题。通过一系列仔细设计的问卷，要求调查小组成员提供尽可能的解决方案。

(3) 要求专家在规定的时间匿名答题、独立完成第一组问卷。

(4) 组织者把回答内容汇集起来，然后将这些综合结果反馈给小组成员。

(5) 小组成员看过结果后，再次提出他们的方案。

(6) 上面两个步骤可重复数次直到取得大体上一致的意见。

德尔菲法的流程图如图4-11所示。

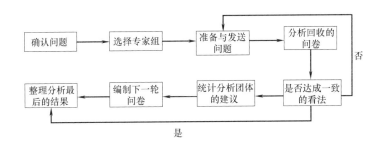

图4-11 德尔菲法的步骤

德尔菲法的特点包括以下几个方面：

1. 匿名性

从事预测的专家彼此互不知道其他有哪些人参加预测，他们是在完全匿名的情况下交流思想的。德尔菲法采取匿名的发函调查的形式，它克服了专家会议调查法易受权威影响，易受会议潮流、气氛影响和其他心理影响的缺点。专家们可以不受任何干扰地独立对调查表所提问题发表自己的意见，而且有充分的时间思考和进行调查研究、查阅资料。匿名性保证了专家意见的充分性和可靠性。

2. 反馈性

由于德尔菲法采用匿名形式，专家之间互不接触，仅靠一轮调查，专家意见往往比较分散，不易做出结论，为了使受邀的专家们能够了解每一轮咨询的汇总情况和其他专家的意见，组织者要对每一轮咨询的结果进行整理、分析、综合，并在下一轮咨询中反馈给每个受邀专家，以便专家们根据新的调查表进一步地发表意见。

3. 统计性

在应用德尔菲法进行信息分析与预测研究时，对研究课题的评价或预测既不是由信息分析研究人员做出的，也不是由个别专家给出的，而是由一批有关的专家给出的，并对诸多专家的回答必须进行统计学处理。所以，应用德尔菲法所得的结果带有统计学的特征，往往以概率的形式出现，它既反映了专家意见的集中程度，又可以反映专家意见的离散程度。

德尔菲法的优点是避免成员之间相互的影响。但它的缺点也很显著，由于德尔菲法太耗费时间，因此对时间敏感性的决策通常不采用德尔菲法。另外，要请到合适的专家也有一定的难度。因此，这种方法一般不用于事务性的决策，但在许多重大问题的预测和决策中具有显著的效果。

（三）提喻法

提喻法是由美国麻省理工大学教授威廉·戈登（W. J. Gordon）于1944年提出的一种利用外部事物启发思考、开发创造潜力的方法。戈登发现，当人们看到一件外部事物时，往往会得到启发思考的暗示，即类比思考。而这种思考的方法和意识没有多大联系，反而是与日常生活中的各种事物有紧密关系。事实证明：我们的不少发明创造、不少文学作品都是由日常生活的事物启发而产生的灵感。这种事物，从自然界的高山流水、飞禽走兽，到各种社会现象，甚至各种神话、传说、幻想、电视等等，比比皆是，范围极其广泛。戈登由此想到，可以利用外物来启发思考、激发灵感解决问题，这一方法便被称为提喻法。

提喻法的做法是邀请5~7个人参加会议进行讨论，但讨论的问题与即将进行的决策没有直接关系，而是运用类比的方式进行讨论。比如研究迷彩服时，可邀请相关专家来讨论变色龙的变色功能。如果决策的问题是讨论某项人事任命时，则可以讨论担任这种职务的人需要具备什么品质。采用这种类比的方法，可以把人们熟悉的事情转变成为陌生的事情，有利于人们跳出思维框架，发挥想象力来开拓新的思路。

（四）方案前提分析法

方案前提分析法和提喻法相似，它也不是直接讨论有待决策的备选方案本身，而是讨论这些方案的前提。比如一家手机厂商今年生产了一批手机，虽然不是很畅销但是手机全部售出。手机厂商开始思考明年的计划，为此提出了三种备选方案。第一个方案是按照原先的设计批量生产。第二个方案是修改原设计方案，按照新方案生产手机。第三个方案是不生产手机转而生产其他电子产品。这里的三个备选方案都是根据需求量、用户对质量的要求和本厂的设计能力来考虑的。需求量会迅速增加是三个方案的共同前提，没有差别，故可不必讨论。我们讨论的重点是以下四个假设前提：

前提1：消费者对手机的质量和性能的要求会迅速提高。

前提2：用户对手机的质量和性能的要求在短时间内不会变化很大。

前提3：企业完全有能力在短时间内设计出满足消费者需求的新型手机。

前提4：企业无能力在短时间内设计出新型手机。

这四个前提分别是对同一个问题两种相反的假设。通过讨论，如果前提1和前提3成立，那么企业应该采用第二种方案。如果前提1和前提4成立，企业应当选择第三种方案。以此类推。有时候我们不仅应当讨论方案的前提，还要讨论前提的前提，使讨论逐层深入。

方案前提分析法有以下几个优点：

（1）方案提前分析法能使备选方案的提出者客观地分析问题，评价方案。

（2）如果参加讨论的人数众多，则很可能出现难以调节的意见分歧。这种情况下通常采用折中的方案而不是正确的方案。方案提前分析法能集中正确的意见，从而得出正确的结论。

（3）方案提前分析法能够对方案的论据了解地更清楚，对于方案有全面的把握，从而更容易得出正确的方案。

（4）非交往型程式化决策

非交往型程式化决策及其设计的依据如下：

1）主持者向与会者通知开会地点与时间，但不告知议题。

2）与会者到齐后，主持者宣布议题，每次只议一个题目，解决一个问题不超过两小时。

3）主持专家宣布全体进行"沉默准备"，发给每人纸笔，并规定时限（10～20分钟）。此时限内不允许互相交谈，每人埋头就议题准备意见。

4）到指定时间后，每人依次宣读自己准备好的意见，但每轮只读一条，并由记录员将发言要点记在大家可见的黑板或大白纸上。

5）大家对不明白处提出问题，由原提议者解释澄清。

6）每个人将各备选方案，按照各自对其质量高低的判断，列出顺序。

7）记录员将每条意见的获票数写在黑板上。获票最多者即为群体决策。

为了使群体决策达到更好的效果，应综合运用以上方法。但值得注意的是，群体决策的方案并非只限于上述几种，还有其他的一些方法。

八、群体决策与风险心理

决策本身具有风险性，但是作为个人决策，其风险偏好性很大程度上取决于个人的风险偏好。但是在群体决策中，情况要复杂得多。主要表现形式为"冒险转移"现象。近几十年来，近百项实验研究表明，群体决策与个人决策相比，往往更倾向于冒险。

某人得病需要手术，手术的成功率直接影响着是否动手术的决策。现在如果请一个测试者来进行决策，让他在如下的手术成功率中进行选择：10%、30%、50%、70%、90%。经对一批测试者的决策的分析，结果是成功率在50%就可以动手术。如果请 7 个人进行讨论，结果是成功率在 30% 就可以动手术，等于风险率增加到了 70%，出现了集体冒险现象。这在组织行为学和组织管理学中被称为"冒险转移"。群体决策中出现冒险转移的想象让人费解。日常的观点认为群体决策应该更加小心谨慎，更倾向于保守，但是研究却证明群体有相反的趋势。为了解释这个问题，许多学者提出了不同的看法，主要有以下五种原因：

（一）责任分摊的假设

个人在群体中的行为有时会比他们单独时有更小的个人责任感，因为决定是整个群体做出的，所以责任也相应地由大家来分担，每个人的责任都被削弱或感到没有责任，那么即使由于冒险造成了失败性消极后果，人们对失败的恐惧也降低了。因此，在这种情况下，人们出了更冒险的选择。

（二）领袖人物作用的假设

在群体中总有领袖人物和有影响的人物，他们在群体活动中起到了非常重要的作用。为了显示他们过人才能与超常的胆略，他们往往会采取冒险水平较高的大胆决策。

（三）群体成员的社会地位

群体成员的社会地位经常在一定程度上由他们是否敢于冒险来决定，使得人们为了维持在群体中的高地位采取更加冒险的决定。群体中高度自信的风险采纳者倾向于说服缺乏信心的群体成员接受更大的挑战。

（四）文化放大假设

这种认为采取冒险行动和保守决定都有文化价值。换句话说，在某些文化中，人们称赞冒险，而在其他文化中，谨慎保守则受到肯定。如在鼓励冒险、赞扬冒险的文化中，当人们在一起讨论时，有人提出大胆的冒险的想法会更多地受到肯定，得到赞赏。许多研究发现，在许多产生了冒险转移的情境中，人们说他们欣赏高度的冒险选择，对冒险者的估价比谨慎者要高些。因而，正像假设所期望的那样，当人们高度评价冒险时，冒险转移就会发生。

（五）效用改变假设

这种假设是用效用理论的术语来解释群体决策的冒险转移现象。在群体中通过讨论彼此交换意见，会改变冒险的效用。也就是说群体中的成员对冒险价值的主观意义会逐渐类似。

这五种假设分别从不同的方面分析了冒险转移形成的原因。群体决策中可能会有冒险转移现象，但不能认为群体决策向冒险方向转移是必然的规律。实际上，如果群体成员有较高的水平，团结一致，掌握充分的信息等，一般会做出适当的决策。近些年来组织行为学的研究发现，群体决策也有向保守方向转移的倾向。因此，有人提出群体实际表现出两极化倾向。

第五节　冲突及应对策略

一、冲突的性质

（一）冲突和竞争

处在组织中的人们，由于相互间的交往，总要形成人与人以及群体与群体间的关系。因为这样或那样的原因,就会常常产生意见分歧、争论、冲突和对抗,使彼此间关系出现紧张状态。组织行为学中把他们称为"冲突"。实质上,冲突是指两个或两个以上的社会单元在目标上互不相容或互相排斥,从而产生心理上的或行为上的矛盾。冲突的产生不仅会使个体体验到一种过分紧张的情绪,而且还影响正常群体内个人与个人的关系,也包括群体与群体之间的关系。

冲突和竞争不同。冲突的对象是目标不同的另一方。而竞争的双方则具有同一个目标,不需要发生势不两立的争夺。

如果双方都能从他们的竞争结果中获益,那么竞争就不太可能变成冲突。例如,在工作单位里,如果符合标准就能晋升,没有名额限制,那么员工之间只有竞争而不会发生冲突。实质上,竞争和冲突的区别在于一方所采取的行动是否会影响另一个人目标的实现。这种区别表明,要想防止竞争演化为冲突,有效的管理策略是消除共同介入的机会。

(二) 冲突观念的演变

社会学家和管理学家在对于冲突的看法上随着时间的推移在慢慢发生变化。在 20 世纪 40 年代之前,传统观念认为冲突都是不良的、消极的,是组织中管理不善的后果。因此,这种观念认为应尽量避免冲突。

20 世纪 40~70 年代,随着人际关系学的发展,人们提出要接纳冲突。人际关系学派认为冲突对于所有群体和组织来说都是与生俱来的。冲突不可能被彻底消除,有时它还会对群体的工作绩效有益。

现在人们对冲突的普遍看法是一致的。冲突是任何组织都不可避免的,并且往往是保证高绩效所必需的因素。不可否认的是冲突有时是有害的,但有些冲突非常有益于组织的发展。持有这一观点的人认为冲突会促使组织寻求新的策略和方针,防止组织停滞和产生自满情绪。所以,冲突应该被正确地处理而不是一味地消除。想要成功地处理冲突,首先要确认一个适宜的冲突水平,然后选择一个减少冲突的策略。在某些时候,比如需要直率讨论的会议,管理者应该有意识地引起人们的冲突来使成员产生创造性的观点。

研究表明,冲突过高的组织可能会产生混乱,进而影响组织的绩效。冲突过低的组织可能会缺乏创新意识从而导致低绩效。冲突和绩效的关系如图 4-12 所示。

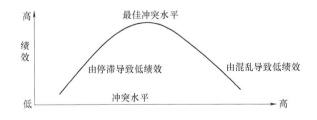

图 4-12 冲突与绩效的关系

二、冲突的来源

斯蒂芬·罗宾斯(Stephen. P. Robbins)认为冲突的来源有三个方面:沟通因素、结构因素和个体行为因素。

(一) 沟通差异

不同社会制度、意识形态、历史文化背景下形成的组织，或在这种背景下成长起来的组织成员，往往有着各自习惯的、通用的沟通方式。在特定历史时期形成的沟通方式，在另一个时期使用，就会显得非常过时和难以接受。组织之间或组织成员之间，只有充分了解彼此的沟通方式，才能减少冲突，达成共识。社会制度、语言文字、历史传统等长期积淀形成的环境氛围，制约着组织的有效沟通范围和沟通渠道，可能造成人们之间意见的不相一致。沟通不良是产生这种冲突的重要原因，但不是主要原因。

(二) 结构差异

组织管理中经常发生的冲突，绝大多数是由组织结构的差异引起的。社会化大生产和专业化分工的发展，使现代组织结构在纵向和横向不断延伸。组织规模越大，经营范围越广，纵向和横向的专业化分工就越细，因而物质利益方面的关联程度也在逐步增强。但是，由于组织结构和结构规模扩展后并没有减少信息数量，反而增加了信息传递的路线长度和渠道数量，增强了成员彼此之间的信息依存程度，因此信息不对称情况经常出现。这种信息不对称和利益不一致，易使人们在计划目标、实施方法、绩效评估、资源分配、劳动报酬、奖惩措施等许多问题上产生不同看法，这种差异是由组织结构本身造成的。

(三) 个体差异

每个人的家庭背景、教育程度、人生阅历、个性修养都是不同的。不同的生活和工作环境造就了不同的性格。个性特点直接体现在人生观、价值观和工作作风等方面。社会地位、收入水平、个人喜好等，往往容易形成沟通障碍，并可能导致冲突的发生。处于不同生活状况的组织成员对于组织的要求不同，因而对于如何完成组织工作的理解也不尽相同。因此，在成员个体差异极大的组织中沟通工作就尤其重要，这不仅需要对每个成员的具体情况进行认真分析，照顾个体的利益和要求，还需要从整体利益出发，调动全体成员的工作热情，将成员之间的冲突维持在一定水平。

三、减少冲突的策略

(一) 设置超级目标

设置超级目标可以减弱对立双方的冲突。因为此时他们必须把共同精力集中到目标的实现上，从而缓解对立情绪。谢里夫的夏令营实验可以证明这一点。

被试是一些随机选出的正常的、适应性良好的12岁男孩，他们被随机分为两个小组：鹰组和响尾蛇组。

实验的第一阶段安排了一些活动，这些活动需要小组成员之间高度相互依赖才能完成。例如，在每个小组中，成员们通过合作为游泳池制作跳水板；为整个小组准备饭菜；搭建一座绳桥等。

当每个小组内部成员之间形成较强的凝聚力之后，实验进入下一阶段。谢里夫安排两个小组进行了一系列活动，这些活动包括橄榄球比赛、篮球比赛、拔河比赛等，赢得比赛的小组将会获得奖赏。而后研究者还安排了一场野营晚会。他们故意设计成鹰组比响尾蛇组提前很长一段时间到达营地。晚餐由两种截然不同的食物组成：其中一半食物新鲜、诱人、很容易引起食欲，而另一半食物被压扁、难看、很难引起食欲。先到达的鹰组用尽了绝大部分诱人的食物，只是将那些让人不感兴趣的、提不起食欲的食物留给了另一组。当响尾蛇组终于赶到并且看到自己吃了亏时，他们愤怒极了，开始用污蔑性的绰号来称呼提前到达的那组人。由于鹰组成员认为自己的行为没有不当（先到达者先享用），他们对所受到的对待感到不满并反唇相讥。从口头对骂升级到互掷食物，在很短的时间内，一场大规模的骚乱开始了。

这一事件发生后，竞争性比赛被取消了，取而代之的是大量的社会交往。然而，敌意仍在持续升级，甚至会出现在两个小组坐在一起看电影这类良性活动中。

实验的第三阶段。研究者通过破坏供水系统来制造一种紧急情况，修复该系统的唯一途径是，所有的孩子必须马上进行合作。在另一个场合下，在孩子们奔赴营地的路上，野营卡车抛锚了，要重新发动卡车，必须将它拉上一个很陡的山坡。只有全体孩子（包括鹰组和响尾蛇组）一起来拉，才能够完成这项工作。最终，敌对感和负向定型减少了。不同组的孩子们之间交起了朋友，他们开始友好相处并且进行自发合作。

（二）采取行政手段

（1）管理者可以通过改变结构来减少冲突。例如把爱闹事的人赶出去。这种方法虽然简单，但不是处处适用。因为有些人是骨干力量，不可或缺。

（2）设置综合领导。如果两个部门之间存在着冲突，可以让他们都接受同一个部门领导。

（3）向上级申述，由上级仲裁。当双方出现矛盾时，通过上级仲裁是调节冲突的一个有效的办法。重点是使仲裁败诉的一方接受仲裁结构，进一步使双方精诚合作。

（三）处理冲突的二维模式

托马斯解决冲突二维模式，以沟通者潜在意向为基础，认为冲突发生后，参与者有两种可能的策略可供选择：关心自己和关心他人。其中，"关心自己"表示在追求个人利益过程中的武断程度为纵坐标；"关心他人"表示在追求个人利益过程中与他人合作的程度为横坐标，定义冲突行为的二维空间。于是，就出现了五种不同的冲突处理的策略：竞争、合作、妥协、体谅和回避。如图4-13所示。

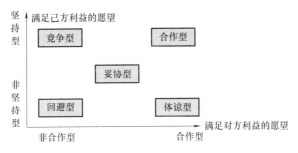

图4-13 托马斯解决冲突二维模式

1. 竞争型方式

与对方激烈竞争，坚持己方利益诉求。当处于紧急情况下，要求采取非常行动，这种方法只有在己方完全正确或者己方对对方有很大影响时才会奏效。

2. 回避型方式

退出冲突困境，既不满足对方也不满足己方的利益。在问题为细枝末节的、情况不太可能满足己方利益要求，冲突的解决很可能带来严重破坏或对方能把问题解决得很好时，可采取这种策略。

3. 体谅型方式

满足对方的利益而牺牲己方利益，忍让为怀，息事宁人。这种策略用于发现自己确有不对之处，冲突的问题对对方比对己方更重要、和谐与稳定，特别重要、己方输了又想尽量减少损失或是想让己方的人从错误中吸取有益教训时，可采取此策略。它能使己方在今后又碰上问题时，在公众上有更好的名声。

4. 合作型方式

强调建设性地把冲突问题解决掉，目的在于最大可能地满足双方的愿望。双方表现出的行为兼有坚持与合作两种成分。基本态度是认为冲突和矛盾是很自然的，对对方表现出信任与诚恳，激励人人畅所欲言，把态度和感情都和盘托出。采用此策略的目的在于学习，利用多方面来源提供的信息，找到一种综合性的解决问题的方案。

5. 妥协型方式

这是在坚持与合作之间的一种中庸之道，双方共享对方的观点，即不偏于坚持也不偏于合作的极端。此方式不能使任何一方得到最大限度的满足。只有在目标虽重要但却未重要到寸步不让，双方势均力敌，或情况急迫，有时间压力要求速决时，才采取此策略。

四、引起冲突的策略

对于任一情景，都存在一个最适宜的冲突水平。在某些情境中，只有冲突存在，效率才会更高。如果发现人员流动率低、缺乏新思想、缺乏竞争意识、对改革进行阻挠等情况时，管理人员就需要挑起冲突。具体方法：

第一，委任思想开明的管理者。在高度专制的组织，反对意见往往被管理者所压制。思想开明的管理者能够有效地克服这些现象。

第二，鼓励竞争。通过工资、奖金等方式对个人或群体进行激励，可以有效地提高组织运行效率。

第三，重新编组。更换班组成员或者调动人事可以引起冲突。而且重编后的组织拥有新的思想，对群体成员原来的陈规陋习形成挑战。

第六节 团队管理

一、团队的概念和类型

(一) 团体的概念

团队（team）是一种特殊类型的群体。团队是由具有相互补充的技能的人们组成的群体，团队中的成员彼此承诺为他们共同负有责任的绩效目标而努力。

可以看出，团队与一般意义上的群体的差别主要包括以下几个方面：

（1）无论是团队还是群体，都可以定义为一个集体，而他们的组成单位则是构成集体的个体。作为集体的个体，个人目标往往与集体目标不尽一致。所不同的是当这种情况发生时，群体成员会将个体目标放于集体之上，而团队成员则会将个体目标置于集体目标之下。

（2）成员的身份认同层面。根据管理学家威廉姆斯的分析，团队和群体的成员在参与、贡献、合作和支持方面具有不同的期望值。而导致这些不同的期望的最主要的原因之一，就是个体成员对自己身份的认同。在这方面的最大不同是个体相对于集体的主观意愿上的区别：团队中的个体成员具有强烈的组织归属感和使命感，而一般群体中的成员则仅仅将自己定位为一名普通的成员。

（3）成员的技能组合层面。对于一般的群体而言，在其最初的组建时所考虑的各方面的因素与组建团队所考虑的是不同的。通常，一般的群体中成员的技能组合是随机产生的，并且在其后的工作中也往往处于相对静止的状态；而对于高效率的团队，在其组建时就已经充分利用了成员间的互补性，而在其后的磨合与运营的过程中，成员的技能组合更是呈现多元并且互为补充的状态。

（4）领导权力和作用层面。这一层面主要是讨论集体中的领导和领导人的作用。通常，为了更好地达到组织的管理和运营目标，一般群体的领导权力更多地集中在少数的个体成员身上，他们的领导作用也因为其重要性而显得格外突出；但是对于团队而言，这种情况则是反方向的：越是高效的团队，其组织内的领导权力越是呈下放的趋势，并且领导权力的作用也因此而逐步减少和弱化。

（5）成员工作的主动性层面。这一层面和前面提到的成员身份的认同与相互间的期望有很大的关系。作为一般群体中的个体，成员往往是比较被动地接受领导所安排的任务，并且在创新方面不会有更多的想法，或者即使有也不愿意去实施；而对于团队中的个体，其工作的态度是积极主动的，而且在其工作的过程中成员们愿意进行不同的尝试来提高工作效率，推进更有效的运行方式。

（6）集体的行动方式层面。这一层面主要是讨论集体中统一或者协调活动时所呈现出的状态。在一般的群体中，集体行动通常是由领导者统一安排的全部个体行为的简单组合，行为没有或很少能够产生协作；但是，团队的集体行动则是具有严密分工与合作的集体协作，每个成员的个体行动都是完整的集体中重要的有机成分，并且集体力量的发挥高度依赖于个体的相互支持和配合。

（7）成员之间的关系层面。这一层面所包含的内容可以包括具体的交流方式、成员间的信任度，以及发表意见的多少等几个方面。在一般的群体，成员间的交流往往是非正式的和不充分的，彼此之间不够了解也缺乏信任，沟通的渠道少而不畅；而团队成员间的沟通却是多样而充分的，并且越是高效的团队，其成员间的互相信任程度也就越高，也因此更鼓励发表不同的意见和建议。

（8）个体对集体的决定层面。与前面提到的领导的权力和作用有很强的反向相关性的是，个体在集体决定方面所扮演的角色和所起到的具体作用。在一般的群体中，个体成员往往极少有机会参与关于整个集体的决策，因而每一个单独的个体所扮演的角色并不是很重要；但是，对于团队中的成员，每一个分子都可以参与任何影响团队的决定，并在各种决定中扮演重要的角色。

（9）集体的工作结果。这一层面的表现也是衡量其是否算得上是真正的团队的最重要依据之一。对于一般意义上的群体，其集体工作的结果通常是小于个体成绩的总和的。在进行集体工作的过程中，往往有大量的个体成绩要在组织内部耗掉，所以集体成绩最多也不过是个体结果的累积。但是，对于一个团队，其集体工作的结果是要大于全部个体成绩的总和的。因为个体成员所扮演的角色和所起到的作用与原来单独的个体角色和作用有了本质的区别，高效的团队所产生出的效果通常可以数倍，甚至是数十倍地高于单个个体工作结果的总和。

（二）团队的类型

1. 按照团队存在的目的和形态进行分类

如果按照团队存在的目的和形态进行分类，一般可以将团队划分为问题解决型团队（Problem-solving Team）、自我管理型（Self-managed Team）和跨职能团队（Cross-functional Team）。

（1）问题解决型团队。这类团队是为了解决组织中存在的某些问题而专门成立的。组织成员就如何改进工作程序、方法等问题交换看法，对如何提高生产效率和产品质量等问题提出建议。

（2）自我管理型团队。自我管理型团队是与传统的工作群体相对的一种群体形式。自我管理型团队通常由10~16人组成，他们承担着以前自己的上司所承担的一些责任。一般来说，他们的责任范围包括控制工作节奏、决定工作任务的分配、安排工间休息。彻底的自我管理型团队甚至可以挑选自己的成员，并让成员相互进行绩效评估。世界上许多知名的大公司都是推行自我管理团队的典范。

自我管理型团队与传统的工作群体的主要区别如表4-4所示。

自我管理型团队与传统的工作群体的区别 表4-4

自我管理型团队	传统的工作群体
客户导向	管理导向
多种技能的团队成员	一群独立的专业人员
信息得到广泛的分享	信息有限
很少的管理层次	管理层次多
覆盖完整的业务过程	覆盖整个业务过程中的一项功能
目标共享	目标割裂
看上去混乱	看上去组织有序
强调达成目标	强调问题解决
高员工承诺	高管理者控制
自我控制	管理者控制
以价值观/原则为基础	以政策/程序为基础

自我管理型团队能很好地提高员工的工作满意度，但是有人发现与传统组织比较起来，自我管理型团队的离职率和流动率偏高。

（3）跨职能团队又称多功能型团队。跨职能团队是指团队成员来自组织内部的不同层次、不同部门或工作领域的员工组成的，对源自不同业务流程中的要素进行统筹安排。来自某具体职能外的团队成员能带来客观的视角和全新的思维，可形成创造性的方案，解决和某具体业务流程相关的问题。团队要按照跨职能的方式来组织，这样可博采众长，集思广益，有效地开展流程变革和改进。例如，在21世纪60年代，IBM公司为了开发卓有成效的360系统，组织了一个大型的任务攻坚队，攻坚队成员来自于公司的多个部门。任务攻坚队（Task Force）其实就是一个临时性的多功能团队。

2. 按照团队在组织中发挥的作用分类

按照团队在组织中发挥的功能进行划分，可以将团队分成生产/服务团队、行动/磋商团队、计划/发展团队、建议/参与团队。

（1）生产/服务团队。它通常由专职工人组成，从事的工作一般都是操作型的工作。如装配线上的工人、汽车维修工人等。

（2）行动/磋商团队。它由拥有较高技能的人组成，共同参与专门的活动，每个人的作用都有明确的界定。这些团队以任务为中心，具有不同专业技能的团队成员对任务的完成做出贡献。如医疗团队、谈判团队等。

（3）计划/发展团队。它由技术十分娴熟的科技或专业人员组成，并且包涵不同的专业。这类团队的工作时间跨度一般比较长，有时他们可能很多年才能完成一项发展计划。例如设计一种新型汽车。常见的计划/发展团队有科研团队、生产研发团队。

（4）建议/假设团队。它主要是提供组织性建议和决策的团队。其作业范围比较窄，不占用大量的工作时间。如董事会、质量控制小组等。

以上四种团队的主要特点如表4-5所示。

四种团队的区别　　　　　　　　　　　　　　　　表4-5

团队类型	成员差别度	一体化程度	工作周期	典型产出
生产/服务团队	低	高	重复性的或持久性的工作	制造、加工、零售、顾客服务、修理
行动/磋商团队	高	高	短期行动事件，往往在新的情况下才能重复进行	竞赛、探险、医疗手术、特殊任务
计划发展团队	高	低	可变的	计划、设计、调查
建议/参与团队	低	低	可变的，或长或短	决策、选择、建议、推荐

贝尔宾（Belbin）博士和他的同事们经过多年在澳洲和英国的研究与实践，提出了著名的贝尔宾团队角色理论，即一支结构合理的团队应该由八种角色组成，后来修订为九种角色。贝尔宾团队角色理论是，高效的团队工作有赖于默契协作。团队成员必须清楚其他人所扮演的角色，了解如何相互弥补不足、发挥优势。成功的团队协作可以提高生产力，鼓舞士气，激励创新。

（1）智多星（Plant）。智多星创造力强，充当创新者和发明者的角色。他们为团队的发展和完善出谋划策。通常他们更倾向于与其他团队成员保持距离，运用自己的想象力独立完成任务，标新立异。他们对于外界的批判和赞扬反应强烈，持保守态度。他们的想法总是很激进，并且可能会忽略实施的可能性。他们是独立的、聪明的、充满原创思想的，但是他们可能不善于与那些气场不同的人交流。

（2）外交家（Resource Investigator）。外交家是热情的、行动力强的、外向的人。无论公司内外，他们都善于和人打交道。他们与生俱来是谈判的高手，并且善于挖掘新的机遇、发展人际关系。虽然他们并没有很多原创想法，但是在听取和发展别人想法的时候，外交家效率极高。就像他们的名字一样，他们善于发掘那些可以获得并利用的资源。由于他们性格开朗外向，所以无论到哪里都会受到热烈欢迎。外交家为人随和，好奇心强，乐于在任何新事物中寻找潜在的可能性。然而，如果没有他人的持续激励，他们的热情会很快消退。

（3）审议员（Monitor Evaluator）。审议员是态度严肃的、谨慎理智的人，他们有着与生俱来对过分热情的免疫力。他们倾向于三思而后行，做决定较慢。通常他们非常具有批判性思维。他们善于在考虑周全之后做出明智的决定。具有审议员特征的人所做出的决定，基本上是不会错的。

（4）协调者（Co-ordinator）。协调者最突出的特征就是他们能够凝聚团队的力量向共同的目标努力。成熟、值得信赖并且自信，都是他们的代名词。在人际交往中，他们能够很快识别对方的长处所在，并且通过知人善用来达成团队目标。虽然协调者并不需是团队中最聪明的成员，但是他们拥有远见卓识，并且能够获得团队成员的尊重。

（5）鞭策者（Shaper）。鞭策者是充满干劲的、精力充沛的、渴望成就的人。通常，他们非常有进取心，性格外向，拥有强大驱动力。他们勇于挑战他人，并且关心最终是否胜利。他们喜欢领导并激励他人采取行动。在行动中如遇困难，他们会积极找出解决办法。他们是顽强又自信的，在面对任何失望和挫折时，他们倾向于显示出强烈的情绪反应。鞭策者对人际不敏感，好争辩，可能缺少对人际交往的理解。这些特征决定了他们是团队中最具竞争性的角色。

（6）凝聚者（Team Worker）。凝聚者是在团队中给予最大支持的成员。他们性格温和，擅长人际交往并关心他人。他们灵活性强，适应不同环境和人的能力非常强。凝聚者观察力强，善于交际。作为最佳倾听者的他们通常在团队中倍受欢迎。他们在工作上非常敏感，但是在面对危机时，他们往往优柔寡断。

（7）执行者（Implementer）。执行者是实用主义者，有强烈的自我控制力及纪律意识。他们偏好努力工作，并系统化地解决问题。广而言之，执行者是典型的将自身利益和忠诚和团队紧密相连、较少关注个人诉求的角色。然而，执行者或许会因缺乏主动而显得一板一眼。

（8）完成者（Completer Finisher）。完成者是坚持不懈的、注重细节的。他们不太会去做他们认为完成不了的任何事。他们由内部焦虑所激励，但表面看起来很从容。一般来说，大多数完成者都性格内向，并不太需要外部的激励或推动。他们无法容忍那些态度随意的人。完成者并不喜欢委派他人，而是更偏好自己来完成所有的任务。

(9) 专业师（Specialist）。专业师是专注的，他们会为自己获得专业技能和知识而感到骄傲。他们首要专注于维持自己的专业度以及对专业知识的不断探究之上。然而由于专业师们将绝大多数注意力都集中在自己的领域，因此他们对其他领域所知甚少。最终，他们成为了只对专一领域有贡献的专家。但是很少有人能够一心一意钻研，或有成为一流专家的才能。

二、创建团队的步骤

（一）准备工作

在正式团队形成之前，首先要确定是否有必要创建这个团队。如果管理者认为相对于其他工作方式而言，团队的方式是最有效的，那么就应该建立团队来完成工作。在此阶段还必须确定团队的工作目标以及完成目标所需要的必备技能等。

（二）创造工作条件

在这个阶段，管理者应该提供给组织完成目标所需要的各种资源，比如人力资源、物质资源、组织支持等。

（三）团队形成阶段

在这个阶段需要管理者确定三件事情：首先确定团队的成员，建立健全成员加入或退出的正式渠道和机制。其次，团队成员必须理解并接受团队的使命和目标。最后，在组织中正式宣布团队的使命和职责，这样既能给团队内的成员带来身份认同感，又能使团队之外组织成员理解团队的存在。

（四）提供持续的支持

在团队开始运行后，管理者也需要不断地提供必要的支持来消除组织工作中存在的障碍。比如替换群体成员、提供人力支持等。需要注意的是，管理者的支持应该是在问题发生后而团体无力解决问题的情况下给予的，否则就可能变成一种干预。

三、团队情商

（一）团队情商概念

1995年，美国哈佛大学心理学教授丹尼尔·戈尔曼提出了"情商"（EQ）的概念，他认为"情商"是个体的重要生存能力，是一种发掘情感潜能、运用情感能力影响生活各个层面和人生未来的关键的品质因素。团队情商是指一个团体的综合情绪控制调节能力。团队是由个体结合而成的，但它不是简单的人群组合，它是由一群心理上相互认知；行为上相互支持、相互影响；利益上相互联系、相互依存；目标上有共同向往的人们结合在一起的人群集合体。由此，我们可以将团队情商理解为团队的共同价值观、荣誉感和使命感。具体而言，团队情商有以下因素影响：①该团队成员的个人情商平均水平；②该团队管理层特别是高级管理者的情商水平；③该团队成员之间的协调水平。

（二）企业情商成本

现代企业在经营管理中要涉及各种成本，最常见的就是社会成本和机会成本。社会成本（Social Cost）是指按全社会各个生产部门汇总起来的总成本，也可以指某一种产品的社会平均成本。机会成本（Opportunity Cost）是指为了得到某种东西而所要放弃另一些东西的最大价值。国家规定成本的构成内容主要包括：①原料、材料、燃料等费用，表现商品生产中已耗费的劳动对象的价值；②折旧费用，表现商品生产中已耗费的劳动资料（手段）的价值；③工资，表现生产者的必要劳动所创造的价值。

在美国早期的情商研究中，实际上已经涉及企业情商问题。他们还提出过一个新的概念，叫作"企业情商成本"。企业情商成本是指一个企业团队情商的高低。它能够影响企业的发展甚至决定企业的兴衰。因此，把提高团队情商而进行的投资列入企业成本之中是十分有必要的。

（三）团队情商的作用

1. 团队情商能够提高整合效应

所谓团队"内耗"是指团队内部利益冲突所导致的团队整合效应的减弱。任何团队中的个人都会存在经济利益的不平衡、思想方式和解决问题的分歧。利用团队情商，可以使团队管理更加人性化。团队只有营造一个平等、团结、信任、互助的良性人际关系环境，才能协调且减少内部矛盾，使内部各成员一致对外，从而提高整合效应。

2. 团队情商的培养可以建立高效有活力的团队

从马斯洛（Abraham. H. Maslow）的需求层次论到赫茨伯格（Fredrick Herzberg）的双因素理论，再到奥尔德弗（Clayton. Alderfer）的ERG理论，无不证实了精神层面的满足更能激发人的内在积极性。把握利用团队情商，可以满足个体情感需要。通过塑造高情商的团队，最大限度地发扬团队精神，发挥领导艺术，改进工作方式，从而营造宽松融洽的团队氛围，使团队长久保持活力与高效。

3. 团队情商可以对成员产生情感驱动

情感是人的意识活动的重要动力之一，而情感又受到人的生理机制和客观环境的制约和影响，尤其是人际关系的影响，一个具有良好人际关系的团体可以激发成员热爱集体的情感，使人心情愉快、身心健康、上下一心、艰苦创业。

4. 团队情商可以提高团队绩效

绩效是团队成员（包括领导者）之间相互信任和意见沟通的函数。团队工作具有紧密关联性和成员之间的相互合作、相互依赖性。因此，为了有效完成团队工作，就必须提高团队情商，如果合作得好，就将取得"一加一大于二"的效果，合作得不好，则导致"一加一小于二"的结果，造成三个和尚没水吃的局面。

（四）提高团队情商

提高团队情商的主要方式包括以下几种：

（1）在团队成员的选拔中注重对个人情商水平的考核。我们可以发现，现在一些大企业在开展招聘工作时格外注意对应聘者的自我情绪控制力以及清晰的把握力、人际交往能力、合作能力等方面的考核。

（2）团队领导者应注意自身情商的提高。领导者应该注意提高自己的情绪控制力和对员工情绪的把握能力，从而促进上下级之间的交流。领导者自身情商的提高会感染整个组织，使整个组织的情商得到提高。领导者应学会调整不同的领导方式来使管理工作进退自如。

（3）对团队成员实施情绪管理，提高人际关系的和谐度。通过对成员情感联系和思想沟通，形成开放的、宽容的、和谐的环境和情感交流气氛以及融洽的工作氛围。通过各种途径使团体内部信息共享、充分沟通、消除矛盾、增强团结。

（4）营造开放性、学习型的团队氛围。团队情商是自身不断适应外界变化的一种调适能力。所以必须营造开放性、学习型的团队氛围提高团队情商。创建学习型团队还需要赋予团队自主管理的权利，使成员具有自主选择学习内容、学习方式的权利。通过自主管理，可以自己发现工作中的问题，自主寻找产生问题的原因和解决问题的方法。

四、创建成功的团队

（一）阻碍团队成功的潜在障碍

（1）组织内部成员的冲突。出现这种情况的根本原因是组织成员内部之间缺乏沟通，没有真正分享和认同团队的使命和目标。

（2）团队得不到相应的资源。很多团队的失败是由资源缺乏、得不到支持造成的。

（3）管理者过分干预团队。管理者的干预会影响团队的自我管理，使团队不能采用适合自己实际情况的方法来完成目标。

（4）团队与外部合作不佳。团队都不是孤立存在的。一个团队应该得到外部的认可与尊重，否则将会面临孤立无援的境地，甚至受到整个环境的抵制。

（二）高效团队的特征

（1）目标清晰。高效的团队对要达到的目标有清晰的理解，清楚地知道领导希望他们做什么工作，并且明确如何共同工作才能实现目标。

（2）成员之间互信。每个成员对其他人的品行和能力都确信不疑。

（3）成员都具有相关技能并且能够优势互补。高效的团队是由一群有能力的成员组成的。他们具备实现目标所必需的技术和能力，并且一定程度上成员的能力可以优势互补，让每个成员在团队中体现他的价值。

（4）高度的忠诚。对成功团队的研究发现，团队成员对他们的群体具有认同感，他们把自己属于该群体的身份看作是自我的一个重要方面。

（5）有效沟通。群体成员通过畅通的渠道交流信息，包括各种言语和非言语交流。

（6）拥有一个优秀的领导。优秀的领导者能够让团队跟随自己共同度过最艰难的时期，因为他能为团队指明前途所在，他们向成员阐明变革的可能性，鼓舞团队成员的自信心，帮助他们更充分地了解自己的潜力。高效团队的领导者往往担任的是教练和后盾的角色，他们对团队提供指导和支持，但并不试图去控制它。

（7）拥有良好的内外部支持环境。要成为高效团队的最后一个必需条件就是它的支持环境。从内部条件来看，团队应拥有一个合理的基础结构。这包括适当的培训、一套易于理解的并用以评估员工总体绩效的测量系统，以及一个起支持作用的人力资源系统。恰当的基础结构应能够支持并强化成员行为以取得高绩效水平。从外部条件来看，管理层应给团队提供完成工作所必需的各种资源。

（三）创建成功团队应该注意的问题

（1）明确团队使命和目标。团队使命和目标是一个团体的基础，只有充分明确团体使命和目标，并能使员工理解和认可，才能够激发员工的积极性。

（2）选择合适的团队成员。一方面，要注意选择具备团体目标所需技能的团队成员，另一方面，也要注意选择那些愿意参加工作的人加入团队。团队成员应是多元的。这样就可以跳出思维定势，在工作中形成互补的良好局面。

（3）对团队成员进行培训。一开始并不是每位成员都完全具备团队工作所需的各项技能，因此需要对他们进行培训。除了专业的技能以外，还包括沟通能力、合作能力等。

（4）设定适当的绩效标准。有了团队的使命和目标，还应该建立科学的绩效评价体系。合理的绩效标准通常遵循 SMART 原则，即具体的（Specific）、可衡量的（Measurable）、可实现的（Attainable）、结果导向的（Result-focused）和有时限的（Time-bound）。

（5）设置合理的奖酬体系。将团队成员的报酬和团队绩效联系起来，对于为团体做出重大贡献的行为，必须予以重奖。

（6）要有清晰的行为准则。团队应该建立一套严格的行为准则来规范员工的言行举止。让成员明白应该做什么和不应该做什么。

（7）培养团队精神和外部支持。一个成功的团队首先要有必胜的信念。团体成员必须相信依靠自己的力量就能够完成目标。团队还应注意赢得外部环境和管理层的支持。

（8）创造良好的团队氛围。首先应该提倡的是成员之间的互相信任。只有相互信任，才能为了共同的利益和目标开展工作。领导者应注意促进团体成员的沟通与合作，鼓励团体成员参与团体活动。

（9）保持团队的开放和创新。一个良好的团队不是封闭的，他必须不断和外界保持联系来获取新的信息和经验，从而调整团队的观念与策略。

复 习 题

1. 什么是群体？群体有哪些类型？
2. 什么是角色？群体中的角色表现有哪几种？
3. 群体规范有哪些功能？如何对群体规范进行诱导和控制？
4. 影响群体凝聚力的因素有哪些？凝聚力的作用是什么？
5. 社会从众行为产生的原因是什么？
6. 如何正确运用群体压力？
7. 什么是冒险转移现象？其产生的原因可能是什么？
8. 激发群体创新的办法有哪些？
9. 什么是冲突？冲突与竞争有什么不同？
10. 应该如何减少和解决冲突？

思 考 题

1. 具体说明从众行为是正确的还是不正确的?
2. 结合实例说明群体决策的特征与优缺点。
3. 结合实例评价"冲突是不利于组织发展的,应尽量避免"这种观点,你认为如何正确对待冲突?

案 例 分 析

苹果公司的团队管理

苹果公司是美国的一家高科技公司。由史蒂夫·乔布斯、斯蒂夫·沃兹尼亚克和罗·韦恩等人于1976年4月1日创立,并命名为美国苹果电脑公司,2007年1月9日更名为苹果公司,总部位于加利福尼亚州的库比蒂诺。

苹果公司1980年12月12日公开招股上市,2012年创下6235亿美元的市值记录,截至2014年6月,苹果公司已经连续三年成为全球市值最大公司。苹果公司在2016年世界500强排行榜中排名第9名。2013年9月30日,在宏盟集团的"全球最佳品牌"报告中,苹果公司超过可口可乐成为世界最有价值品牌。2014年,苹果品牌超越谷歌,成为世界最具价值品牌。

2016年4月22日,苹果公司证实苹果两大互联网服务——iTunes Movies和iBooks Store在中国区关闭。7月20日,《财富》发布了最新的世界500强排行榜,苹果公司名列第9名。2016苹果秋季新品发布会于北京时间2016年9月8日凌晨1点在美国旧金山的比尔·格雷厄姆市政礼堂举行。10月,苹果公司成为2016年全球100大最有价值品牌第一名。

苹果公司之所以能够取得这么大的成功,很大程度上得益于成功的团队管理。

苹果公司鼓励个人主义,个人主义可以创造差异,苹果公司倾向于雇佣那些有思想、懂得自我激励的人。在乔布斯的领导下,苹果公司在成立之初就形成了一种充满活力和创造力的企业文化。苹果的文化鼓励努力工作,强调个人成就。这种文化使得苹果公司开发出令人不可思议的产品。反主流文化是苹果企业文化的另一个重要元素,这家鼓励个人主义的硅谷新贵的工作环境充满了反主流文化。员工们坚信,苹果公司的动力来自他们,管理层的角色是为他们创造能够激发创造力的、最佳的工作环境。

除了精神层面的独一无二,苹果在行为制度上也个性十足。一方面,同苹果一贯的理念态度一致,在公司的组织结构上,苹果也追求简约。苹果没有一个委员会,整体管理的概念在这里不受欢迎,只有一个人——首席财务官——掌握"损益表",对造成盈亏的费用开支负责。而苹果认为损益表让人分心,只有首席财务官才会考虑,而其他人不必考虑和费心。并且苹果没有很多部门,而是分成各种职能。一位观察家在解读乔布斯对苹果运营方法的说明时说:"起作用的并非协同效应,而是我们拥有一支统一的团队。"对苹果来说,这样做的结果是,即便公司规模很大,也能够迅捷地行动,同时拥有聚焦于少数几件事的能力。另一方面,苹果公司内部拥有潜意识的等级制度,即领头100人队伍,这些人是乔布斯的重点培养对象，对乔布斯来说，"领头100人"会议是重要的管理手段。他和他的第一助手借这个会议把苹果的发展方向告诉一个极有影响力的团队。这个精心编排的活动，还给乔布斯提供了一个与苹果下一代领导人分享其宏大愿景的机会。"领头100人"会议既是在公司以外进行的战略演习，也是打造公司传统的行动。

被选进"领头100人"，就等于得到了乔布斯的赏识，这个荣誉并不一定是到了某个级别才能获得的，同样与会资格绝不是永久性的。因此，更能激发员工的积极性。

第三，苹果内部推崇责任文化。

每次有高管升任副总，乔布斯都要做这样的训诫——"看门人与副总裁之间的不同"，"当你是保洁员，可以找理由。当你做到了保洁员之上、首席执行官之下的位置，找理由就不管用了。你做到了副总裁，就没有商量的余地了。"

同时，乔布斯通过主持一系列周会，灌输一种责任文化。这些周会为整个公司的运营定下了节拍。

此外，问责思维遍布公司各个层级。在苹果，谁负责什么，永远不会搞混。公司内部甚至对此有个术语，叫作直接责任人（Directly Responsible Individual），简称DRI。DRI的名字经常出现在会议进程表上，每个人都知道谁是负责人。如此公开透明的责任制使得每一个员工没有互相推诿和偷懒的机会，一旦项目出现问题，很容易找到出现问题的环节予以纠正，并追究相关责任。

苹果在用人上也别具一格。

一方面，乔布斯用人不拘一格同时又追求专门化。不是只有常春藤的毕业生才能经营公司。乔布斯曾经就说，"苹果曾经开发的Macintosh计算机之所以能取得巨大的成功是因为计算机开发人员的多样性，有音乐家，诗人，也有艺术家和历史学家，他们最终成为了世界上最出色的电脑专家。"苹果把专门化视为规范，这导致苹果员工不会接触到本专业领域之外的职能。乔布斯认为，这样的专业化使得每个职位都由各专业最优秀的人才担任，各尽其职，达到完美。

另一方面员工必须遵守几近苛刻的规章制度。苹果是一个残酷和不讲宽恕的地方，这里的环境不娇纵员工。执行问责一丝不苟，决策迅速，命令由上而下准确传达。例如：2008年夏，苹果公司首次推出了电子邮件系统MobileMe，但成为败笔。在乔布斯点名训斥完后，MobileMe大部分成员被开除，留下来的人最终把MobileMe变成了乔布斯要求的服务。一位前产品管理高管说："苹果的态度是：你有了为生产全世界最酷的产品的公司工作的特权，闭上嘴，只管干活，只有这样才能留下来。"虽然用人如此刻板且几近无情，但苹果的流动率低得出奇。不得不说，苹果的独特文化对此起了巨大的作用。而在今年值得员工加盟的25家科技公司的调查中，苹果位列第16。员工对公司的评价是：可以当今世界最智慧和最富激情的人一起工作。公司伟大的价值观就是努力工作、激情和创新，与其他大型公司相比，官僚主义气息不太浓厚。苹果公司的每个人都很忙，苹果经常从其他公司聘用高管，因此在苹果的晋升空间相对较小。如果你是狂热的工作者，那苹果绝对是一个好地方。

在经营方面，苹果经常无视现代公司的运营规则，使得公司看起来更像一家新创企业，而不是像消费电子巨头。比如，苹果会安排小团队做关键项目。而在市场营销上，苹果进行过一系列改革，充分发扬苹果的特色，远离那些用低端产品满足市场份额的要求，并向数字音乐领域多元化出击，不断推出新品，加强与其他企业的合作关系，开拓销售渠道，调整结盟力量。

思考题：
(1) 苹果团队的管理有什么特点？
(2) 结合苹果公司的案例，谈一谈如何塑造一个高效绩的团队。

第五章 群体动力激励理论

第一节 群体动力论

一、群体动力论的基本观点与内容

群体动力论是德裔美国心理学家和行为学家库尔特·卢因（Kurt Lewin）所倡导的一种理论。提出具有高度独创性并富有成果的关于人的行为的"场论"。卢因提出，可以用受控实验法对复杂的社会现象进行研究。他在1933年提出，可以把人的行为看成是其自身的特点及其所处的环境的函数。即：

$$B = f(P, E)$$

其中：B 代表行为，P 代表个人，E 代表环境，$f(x, y)$ 代表函数。

1944年，卢因首先用"群体动力学"这个术语来表示群体中人与人之间相互接触、相互影响所形成的社会秩序，并于同年在麻省理工学院建立了群体动力学研究中心。群体动力学所研究的群体指非正式组织。群体动力论事实上涉及群体行为的各个方面。

人物简介

> 库尔特·卢因（Kurt Lewin），(1890~1947年)，德裔美国心理学家，从他出生起就四处流亡，期待找到一个新的生活，曾在麻省理工、康奈尔大学、杜克大学等地就任。在获得新生后，列文定义他自己和他的贡献包括应用研究、行动研究和组沟通。他在柏林大学研究心理学期间，受到其同事的完形心理学观点的启发，提出"场论"。西方学者认为卢因的"场论（Action Research）"开创了心理学研究的一个新阶段，因而他被称为当代实验社会心理学之父。

（一）群体的三要素

霍曼斯是美国社会学家，社会交换论的代表人物之一。霍曼斯认为，社会的最小系统即群体，是构成大系统的基础，因此小群体研究可以导出对社会和整个文明的理论。同正式组织一样，群体有三个要素：①活动；②相互影响；

③情绪。

这三项要素中,"活动"指人们在工作和日常生活中的一切行为;"相互影响"指人在组织中相互发生作用的行为,"情绪"是人们内在的、看不见的心理活动,但可从人的"活动"和"相互影响"中推知。活动、相互影响和情绪不是各自孤立的,而是密切相关的,其中一项变动,就会使其他要素发生改变。群体中各成员的活动、相互影响和情绪的综合就构成群体行为。

(二) 群体的力场观点

群体是处于均衡状态的各种力的一种"力场",叫作"生活场所"或"自由运动场所"。这些力涉及群体成员在其中活动的环境,还涉及群体成员的个性、感情及其相互之间的看法。

群体动力学中的"力场"概念借自物理学。卢因认为,人的心理和行为决定于内在需要和周围环境的相互作用。当人的需要没有得到满足时,会产生内部力场的张力,而周围环境因素起着导火线的作用。人的行为方向取决于内部力场与情境力场(环境因素)的相互作用,而以内部力场的张力为主。群体成员在向目标运动时,可以看成是力图从某种紧张状态解脱出来。同样,群体的活动方向也取决于内部力场与情境力场的相互作用。正是"力场"中各种力的平衡,使得群体处于一种均衡状态。

所谓"群体动力"就是指群体活动的方向,而研究群体动力就是要研究影响群体活动动向的各种因素,因为群体活动的动向同样决定于内部力场和情景力场的相互作用。群体中各种力处于均衡状态是相对的。事实上,一个群体永远不会处于"稳固的"均衡状态,而是处于不断地相互适应的过程。这可以比做一条在河岸中流动的河流。它看起来是相对静止的,实际上却在不断地缓慢运动和变化。

(三) 群体的目标

除了正式组织的目标以外,群体(非正式组织)还必须有它自己的目标以维持群体的存在,使群体持续地发挥作用。连续地过度追求正式组织的工作目标可能有损于群体行动的内聚性和效率。所以,领导者必须为促进一定程度的群体和谐而提供相当的时间和手段。当然,闲谈过多和工间休息时间太长并无好处,但适当的交谈和休息对群体的维系是必要的。

(四) 群体的结构

在正式组织指派的单位中,通常有一个指定的正式领导者对集体的工作负责。在非正式组织(群体)中也有一个非正式的、较难辨认的结构。这个结构中包含正常成员、非正常成员、领导成员和孤立者。正常成员接受并遵守群体的绝大多数规范。非正常成员可能接受其中的某些规范而拒绝其中的一项或几项规范,但仍是群体成员之一,他会由于拒绝群体的某些规范而受到挖苦、讽刺和排斥。这类群体中的相互影响行为(挖苦、讽刺等)是为了使这些非正常成员的行为回到群体的正轨上来。非正式组织的领导成员在保持群体的团结方面做出最大的贡献。他们帮助较弱的成员,减除群体内部的紧张状态,向正式组织的领导者提出群体的要求。组织中那些不属于基本群体的人是孤立者，他们通常向往不同于目前单位的另一个群体。例如，计算机操作员看不起生产工人的群体规范，因为他希望将来能从事独立的事业。

作为一个组织的领导者，不仅应认识到正式组织结构的存在，也应认识到群体（非正式组织）结构的存在。那些只看到正式组织结构而没有认识到还存在着非正式组织结构的管理人员，必定会错误地理解和估计职工的行为。

（五）群体的领导方式

卢因及其同事认为，对群体有三种不同的领导方式，即专制的领导方式、民主的领导方式和自由放任的领导方式。这与组织架构的设计有着千丝万缕的联系。如，直线制的组织形式易于产生专制的领导方式。这种群体中的成员喜欢互相争吵和攻击，有的成员则完全依附于领导者。当领导者不在时，群体的活动趋于停顿。这类群体的工作通常只能取得中等的效率。如，新型组织容易产生自由放任的领导方式。领导者的作用有点像情报交换站，他贬低了自己在群体活动中的作用，不进行什么控制，而主要是向各个成员提供资料和情报。在这种群体中，工作的进展不稳定，效率也不高。活动虽然不少，但许多活动是非生产性的，相当多的时间浪费在群体成员之间无原则的争辩和讨论上。而民主领导方式的领导者可能出现在各种组织架构中，他本人的主要工作是在成员之间进行调解和仲裁。这种群体中，各成员之间很友好，领导者和成员之间的关系较为自由自在，即使领导者不在，工作仍能平稳地持续进行。

（六）群体的参与者

一个群体除了领导者以外，还有参与者。群体规模的大小是决定其成员参与程度和人数的一个主要因素。此外，如果群体成员的权力和地位比较平等，则参与者的人数会显著增加。参与式或民主式的领导方式与专制式的领导方式相比，能吸引更多的成员来参与。群体成员建设性的参与包括以下一些活动：提供情报、阐明观点、确定方向、概括、鼓励、调解，以及给每一个人提供讲话的机会。当然还有许多种不合需要的参与者，如：积压事务者、为小事争吵者、骑墙派、高谈阔论者、唯唯诺诺者、阴郁的人、爱戏弄别人的人等。显然，领导者不可能自己去实现群体的目标，而是应当创造条件使建设性的参与者能为实现群体目标作出贡献。

群体的主要内容还包括群体的规模、规范、压力等等，群体的特性导致了以实现组织目标为基础，服务群体为方式的诸多组织形式。在各种形式内，对于群体心里的分析，制定行之有效的奖惩制度，最终实现群体组织的目的。因此，了解群体动力，是为设计相应的组织管理方式提供理论依据，最终可以提高组织目的的实现效果。根据卢因的群体动力论中，概括可知行为是"环境"和"个体"的函数，我们分别讨论，"环境"和"个体"对行为的具体影响。

> **科普知识**
>
> 阿背伦悖论现象
>
> 某年7月的一个下午,德克萨斯州的科莱曼城(Coleman)气温高达104华氏度。一对夫妇与其父母四人坐在门廊,风扇慢慢转着,他们尽可能地减少活动量,喝柠檬水,偶尔玩玩多米诺骨牌。妻子的父亲忽然提议他们四个人开车去阿背伦(Abilene)的自助餐馆吃饭。阿背伦距离科莱曼城53英里,他们需要冒着沙尘暴和炎热天气才能到达那里。女儿和母亲表示附和,女婿对此建议虽有些许怀疑但仍表示了赞同。于是他们开着一辆没有空调的车,经过长途跋涉赶到那里并吃了顿颇为乏味的午餐。四小时后,他们终于返回科莱曼城,酷热难耐而又精疲力竭。在一段时间的沉默后,他们开始评论这番经历。结果发现,四个人没有一个人真正愿意去阿背伦,只是因为猜测其他三人愿意去而没有表示反对意见。他们所做的事情竟然是他们都反对的事情!哈维于是把这种现象称之为阿背伦悖论(Abilene Paradox)。

二、"环境"对群体行为的影响

卢因的群体动力论中,"环境"的概念主要是指群体及其成员所处的政治、经济、技术等物质环境。随着研究的深入,环境的内涵在不断扩展,环境不仅包括物质环境,而且还应包括文化环境,或称精神环境,也即群体的气氛。群体的气氛主要包括群体的风气、群体的行为习惯、群体的领导作风以及群体的人际关系等几个方面。

(一) 群体的风气

群体风气是群体规范的一部分,是一种非正式的、非强制性的行为标准,它由群体成员相互作用、约定俗成。一般来讲,群体风气是指群体在长期活动中逐步形成的行为习惯和精神风貌。

群体风气是客观存在的,是组织文化的一种外在表现。群体的风气(组织风气)一般有两层涵义:第一层是指一般的、带有普遍性的、重复出现的和相对稳定的行为心理状态,并成为影响整个群体(组织)生活的重要因素。例如党风建设要求的"坚持艰苦朴素之风"、杜绝"铺张浪费之风"等。第二层涵义是指一个群体(组织)区别于其他群体(组织)的独特风气,即在一个群体(组织)的诸多风气中最具特色的、最突出的和最具典型意义的某些作风,它在群体(组织)的长期活动中形成,体现在群体(组织)生活的各个方面,形成全体成员特有的活动样式,构成该群体(组织)的个性特点。

（二）群体的领导作风

群体领导者通常不是由任命产生的，而是在群体中自然形成的。领导者在群体中担任着与众不同的角色，对群体中其他成员施加影响，指挥群体活动的实施，因而领导者的性格、行为和作风对群体的行为起着重要的引导和影响作用。

正如前所述，卢因将领导者作风分为专制、放任、民主三种，采用这三种不同的领导作风，会导致群体成员不同的态度和行为，从而导致不同的群体绩效。这些研究结论对正式组织亦有借鉴作用。

三、"个体"在群体内的影响

群体由个体组成，在群体活动中，个体之间必然存在着相互作用和影响。人在群体活动中主要以感情为纽带发生作用，从而形成某种特定的人际关系。人际关系可以看成是人处于群体的"力场"中相互作用的一种方式，是群体气氛的一个重要部分。

良好的人际关系能够创造出良好的群体气氛，如果人与人之间相互尊重，有着较深厚的感情，相互交往频繁，关系融洽，气氛和谐，群体成员就能够在相互认同的基础上协同一致地行动，就能够同甘共苦，从而使得群体目标顺利地实现。良好的人际关系通常表现为凝聚力强，成员对群体有较强的安全感、归属感、荣誉感。相反地，恶劣的人际关系，使得群体成员相互敌对、排挤，个体行为不能协调统一，引起群体内部的矛盾和冲突，这不仅会大大阻碍群体目标的实现，严重时甚至会导致群体的瓦解。

（一）正的人际关系型行为

包括：①互相团结、帮助、鼓励；②相处轻松、和谐自然，没有紧张感；③相互谅解、真诚相待、赞同和遵从正确的意见；④耐心、宽容等。

（二）负的人际关系型行为

包括：①太多意见分歧，即使正确也不赞同，消极地拒绝对方；②情绪紧张，相处不自然；③喜欢对抗、为自己辩护；④烦躁、不容忍对方的失误等。

（三）正的工作任务型行为

包括：①乐于向别人提供信息；②真诚地提供和接受有益的建议；③利用所有人的智慧；④细致耐心地交流和讨论。

（四）负的工作任务型行为

包括：①对有关信息保密；②批评、指责、挑毛病；③只从自己的意见出发考虑问题；④缺乏耐心，粗枝大叶，草率做出决定等。

四、群体动力论的应用

群体动力论的应用在教育管理、军队后勤管理、企业管理，各行各业均有一定程度的应用。其重点在于环境气氛与环境内个体关系的管理和塑造。

例如，在班级管理中，老师要明白，一个班级的管理要建立群体规范即班级制度。"没有规矩，不成方圆"，班主任接管班级之初就要建立班集体成员都要共同遵守的行为规范和准则，如《班级公约》、《文明守时》，使班级工作有章可循。有谁违反了制度，就会受到大多数人的指责，产生心理压力，而做出合乎班级制度的从众行为。用班级的奋斗目标去激励全体成员，鼓舞士气，则能使班级形成凝聚力和向心力。班主任应根据本班实际情况，合理提出班级近期和长期奋斗目标，如"争创校级文明班级"、"夺演讲比赛冠军"等，班主任可以通过晨会、班会、讨论会等形式向班级每位成员提出实现目标的期望、鼓舞信心、激发同学的集体荣誉感。面对差班，班主任自己切不可丧失信心，多注意用鼓励性的语言，且不说"做你们的班主任，真是倒霉透顶"、"你们就会给我捣乱"等风凉话，打消同学们的积极性。

第二节 内容型激励理论

一、马斯洛需求层次理论

（一）马斯洛需求层次理论的基本观点与内容

马斯洛需求层次理论（Maslow's Hierarchy of Needs）是人本主义科学的理论之一，由美国心理学家亚伯拉罕·马斯洛（Abraham Harold Maslow）于1943年在《人类激励理论》论文中提出。书中将人类需求像阶梯一样从低到高按层次分为五种，分别是：生理需求、安全需求、社交需求、尊重需求和自我实现需求，如图5-1所示。

了解员工的需要是应用需要层次论对员工进行激励的一个重要前提。在不同组织中、不同时期的员工以及组织中不同的员工的需要充满差异性，而且经常变化。因此，管理者应该经常性地用各种方式进行调研，弄清员工未得到满足的需要是什么，然后有针对性地进行激励。

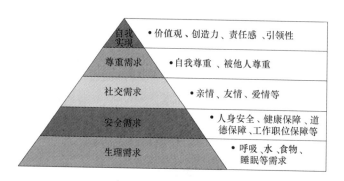

图5-1 马斯洛需求层理论

（二）对马斯洛需求层次理论的评价

1. 马斯洛需求层次理论的局限

第一，马斯洛十分重视人的潜能和价值，但他所讲的自我实现是个人的自我实现，仅仅是极少数人的自我实现，这种观点是难以苟同的，因为我们不能从抽象的人性出发来谈论所谓自我实现，个人的自我实现应当与理想社会的实现紧密地结合起来，这才是最有价值的。

第二，马斯洛把人类的基本需要分为高级需要和低级需要，有其合理的因素，但是，他强调的是需要由低级向高级发展，低级需要没有得到满足，就不会产生较高一级的需要，而没有充分认识到高级需要对低级需要的调节控制作用。五种需要像阶梯一样从低到高，按层次逐级递升，但这样次序不是完全固定的，可以变化，也有种种例外情况。所以固定次序显然有失偏颇。

第三，虽然马斯洛用"似本能"来代替"本能"的概念，用以说明人类的需要不同于动物的需要，但是他认为人类的基本需要是由体质或遗传决定的，是与生俱来的，这就把人的生物性需要和社会性需要混同起来了。马斯洛似乎也承认人的需要的社会性，把人和动物加以区分，但是他不是从人的本质的社会历史制约性而是从体质或遗传性出发，因而仍然错误地把人的需要的发展及实现看作人类生物特性的发展和实现。

2. 马斯洛需求层次理论的贡献

第一，马斯洛需求层次理论注重社会正常人的需要，具有广泛性和普遍性，在学校教育、企业绩效管理等方面都得到广泛应用。

第二，马斯洛需求层次理论是一个有严格组织的层级系统，比较客观、准确地揭示了人类需要产生的客观规律。

第三，研究方法上，马斯洛突破了弗洛伊德用临床法局限于对精神病人的研究和行为主义者用实验法局限于对动物的研究，采用现象学描述法对有成就的人进行整体分析，这无疑是一个进步。

（三）马斯洛需求层次理论的应用

大量企业通过学习有关激励理论，将马斯洛需求层次理论作为员工激励的基础，付诸实践。他赋予下属员工更多的工作和责任，并通过赞扬和赏识来激励下属员工。但是也有部分企业没有达到很好的效果，员工的积极性非但没有提高，反而对老板的做法强烈不满，认为他是在利用诡计来剥削员工。

从马斯洛的需求层次理论我们知道，人的需要是分层的，分别是生理需要、安全需要、社交需要、地位和受人尊重需要、自我实现需要。认为只有当低级满足以后才会有更高层次的需要。主导需要决定了人的行为。

部分民营企业的老板可能忽视了员工的较低层级的需要，如生理和安全需要，这些需要很可能正是员工的主导需求。由于没能对症下药，才导致企业老板激励做法的失败。

要使得激励有效，应当了解员工的真正需要，并加以满足。在实施过程中，应当坚持物质利益原则，随机制宜，创造激励条件，把物质利益和精神鼓励相结合。

人物简介

亚伯拉罕·马斯洛（Abraham Harold Maslow），(1908~1970)，美国心理学家，曾在哥伦比亚大学、布兰代斯大学、亚利安国际大学就任。最大成就是马斯洛需求层次理论，他强调关注人们的积极品质的重要性，而不是将个人看做是一堆"症状包（Bag of Symptoms）"。2002年，一项在普通心理学文献综述的调查中，将马斯洛列为20世纪最常被引用的心理学家。

二、奥尔德弗 ERG 理论

（一）ERG 理论的基本观点与内容

美国耶鲁大学的克雷顿·奥尔德弗（Clayton Alderfer）在马斯洛提出的需求层次理论的基础上，进行了更接近实际经验的研究，提出了一种新的人本主义需要理论。奥尔德弗认为，人们共存在 3 种核心的需要，即生存（Existence）的需要、相互关系（Relatedness）的需要和成长发展（Growth）的需要，因而这一理论被称为 ERG 理论。其工作过程图如图 5-2 所示。

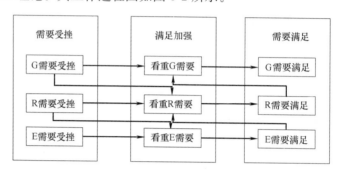

图 5-2　ERG 满足需求过程图

（二）对 ERG 理论的评价

奥尔德弗的 ERG 理论在需要的分类上并不比马斯洛的理论更完善，对需要的解释也并未超出马斯洛需要理论的范围。如果认为"马斯洛的需求层次理论"是带有普遍意义的一般规律，那么，ERG 理论则偏重于带有特殊性的个体差异，这表现在 ERG 理论对不同需要之间联系的限制较少。

（三）ERG 理论的应用

ERG 理论是马斯洛需求理论的进一步深化，因此在实际应用中常常和马斯洛需求理论方法是一致的，在此不具体举例说明。

三、赫茨伯格双因素理论

（一）双因素理论的基本观点与内容

双因素理论（Motivator-Hygiene Theory or Two Factor Theory）是由美国心理学家赫兹伯格（Frederick Irving Herzberg）提出的。20 世纪 50 年代末期，赫兹伯格和他的助手们在对美国匹兹堡地区的二百名工程师、会计师进行调查研究后提出双因素理论。

（二）赫氏理论与其他理论的关系

1. 赫氏理论与传统理论的关系

赫兹伯格认为，传统的满意与不满意的观点是不正确的。他提出了表示满意程度的四种状态，认为满意的对立面应当是没有满意，不满意的对立面应该是没有不满意。在图 5-3 中，(a) 图为传统观点；(b) 图为赫兹伯格的观点。

赫兹伯格认为，使职工感到满意的因素与使职工感到不满意的因素是大不相同的。使职工感到不满意的因素往往是由外界环境引起的，使职工感到满意的因素通常是由工作本身产生的。赫兹伯格发现造成职工非常不满意的原因有：公司政策、行政管理和监督方式、工作条件、人际关系、地位、安全和生活条件。这

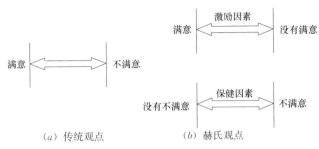

图 5-3　传统观点与赫兹伯格观点的比较

些因素改善了，只能消除职工的不满、怠工与对抗，但不能使职工变得非常满意，也不能激发他们工作的积极性，促使生产增长。赫兹伯格把这一类因素称为保健因素，即只能防止疾病，治疗创伤，但不能提高体质。赫兹伯格还发现使职工感到满意的原因有：工作富有成就感，工作成绩能得到认可，工作本身具有挑战性，负有较大的责任，在职业上能得到发展等等。这类因素的改善，能够激励职工的工作热情，从而提高生产率。如果处理不好，也能引起职工不满，但影响不大。赫兹伯格把这类因素称为激励因素。这两类因素如表 5-1 所示。

保健因素与激励因素　　　　　　　　　　　　　　　　　　表 5-1

保健因素（环境）	激励因素（工作本身）
薪金	工作本身
监督、管理方式	赏识
地位	进步
安全	成长的可能
工作环境	责任
政策与行政管理	成就
人际关系	

2. 赫氏理论与马氏理论的关系

赫兹伯格的双因素理论和马斯洛的需求层次论是兼容并蓄的。只不过马斯洛的理论是针对需要和动机而言的，而赫氏理论是针对满足这些需要的目标和诱因而言的。两者的关系如表 5-2 所示。

马氏理论与赫氏理论的关系　　　　　　　　　　　　　　　表 5-2

自我实现	← →	工作的挑战性 成长	成就 责任	激励因素
尊重	← →	晋升地位	褒奖	保健因素
社交	← →	人际关系 管理	公司政策 公司的素质	
安全	← →	上级的素质 工作安全	工作环境	
生理	← →	薪金	个人生活	
马氏理论		赫氏理论		

（三）对双因素理论的评价

1. 双因素理论的局限

赫兹伯格的双因素理论虽然在国内外有很大影响，但也有人对它提出了批评，

主要有四点:

第一,赫兹伯格调查取样的数量和对象缺乏代表性。样本仅有203人,数量较少。而且对象是工程师、会计师,他们在工资、安全、工作条件等方面都比较好,因此,这些因素对他们自然不会起激励作用,但这并不能代表一般职工的情况。

第二,赫兹伯格在调查时,问卷的方法和题目有缺陷。首先,把好的结果归结于自己的努力,而把不好的结果归罪于客观的条件或他人身上是人们一般的心理状态,人们的这种心理特征在他的问题上无法反映出来。其次,赫兹伯格没有使用满意尺度的概念。人们对任何事物总不是那么绝对,要么满意,要么不满意,一个人很可能对工作一部分满意一部分不满意,或者比较满意,这在他的问题中也是无法反映的。

第三,赫兹伯格认为,满意和生产率的提高有必然的联系,而实际上满意并不等于劳动生产率的提高,这两者并没有必然的联系。

第四,赫兹伯格将保健因素和激励因素截然分开是不妥的。实际上保健因素和激励因素、外部因素和内部因素都不是绝对的,它们相互联系并可以互相转化。保健因素也能够产生满意,激励因素也能够产生不满意,例如奖金既可以成为保健因素,也可以成为激励因素,工作成绩得不到承认也可以使人闹情绪,以致消极怠工。

2. 双因素理论的贡献

尽管有些人对赫兹伯格的双因素理论提出了一些不同看法,但赫兹伯格的贡献是显而易见的。

第一,他告诉我们一个事实,采取了某项激励措施后并不一定就带来满意,更不等于劳动生产率就能够提高。

第二,满足各种需要所引起的激励深度和效果是不一样的。物质需求的满足是必要的,没有它会导致不满,但是即使获得满足,它的作用往往是很有限的,不能持久的。

第三,要调动人的积极性,不仅要注意物质利益和工作条件等外部因素,更重要的是要注意工作的安排,量才录用,各得其所,注意对人进行精神鼓励,对工作中的成绩给予表扬和认可,注意给人以成才、发展、晋升的机会。用这些内在因素来调动人的积极性,才能起更大的激励作用并维持更长的时间。

(四)双因素理论的应用

我们在实施激励时,应注意区别保健因素和激励因素,前者的满足可以消除不满,后者的满足可以产生满意。如,双因素理论诞生在温饱问题已经解决的美国。在当前,中国的温饱问题尚未完全解决,因此,工资和奖金并不仅仅是保健因素,如果运用恰当,也表现出显著的激励作用。关键在于工资和奖金的发放办法。中国员工对安全的满意度普遍不高。这种不安全感在国有企业尤为明显,面临市场竞争的巨大压力,企业的生存发展对员工自身的前途命运至关重要,在一定程度上就是一种"皮之不存,毛将焉附"的依托关系。不否认跳槽是当今一种很常见的现象,但对于大多数普通平凡而又脚踏实地的劳动者,一份相对稳定的工作,一份基本固定的收入,一个基本宽松的工作环境和基本融洽的人际关系，就基本满足了员工的需要使其劳动积极性维持在原有水平。致力于企业效率的最大化，就是让企业员工首先在薪酬福利上有所保证，再在培训发展中创造机会竭力消除不满的消极态度，努力调动职工的积极性。

例如，玫凯琳化妆品公司是一个生产和销售高档护肤、护发和美体的国际性公司，其产品不在零售店销售。1988年，其产品通过175000个独立的女性在全美国独立销售，这些女性从美容顾问到销售总监都有。

这支销售队伍直接与客户进行接触，在家里或办公室展示和销售产品。公司为销售队伍配备了一些资料，包括培训指南、产品手册等，同时也会提供一些视频和音频资料。

另外，玫凯琳经常组织美容顾问举行各种各样的竞赛及其他活动。在管理中时时让别人尤其让下属感到重要，是激励因素的一个应用。这些培训为员工提供了提升技能的途径。公司不进行销售人员的招聘而是由美容顾问自己选择他们的下属，这给了员工较大的自主权及实现能力、施展抱负、获得成就、发挥创造力的机会，因而使他们对工作产生极大的兴趣。公司还引入了奖金激励完成销售业绩和招聘目标的人，并提出了VIP轿车计划，即顾问只要在两年内达到并且保持三种目标就可以赢得VIP轿车的使用权两年。这三种目标为团队月销售额，个人月产品批发量和有效下线的数量。起初这些措施起到了很好的效果，但逐渐也产生了一些问题。

一些顾问为了获得总监的职位而非常努力地工作，但对保持总监级别业绩的要求没有丝毫准备。一些人仅仅是为了保留使用VIP车的权利而停滞于"维持"的销售级别。VIP参与者的增加产生了外部成本增加趋势等。在企业管理实践中，欲使奖金成为激励因素，必须使奖金与职工的工作绩效相联系。如果采取不讲部门和职工绩效的平均主义"大锅饭"做法，奖金就会变成保健因素，奖金发得再多也难以起到激励的作用。对某一个岗位而言，如果长期为一个人所占有，又没有来自外部的竞争压力，该职工的惰性就会自然而然地释放出来，工作质量随之下降。企业为了激发职工的工作潜能，应设置竞争性的岗位，并把竞争机制贯穿到工作过程的始终。

玫凯琳公司面临挑战做出了一些改变。团队领导和总监的认准变得更难，成为一名团队领导，要求其在岗员工由10名增加到12名；成为一名总监，其在岗员工由10名增至15名。在认证的4个月内，其累计团队销售额由14000美元增至16000美元。团队经理有了一项新的按月计算的招募奖金，视招募活动及其职位而定。对那些只有一两个新会员的顾问来说，新会员销售收入的4%的佣金逐渐停止，但非财务类的奖励仍然保留。这些调整使公司重新焕发了活力。保健因素和激励因素不是一成不变的，而是可以转化的。例如员工的工资、奖金，如果同个人工作绩效挂钩，就会产生激励作用，变为激励因素。如果两者没有联系，奖金发得再多，也构不成激励。一旦减少或停发，还会造成不满。因此，有效的管理既要注重保健因素以消除员工的不满，又要善于把保健因素转变为激励因素。

人物简介

赫兹伯格（Frederick Irving Herzberg）（1923~2000年），美国心理学家，企业管理中最具影响力的名人之一。他曾就职于犹他大学。他的主要成就是引进工作丰富化（Job Enrichment）和双因素理论。他于1968年出版了《再问一次，如何激励员工》，到1987年再版已经售出了120万，是哈佛商业评论文章之最。

四、麦克利兰成就需要理论

（一）成就需要理论的基本观点与内容

美国哈佛大学教授戴维·麦克利兰（David C. McClelland）通过对人的需要和动机进行研究，20世纪50年代提出人的高层次需要可以分为三种：成就需要、权力需要和归属需要。

1. 成就需要（Need for Achievement）

成就需要指员工追求卓越，实现目标，争取成功的内驱力。麦克利兰发现，高成就需要者有三个主要特点：

第一，高成就需要者喜欢设立具有适当挑战性的目标，不喜欢凭运气获得的成功，不喜欢接受那些在他们看来特别容易或者特别困难的工作任务。

第二，高成就需要者在选择目标时会回避过分的难度。

第三，高成就需要者喜欢多少能立即给予反馈的任务。

成就需要与工作绩效有很强的联系。首先，高成就需要者喜欢能独立负责，可以获得信息反馈和中度冒险的工作环境。其次，在大型企业或其他组织中，高成就需要者并不一定就是一个优秀的管理者。再次，归属需要与权力需要和管理的成功密切相关。最后，可以对员工进行训练来激发他们的成就需要。

2. 权力需要（Need for Power）

权力需要指塑造和控制他人的行为，追求影响力的欲望。权力需要是指影响和控制别人的一种愿望或驱动力。不同人对权力的渴望程度也有所不同。权力需要较高的人对影响和控制别人表现出很大的兴趣，喜欢对别人"发号施令"，注重争取地位和影响力。他们常常表现出喜欢争辩、健谈、直率和头脑冷静；善于提出问题和要求；喜欢教训别人，并乐于演讲。

3. 归属需要（Need for Affiliation）

归属需要指追求友谊和亲密的人际关系，使别人喜欢和接受的欲望。作为个人，他们往往比较注重保持一种融洽的社会关系，渴望他人的喜爱和接纳，希望与周围的人保持亲密关系和相互充分的沟通与理解。他们随时愿意安慰和帮助危难中的伙伴，并喜欢与他们保持友善的关系。

（二）对成就需要理论的评价

1. 需要理论的局限

首先，麦克利兰的三种需要，明显要限制在衣食基本无忧的发达国家才比较适用。对贫困线上挣扎的人群，讲成就需要或者权力需要似乎有些脱离现实。因此，麦克利兰的理论，用于现代社会的白领阶层可能较为恰当。对于中国来说，那些以蓝领为主的制造企业，或者以农民工为主体的体力型岗位，如果采用麦克利兰的方法，有可能不适用。

2. 需要理论的贡献

首先，需要理论明确了人员需要的不同，为人员选拔和安置，提供一个可以进行测量和评价的更有针对性的激励措施。并且，依照需要理论原理可以通过训练提高员工的成就需要等，以提高生产效率。

（三）成就需要理论的应用

满足员工的需要，同时也是满足领导者的需要。通过满足需要，获得最大的人员调动性。

比如，华为公司的人力资源管理激励方案中，要求在公司里上下平等。因为企业文化中明确提出不平等的部分已经通过工资形式表现出来，华为员工无权享受特权。将个人努力融入集体拼搏之中，在华为得到充分体现。这样团结协作的氛围给予员工归属感，而且同事之间的合作是员工感受到他人的帮助和关爱，提供每个人应有的归属需要。

同时，华为设计了任职资格双向晋升通道。新员工首先从基层业务人员做起，然后上升为骨干，员工可以根据自己的喜好，选择管理人员或者技术专家作为自己未来的职业发展道路。在达到高级职称之前，基层管理者和核心骨干之间，中层管理者与专家之间的工资相同，同时两个职位之间还可以相互转换。如此诱人的晋升和发展前景让有权力需要和成就需要的员工都可以各得其所。

人物简介

> 戴维·麦克利兰（David C. McClelland）（1917～1998年），美国心理学家，企业管理中最具影响力的名人之一。他曾就职于哈佛大学和波士顿大学。在20世纪50年代和90年代，他发表了无数作品，完善了新计分方法——主题分类测试（Thematic Apperception Test）。2002年，一项在普通心理学文献综述的调查中，将马斯洛列为20世纪第15名常被引用的心理学家。

第三节 过程型激励理论

一、期望理论

（一）期望理论的基本观点与内容

期望理论（Expectancy Theory）又称作"效价—手段—期望理论"，是美国心理学家弗隆（Victor H. Vroom）在1964年出版的《工作与激励》一书中首先提出来的。这种理论一出现,就受到管理专家和实际管理工作者的普遍重视。期望理论的基础是,人之所以能够从事某项工作并达成组织目标,是因为这些工作和组织目标会帮助他们达成自己的目标,满足他们某方面的需要。公式:

$$M=V\cdot E$$

其中:M——激发力量,指调动一个人的积极性,激发出人的内部潜力的强度;

V——目标效价,指达到的目标对于满足个人需要的价值的大小;

E——期望值,指根据以往的经验进行的主观判断,达到目标并能导致某种结果的概率。

公式实际上提出了进行激励时候的三要素:努力、绩效、奖惩。处理好三要素的关系是激励成功的关键。如图5-4所示。

图 5-4 期望理论三要素关系

第一,努力与绩效的关系。人总是希望通过一定的努力能够达到预期的目标,如果个人主观认为通过自己的努力达到预期目标的概率较高,就会有信心,就可能激发出很强的工作力量。但是如果他认为目标太高,通过努力也不会有很好的绩效时,就失去了内在的动力,导致工作消极。这种关系可在公式的期望值这个变量中反映出来。

第二,绩效与奖励的关系。人总是希望取得成绩后能够得到奖励,这种奖励是广义的,既包括提高工资、多发奖金等方面的物质奖励,也包括表扬、自我成就感、得到同事们的信赖、提高个人威望等精神方面的奖励,还包括像提拔到较重要的工作岗位上去等物质与精神兼而有之的奖励。如果他认为取得绩效后能够获得合理的奖励,就有可能产生工作热情,否则就可能没有积极性。

第三,奖励与满足个人需要的关系。人总是希望自己所获得的奖励能满足自己某方面的需要。然而由于人们在年龄、性别、资历、社会地位和经济条件等方面都存在着差异,他们的各种需要要求实现后得到的满足程度就不同。因而对于不同的人,采用同一种办法给予奖励能满足的需要程度不同,能激发出来的工作动力也就不同。

(二)对期望理论的评价

期望理论相对于马斯洛需求层次理论和双因素理论而言,存在着辩证的思想,具有较大的综合性和适用性。

1. 期望理论的局限

第一,期望理论忽视了"努力—绩效"关系中的个人能力因素和社会表现机会因素。在实践的过程中,绩效最少由两个因素,即能力因素和激励因素来决定。如果只有激励因素而没有能力因素,绩效就不会很高。这种情况说明,虽然管理者采用的激励方法是合适的,但是由于员工的能力不够,所以绩效不会很高。同样,即使激励因素与能力因素都比较高,但没有表现机会或表现机会不充分,其绩效也不会很高。对此,期望理论没有给予很好的说明。

第二,这一理论适用范围具有局限性。期望理论是在需要确定、目标确定下的激励理论,所以很多需求与目标难以确定的情况就无法实施。比如在工作奖金等方面使用期望理论也许是有效的,但将它用于具有升职愿望而上级又不可能给予预先肯定答复的状况则又难以实施。尽管期望理论有明显的理论缺陷,但它的理论贡献和对实践的指导作用是不能低估的。完整理解和正确把握期望理论对提高管理决策水平有重要的影响作用。

2. 期望理论的贡献

第一,期望理论提出了目标设置与个人需求相统一的理论。期望理论假定个体是有思想、有理性的人。对于他们生活和事业的发展,他们有既定的信仰和基本的预测。因此,在分析激励雇员的因素时,我们必须考察人们希望从组织中获得什么以及他们如何能够实现自己的愿望。

第二,期望理论也是激励理论中为数极少的量化分析理论。这一理论并不满足于对问题的定性说明,还非常重视定量分析。它通过对各种权变因素的分析,正确说明了人们在多种可能性中所作出的选择。也就是说人们的行为选择通常是效用最大的,或者说人们的现实行为是其激励力量最大的行为选择。这不仅是激励理论的重要发展,同时在实践中也更具操作性。

(三)期望理论的应用

著名宗教领袖马丁·路德金说过:"世界上所作的每一件事都是抱着希望而做成的。"人们基于对环境的认识,进而产生了价值感和目标感,导致了需要,而需要又引起动机。

例如,在班级管理中若能恰当地运用期望理论。能大大地激发学生奋发向上,形成良好的班风。如果效价越大即学生对现实班级目标价值重视度越高,并且期望概率越大即学生都认为实现这一目标可能性很大,那么这一班级目标价值对学生激励的力量就越大。反过来,若效价与期望概率任何一项为零,则激发力量为零。如班级目标定为获"全国先进班级",对初入学的新生来说其期望概率几乎是零,学生积极争取的劲头不大,或虽将班级目标定为年段中的先进班级,期望概率恰当。但学生都认为评为年段先进班级意义不大,无所谓,其效价为零,那么这一目标对学生来说也无激励作用。

再例如,MTW 公司的销售额从 1996 年的 700 万美元跃升到 2000 年的近 4000 万美元,并建立了以人为本的文化,使公司从当初的 50 人发展到 215 人,人员流动率约为行业标准的 20%。作为公司总裁兼首席执行官的爱德·奥西认为:MTW 成功的基石在于公司和每位员工签订的"期望协议"。

奥西解释,"期望协议"的价值在于"换位思考"。在此过程中,每一方都说出他的目标,然后由他人再次重复目标。加入 MTW 公司的每一位员工都要签订一份"期望协议",MTW 公司鼓励新员工提出所有的期望。奥西认为,这个过程让员工说出他们心目中最重要的东西。有时,人们想灵活地处理家庭事务,照顾上了年纪的父母或者需要特殊照顾的孩子。

在MTW公司，"期望协议"是一个双向的，随员工的职业发展不断改进的文案，大约每6个月就要对它进行一次回顾，并进行修改。人们有较清晰的使命感，"公司知道你想去的地方，你也知道公司发展的方向"。

在市场部工作的John说，与大多数MTW公司的员工一样，他的"期望协议"既包括共同的目标也包括个人的目标。他想获得公司支持，丰富软件市场的经历；他想找到一位导师帮助他变得更加专业；他想参加许多专业贸易协会，丰富它的行业知识；他想接触更多的经营活动，学习更多的业务知识，而不仅仅是营销。

MTW公司赞同这些想法，并在"期望协议"中以同样具体的条件要求他。公司让他及其团队在限定时间内重新设计和部署公司的网站。让他写三篇关于MTW公司的文章，然后在6个月的期限内发表。公司同时想让他参加某些行业会议开拓新的市场。把协议写得如此详细，可以提醒John。他说："它有助于我制定计划，并在未来的一年内专注于这一计划。他可以让你反思你正在做的事情，同时也预期你应该做的事情。"

人物简介

弗隆（Victor H. Vroom），著名美国心理学家和行为科学家。期望理论的奠基人，国际管理学界最具影响力的科学家之一。他曾在宾州大学和卡内基梅隆大学执教，并长期担任耶鲁大学管理科学"约翰塞尔"讲座教授兼心理学教授。曾为大多数全球500强公司做过管理咨询，其中包括GE集团、联邦快递、贝尔实验室、微软等跨国巨头。最重要的两部著作《工作与激励》（1964）和《领导与决策》（1973）就分别阐述了期望理论模式和领导规范模型。

二、公平理论

（一）公平理论的基本观点和内容

公平理论又称为社会比较理论，它是由美国行为科学家亚当斯（J. S. Adams）在《工人关于工资不公平的内心冲突同其生产率的关系》（1962年，与罗森鲍姆合写）等著作中提出来的一种激励理论。该理论侧重于研究工资报酬分配的合理性、公平性及其对职工生产积极性的影响。

公平理论的基本观点是，当一个人做出了成绩并取得了报酬以后，他不仅关心自己所得报酬的绝对量，而且关心自己所得报酬的相对量。因此，他要进行种种比较来确定自己所获报酬是否合理，比较的结果将直接影响其今后工作的积极性。

1. 横向比较

横向比较，即他要将自己获得的"报酬"（包括金钱、工作安排及获得的赏识等）和自己的"投入"（包括教育、努力及耗用在职务上的时间等）的比值与组织内其他人作社会比较，只有相等时，他才认为公平。

$$\frac{O_P}{I_P} - \frac{O_C}{I_C} < 0$$

式中　O_P——自己对个人所获报酬的感觉；
　　　O_C——自己对他人所获报酬的感觉；
　　　I_P——自己对个人所作投入的感觉；
　　　I_C——自己对他人所作投入的感觉。

在这种情况下，第一种办法是他可能要求增加自己的收入或减小自己今后的努力程度，以便使该式结果趋于 0；第二种办法是他可能要求组织减少对比对象的收入或让其今后增大努力程度，以便使该式结果趋于 0。此外，他还可能另外找人作为比较对象，以便达到心理上的平衡。

$$\frac{O_P}{I_P} - \frac{O_C}{I_C} > 0$$

在这种情况下，他可能要求减少自己的报酬或在开始时多做些工作，但久而久之，他会重新估计自己的技术和工作情况，终于觉得他确实应当得到那么高的待遇，于是产量便又回到过去的水平了。

2. 纵向比较

纵向比较，即把自己目前所获报酬与目前投入的努力的比值，同自己过去所获报酬与过去投入的努力的比值进行比较。只有相等时他才认为公平，如下式所示：

$$\frac{O_{PP}}{I_{PP}} = \frac{O_{CL}}{I_{CL}}$$

式中：O_{PP}——自己对现在所获报酬的感觉；
　　　O_{CL}——自己对过去所获报酬的感觉；
　　　I_{PP}——自己对个人现在所作投入的感觉；
　　　I_{CL}——自己对个人过去所作投入的感觉。

（二）对公平理论的评价

1. 公平理论的局限

第一，不完全信息往往使"比较"脱离客观实际。公平理论的核心是与他人比较，所以比较的结果是否符合客观实际，取决于人们对比较对象的投入和产出情况是否具有完全信息。而在现实中，人们往往不能够对比较对象的投入和产出情况有足够的了解，往往把自己的实际情况和他人的不完全信息进行比较。于是，对本来客观合理的现实，主观上也可能感到不公平。人们往往有"看人挑担轻松"的知觉心理，过高地评价自己的成绩，低估他人的成绩，甚至只比拿钱多少，不比贡献大小。

第二，"主观评价"易使"比较"失去客观标准。既然公平感是一种主观感受，那么，主观认识就会极大地受认知主体的价值观念、知识经验、意识形态、世界观等的影响。所以，不同个体对同种报酬的效用、同种投入的价值的评价都有可能不同。如有的人把工资（奖金）看得比晋升更重要，而有的人却把晋升看得更重要；有的人认为学历更重要，而有的人则认为经验更重要等等。这就使"比较"失去了客观标准，即便两个人的投入产出比完全相当，但两个人均可能感到不公平。

第三，"投入"和"产出"形式的多样性使得"比较"难以进行。按照公平理论，投入和产出均具有很多具体表现形式。在现实生活中，各人投入的具体形式不尽相同，即不同个体在年龄、性别、所受教育、经验、技能、资历、职务、努力程度、对组织的忠诚度等方面不可能完全相同。如我有的是高学历，而你有的是资历。那么是高学历重要还是资历重要呢？况且，经验、努力程度、忠诚等因素实在难于比较，即使是学历也有不同专业、不同学校、不同年代之分，同样会引起认识上的分歧。

2. 公平理论的贡献

首先，基于不同个体特征的社会比较研究，如核心自我评价、自我概念的清晰性、高（低）人一等的自我认识，可以弥补公平理论关于个体特征研究的不足。社会比较研究把 CSE 纳入其研究范畴，并分析了持有不同 CSE 的个体在社会比较中的区别，核心自我评价高的个体的社会比较频率相对较低。

其次，亚当斯的公平理论研究了内部和外部两种类型的社会比较对象，特别是在虚拟的工作环境下，人们如何进行社会比较？以内部比较为主，还是以外部比较为主，亦或是以时间比较为主，值得深入探讨。

（三）公平理论的应用

不公平感往往挫伤员工的工作积极性，降低工作效率。所以，在组织管理中应尽可能地消除员工的不公平感，注重培养员工的组织认同感，充分调动员工的工作积极性。在人力资源中，对人员的工作热情和态度要有良好把控，了解人员在组织中的感受，进而制定有效的管理和激励措施。避免因忽视员工的"公平"感，而造成组织的破坏。

孙某某去年从大唐佛学院毕业，获得会计专业学位。在接受了许多企业的面试后，她选择了SH一家著名会计公司中的一个职位，并被派到深圳的办事处。孙某某对所得到的一切很满意：名声显赫的大公司中的一份具有挑战性的工作，获得重要经验的良好机会，会计专业本科生所能得到的高水准工资，去年月薪6000元。当然，孙某某曾是导师学生中里最优秀的学生，他富有进取心，沟通能力好，获得相应的工资也是预料之中的事。

1年过去了，孙某某的工作像她希望的那样具有挑战性和令人满意。上司对他的表现极其满意。他最近刚得到1000元的加薪。

但是，最近发生的一件事却令孙某某的工作热情急速下降。原来，孙某某得悉公司刚雇用的一个大唐佛学院会计专业的毕业生，此人缺少孙某某在一年中所获得的经验，工资却是每月8000元，比孙某某现在的工资还多1000元。除了愤怒，用其他任何语言都无法描述孙某某现在的状态，他甚至说想要另找一份工作。

本案例中，孙某某明显因为感到了不公平而愤怒。起初，孙某某进行了纵向比较，发现自己工资增长而感到高兴，是感到了自己的付出得到了回报，是受到了"公平"待遇。随后，孙某某进行了横向比较发现了别人获得报酬要比自己更丰厚，却没有自己付出的更多，是受到了"不公平"待遇。可见，公平理论可以影响和决定组织内成员幸福满意的根源。

三、斯金纳强化理论

（一）强化理论的基本观点与内容

强化理论是由美国心理学家斯金纳（B. F. Skinner）提出的。这个理论是从动物的实验中得出来的。开始，斯金纳也只将强化理论用于训练动物，如训练军犬和马戏团的动物。后来，斯金纳又将强化理论进一步发展，并用于人的学习上，发明了程序教学法和教学机。强化理论更多地讨论刺激和行为的关系，故又称为"刺激-反应"理论。

强化有几种类型，根据强化的性质和目的可分为正强化和负强化。

正强化（Positive Reinforcement），指用某种有吸引力的结果，使得员工好的行为重复出现。强化物包括组织中的各种奖酬。

负强化（Negative Reinforcement）或回避（Avoidance），指预先告诉某种不符合要求的行为或不良绩效可能引起的不良后果，从而让员工通过按组织要求的方式行事或避免不符合要求的行为来回避令人不愉快的后果。

自然消退（Extinction），指对员工的某种行为不予理睬，以表示对该行为的轻视或某种程度的否定，从而减少员工的某种行为。

惩罚（Punishment），指以某种带有强制性和威胁性的结果创造一种令人不快或痛苦的环境，以表示对不符合要求行为的否定，从而消除其重复发生的可能性。

不同的强化形式所起的作用是不一样的。有的只要给予强化刺激，反应很快，立竿见影，但刺激消失，行为马上消失，例如连续强化和固定比例强化。有的虽然不如前者反应快，但刺激消失行为却不马上消失，如变动时间间隔强化和变动比例强化。

（二）对强化理论的评价

1. 强化理论的局限

首先，强化理论只讨论外部因素或环境刺激对行为的影响，忽略人的内在因素和主观能动性对环境的反作用，否定"失败乃成功之母"的训诫，将磨难不是当作财富而是作为负担来看。而实践也表明：强化理论应用到常态的成年人行为干涉中，当人们思维中的对成败因素的主观思维判断、预期期望意识、本能欲望倾向等占了上风时，强化理论往往便无法适用。

其次，强化理论将凡有结果的行为，都归之于强化的作用，即使找不出直接的强化作用，也可以用间接的、二级的甚至更高级的、继发性的强化作用来解释，但即使如此其理论往往也难以尽然解释很多心理现象。特别是强化理论认为人们工作的行为都是通过各种直接或间接奖惩措施而学习、训练与社会经验而开展的。但是这种理论难以解释如人们某些天生的行为能力，近乎本能的行为都是怎来的。

2. 强化理论的贡献

首先，强化理论有助于对人们行为的理解和引导。为预知与控制人类行为提供了一个操作性的角度。斯金纳的强化理论描述了行为的可操纵性，从而极大地提高了人们预测和控制有机体的能力。

其次，强化理论为社会及工作行为的培训、教育以及人类社会化因素的培养形成，提供了心理学理论上的依据。

最后，强化理论的产生有助于对人们行为的理解和引导。一种行为必然会有后果，而这些后果在一定程度上会决定这种行为在将来是否重复发生。因此，行为与心理的关系，心理导致行为的方式，正是强化理论的突出贡献。

（三）强化理论的应用

强化理论被广泛地应用在现代企业管理的员工激励和人的行为改造上，强化也在教学中发挥对学生行为的积极促进作用。

例如，年末对企业内坚持安全作业以及对安全工作作出贡献的职工进行奖励，就是属于固定时距强化；又如：对那些坚守岗位安全职责、主动纠正违章行为的职工，安全管理人员和领导要不定期、不定量地进行表扬和奖励等。这样一来，职工才会确信：在工作中遵章守纪、纠正违章、查找和消除隐患等行为是符合企业目标和领导要求的，也是可以得到承认和赞赏的，上述行为才能持久并重复发生。实践证明，采用这种方法的效果最好。在进行安全奖励的时候，要注意物质奖励和精神鼓励交替使用，同时尽量避免奖励固定程式化。

再比如，海底捞有一套有趣的考核制度。首先，海底捞的考核对象主要是店长。在海底捞看来，对于餐饮业企业来说，店长起着极为重要的作用，所以在制定考核制度时，很多项目都是针对店长来设定的，并且还将员工的工作表现与优秀店长的评选直接挂钩，将店长推到一个极为重要的位置，这在一定程度上也给了店长压力去调动员工的工作积极性并且把自己的工作做得更好。海底捞的考核项目虽然制定的很抽象，但是海底捞都有自己的一套方法去评定，例如在考核"员工激情"这一项时，海底捞会派出小区经理不定期地去分店抽查，这些经理都是服务员出生，所以都是内行人，他们可以很专业地评定出顾客满意度、员工的工作热情和服务效率，虽然在评定时会带有一定的主观性，但是这比制定出一些僵化的考核制度来考核效果要好得多。海底捞的考核项目中没有业绩指标这一项，这是很特殊的，但是正是因为没有这一项考核指教，使得分店的店长和员工都不会过分的注重盈利数额，工作起来也不会有那么大的压力，在心理上会轻松很多，而这带来的另一个好处就是极大地提升了海底捞的服务质量，根据海底捞的考核项目我们可以看出，海底捞的考核重点是员工对顾客的服务质量以及顾客的满意度，在没有了盈利数额这方面的直接压力，会使得员工和店长更关注店里的服务质量和其他指标，而完成财务指标所要具备的条件已经被概括在这些指标当中了，这些指标达成了，那财务指标也肯定是可以达成的了。

人物简介

斯金纳（B. F. Skinner）（1904~1990年），行为主义学派最负盛名的代表人物，也是世界心理学史上最为著名的心理学家之一，被美国心理学界评为20世纪心理学家中的第一人。直到今天，他的思想在心理学研究、教育和心理治疗中仍然被广为应用。

斯金纳的主要著作有：《有机体的行为》(1938年)、《科学和人类行为》(1953年)、《言语行为》(1957年)、《强化程序》(1957年)、《教学技术》(1968年)、《关于行为主义》(1974年)、《超越自由和尊严》(1971年) 等。

第四节 激励的原则与方法

一、人员激励的原则

根据前文提到的各种群体相关理论，可以从中挖掘出与之相应的激励手段与方法。整体上，所有的激励方法应该符合以下原则。

（一）目标结合原则

激励往往和目标联系在一起，因此，应树立合理的目标及尽可能准确、明确的绩效衡量标准。目标既不能过高，也不能过低。过高使员工的期望值降低，影响积极性，过低则会使目标的激励效果下降。如图5-5所示。

图 5-5 激励过程图

（二）物质激励与精神激励相结合的原则

物质激励是激励的一般模式，也是目前使用最为普遍的一种激励模式。涨薪、年终分红、各种奖金、股权及福利奖励等都是物质奖励的常用方式。与物质激励相比，精神激励满足的主要是员工的精神需求。在实际工作中，无论员工处于哪一层次，也无论其他需求有何差异，希望得到别人尊重和认同的需求是每一个人都有的。精神激励相对而言不仅成本较低，而且常常能取得物质激励难以达到的效果。将精神激励和物质激励组合使用，可以大大激发员工的成就感、自豪感，使激励效果倍增。

（三）外激与内激相结合的原则

根据双因素理论，创造工作环境的方面叫作外在激励，简称外激。满足职工自尊自我实现的部分，是内在激励，简称内激。相互结合，可以让个人在追求满足职工生存安全等基本需要的同时，有试图实现自我价值的更高愿望。

（四）民主公正的原则

根据公平理论可以推知，激励应坚持公开公平公正的原则，切忌平均。诸葛亮曾在《出师表》中写道："宫中府中，俱为一体，陟罚臧否，不宜异同。"强调公平公正是激励的基础前提，公平公正一方面意味着所有相关员工在激励面前享有平等的权利和义务，另一方面也意味着奖励的程度与价值贡献度对等。公平公正必然导致价值分配实际上的不平均，而这种不平均正好体现了制度和程序的公平公正。有些管理者愿做"老好人"，幻想皆大欢喜，追求成果分享的平均主义，这是一种实质上的不公平，得不到很好的激励效果，而且可能产生副作用，打击优秀员工的积极性。

（五）正激与负激相结合的原则

根据强化理论，激励的目的是通过正面或负面两个方面能够让员工在工作中不断地激励自己往更好的方面进步。其中正激励就是因为员工哪个方面做得较突出或付出较多而给予的奖励；负激励是指因为员工在某些方面犯了错误，而受到的处罚。如果只使用正激励手段，会无法控制消极怠工的人员，过多的人会趋于懒得追求安逸。如果只使用负激励手段，则会让团体高度紧张、乏味，在高压环境下让人产生厌倦心理。并且，这种使人产生挫折心理和挫折行为的手段，应该慎用。因此，正激与负激相结合，使得人们在抵制消极追求积极的过程中，有更高的满足感和愉悦感。

（六）按需激励的原则

根据需要理论可知，激励是要满足职工的各种需要。明确每个人最迫切需要的内容，并满足，是最有效，也是最经济的激励手段。因此，所有的领导者必须做到对员工的深入了解和调查，不断地满足职工的需要，并跟进需要结构的变化。

二、精神激励的方法

（一）目标激励

激发员工不断前进的欲望。人的行为都是由动机引起的，并且都是指向一定的目标的。这种动机是行为的一种诱因，是行动的内驱力，对人的活动起着强烈的激励作用。管理者通过设置适当的目标，可以有效诱发、导向和激励员工的行为，调动员工的积极性。

（二）内在激励

内在激励是指工作本身带给人的激励，包括工作本身有趣味、让人有责任感、成就感等；外在激励是指工作以外的奖赏，包括增加报酬、提升职务、改善人际关系等等。相比之下，内在激励有更稳定、更持久、更强烈的效果。

（三）信任激励

信任激励是诱导他人意志行为的良方。领导与员工之间应该肝胆相照。你在哪个方面信任他，实际上也就是在哪个方面为他勾画了其意志行为的方向和轨迹。

因而，信任也就成为了激励诱导他人意志行为的一种重要途径。而管理不就是要激励诱导他人的意志行为吗？

（四）荣誉激励

荣誉激励是一种终极的激励手段，它主要是把工作成绩与晋级、提升、选模范、评先进联系起来，以一定的形式或名义标定下来。这反映出有时候给人尊严远胜过给人金钱。可以说，给予员工荣誉与尊重是激励员工的法宝，其成本之低，成效之卓，是其他激励手段都难以企及的。主要的方法是表扬、奖励、经验介绍等。荣誉可以成为不断鞭策荣誉获得者保持和发扬成绩的力量，还可以对其他人产生感召力，激发比、学、赶、超的动力，从而产生较好的激励效果。

（五）兴趣激励

兴趣是一种巨大的激励学习的潜在力量。在教学中，当一个学生对他所学的知识发生兴趣时，就会调动自己的一切潜能积极、主动、愉快地去学习，而不会感到是一种沉重的负担。对工作内容、工作职能、工作关系进行设计，包括对现有设计的调整和修改，通过合理有效地处理员工与工作岗位之间的关系，来满足员工个人需要，实现组织目标。

（六）竞争激励

增强组织活力的无形按钮。人都有争强好胜的心理。在企业内部建立良性的竞争机制，是一种积极的、健康的、向上的引导和激励。管理者摆一个擂台，让下属分别上台较量，能充分调动员工的积极性、主动性、创造性和争先创优意识，全面地提高组织活力。

（七）感情激励

让下属在感动中奋力打拼。一个领导能否成功，不在于有没有人为你打拼，而在于有没有人心甘情愿地为你打拼。须知，让人生死相许的不是金钱和地位，而是一个情字。一个关切的举动、几句动情的话语、几滴伤心的眼泪，比高官厚禄的作用还要大上千百倍。

（八）榜样激励

为员工树立一根行为标杆。在任何一个组织里，管理者都是下属的镜子。可以说，只要看一看这个组织的管理者是如何对待工作的，就可以了解整个组织成员的工作态度。"表不正，不可求直影。"要让员工充满激情地去工作，管理者就先要做出一个样子来。

复 习 题

1. 简述群体动力论的主要内容。
2. 赫兹伯格的双因素理论与马斯洛需求层次论有什么异同？
3. 双因素理论有哪些优缺点？我们应如何借鉴？
4. 期望理论的基本内容是什么？
5. 实施激励时如何应用弗隆的期望理论？
6. 公平理论有哪些实际意义？

7. 什么是横向比较和纵向比较？
8. 强化理论的主要内容是什么？
9. 简要解释波特和劳勒的综合激励模式。

思 考 题

1. 以你周围的一个群体为例，描述它的目标、结构、领导者、群体风气如何。
2. 你所处群体中的气氛如何？对群体成员产生着怎样的影响？
3. 以你个人为例，根据双因素理论，排列出对你有效的激励方式。
4. 以你所在环境为例，讲述令你感到"公平"和"不公平"的学校制度或班级制度等。

案例分析

上海号称"魔都",是全国外来人口最多的大都市之一,每年有很多刚毕业的小伙伴来到这个城市找工作,有些小伙伴有朋友或者同学在这里还可以帮帮忙,但有些人来到这里完全得靠自己。不管从哪里来的人,到了"魔都"都变得有了"魔性"一样,拼命地工作着。这到底是为什么呢?

以他们当中的一位孙某某小姐为例,她典型的一天是这样度过的:白天工作12个小时后,晚上9点锻炼身体,然后接着工作。这就是她一贯的作息安排,每周6天,并一直能坚持好几个月。孙某某是娱乐产品部的项目经理,主管电脑游戏光盘的制作。她一般每周工作一百个小时左右。和她在魔都的那些同事们一样,她并不需要遵守严格的时间规定,而只是在自己想工作的时候才工作,只不过她大多数时候都想工作而已。

什么可以激励人们过这样一种生活呢?在魔都,很多特殊的机会层出不穷,这就为某些人提供了强大的激励机制。在这里,一种普遍的激励因素是金钱。在今天的魔都,最基本的月嫂月薪都要过万,而IT行业譬如盛大和新浪、sohu、网易也全在上海扎根,他们收入更为可观。在2016年红起来的《欢乐颂》电视剧中,IT男也在魔都买得起房子和车子。因此,在这一行业中,短时间内暴富是完全可能的。而且即使有人赚不到钱,他能得到的基本补偿金也非常诱人。

对于这个行业的人来说,对所从事工作的热爱是另一个重要的激励因素。虽说钱很重要,但很多人承认,如果只是为钱,他们是不会像现在这么努力的。事实上,很多人都认为自己的工作可以与音乐家的工作相媲美,因为工作给了他们发自内心的快乐,工作本身就是最吸引他们的地方。IT工作一般以项目为单位,完成一项工作意味着一项自己高度参与的软件或者APP将会受到万众瞩目。

第三个激励因素是,在硅谷的工作有很高的显示度,容易为人所认可。相对于其他行业的人来说,他们有更多的机会在顾客中闻名。比如说,娱乐产品部发行了孙某某监制的游戏光盘。成千上万的顾客会来买这种光盘,并在他们的电脑上使用。她的名字就会出现在制作人员的名单中,就像电影制片人的名字出现在影院中一样。

来自同行的压力和认同也是非常重要的激励因素。这个行业中的人工作时间都很长,这也成了整个行业通行的一种"标准"。人们去上班时就知道自己必定要工作很长时间,这是既定的事实。他们这么做是因为每个人都这样,不这么做的人就会遭到同行的讥讽。

最后一个激励因素是这些工作所提供的自主性。事实上,现在流行的很多管理方式,比如说授权,就诞生于硅谷。诸如惠普和苹果一类的公司已经摈弃了传统组织机构中指令控制式的管理。公司从不对员工的工作时间安排、工作进度以及服装规范等方面加以规定。相反,员工可以来去自由,可以带宠物上班,也可以在家工作。简而言之,他们可以自主选择在何时、何地以及以什么方式开展工作。对于今天的很多员工来说,这种弹性是非常有吸引力的。

思考题:

(1) 如何用赫茨伯格的双因素理论对员工的行为加以解释?

(2) 利用麦克利兰的需要理论对员工的行为加以解释?对于成就、归属和权力的需要是否对这些员工有激励作用?

第六章 组织结构与组织设计

第一节 组织结构的基本概念

一、组织的含义

组织,一般有两种含义,一种是动词,就是有目的、有系统集合起来,如组织群众,这种组织是管理的一种职能;另一种是名词,指按照一定的宗旨和目标建立起来的集体,如工厂、机关、学校、医院,各级政府部门、各个层次的经济实体、各个党派和政治团体等等,这些都是组织。从名词上说的组织可以按广义和狭义划分。

从广义上说,组织是指由诸多要素按照一定方式相互联系起来的系统。系统论、控制论、信息论、耗散结构论和协同论等,都是从不同的侧面研究有组织的系统的。从这个角度来看,组织和系统是同等程度的概念。

从狭义上说,组织就是指人们为着实现一定的目标,互相协作结合而成的集体或团体,如党团组织、工会组织、企业、军事组织等等。狭义的组织专门指人群而言,运用于社会管理之中。组织是指按一定结构把人、财、物通过专业分工和协调组织起来,为实现共同目标而奋斗的集合体。

二、组织的构成要素

根据组织表现出的性质,我们可以把组织的构成要素确定为:组织环境、组织目的、管理主体和管理客体。这四个基本要素相互结合,相互作用,共同构成一个完整的组织。

(一) 组织环境

组织环境是组织的必要构成要素。组织是一个开放系统,组织内部各层级、部门之间和组织与组织之间,每时每刻都在交流信息。任何组织都处于一定的环境中,并与环境发生着物质、能量或信息交换关系,脱离一定环境的组织是不存在的。组织是在不断与外界交流信息的过程中,得到发展和壮大的。所有管理者都必须高度重视环境因素,必须在不同程度上考虑外部环境,如经济的、技术的、社会的、政治的和伦理的等等,使组织的内外要素互相协调。

(二) 组织目的

组织目的也是一个组织的要素。所谓组织目的,就是组织所有者的共同愿望,是得到组织所有成员认同的。任何一个组织都有其存在的目的,建立一个组织,首先必须有目的,然后建立组织的目标,如果没有目的,组织就不可能建立。已有的组织如果失去了目的,这个组织也就名存实亡,而失去了存在的必要。企业组织的目的,就是向社会提供用户满意的商品和服务,从而为企业获得尽量多的利润。政府行政部门的目的是为了提高办公效率,更好地为广大市民服务。

(三) 管理主体与客体

管理主体与管理客体之间的相互联系和相互作用构成了组织系统及其运动，这种联系和作用是通过组织这一形式而发生的。管理主体相当于组织的施控系统，管理客体相当于组织的受控系统。组织是管理主体与管理客体依据一定规律相互结合，具有特定功能和统一目标的有序系统。在管理的过程中，管理主体领导管理客体，管理客体实现组织的目的，而管理客体对管理主体又有反作用，管理主体根据管理客体对组织目的的完成情况，从而调整管理主体的行为。

第二节 组织结构设计

一、组织结构的含义

组织结构（Organizational Structure）是指全体成员为实现组织目标，在管理工作中进行分工协作、分组和协调合作。比如，有些企业是：员工在各自的部门中从事狭窄的专门工作，要接受部门经理的直接领导。现在他们对组织结构进行了改革；形成以团队为基础的结构，废除职能部门和部门管理人员。这就是组织结构的变革。

管理者在进行组织结构设计时，必须考虑 6 个关键因素：工作专门化、部门化、命令链、控制跨度、集权与分权、正规化。表 6-1 表明了这些因素对重要的结构问题可能提供的答案。在下面几节中，我们对这 6 个结构要素分别加以介绍。

设计适当的组织结构时管理者回答 6 个关键问题　　　　　　　　　表 6-1

关键问题	答案提供
1. 把人物分解成各自独立的工作应细化到什么程度？	工作专门化
2. 对工作进行分组的基础是什么？	部门化
3. 员工个人和工作群体向谁汇报？	命令链
4. 一位管理者可以有效地指导多少个员工？	控制跨度
5. 决策权应该放在哪一级？	集权与分权
6. 应该在多大程度上利用规章制度来指导员工和管理者的行为？	正规化

（一）工作专门化

20 世纪初，亨利·福特（Henry Ford）通过建立汽车生产线而富甲天下，享誉全球。他的做法是，给公司每一位员工分配特定的、重复性的工作，例如，有的员工只负责装配汽车的右前轮，有的则只负责安装右前门。通过把工作分化成较小的、标准化的任务，使工人能够反复地进行同一种操作，福特利用技能相对有限的员工，每 10 秒钟就能生产出一辆汽车。

福特的经验表明，让员工从事专门化的工作，他们的生产效率会提高。今天，我们用工作专业化（Work Specialization）这个术语或劳动分工这类词汇来描述组织中把工作任务划分成若干步骤来完成的细化程度。

工作专业化的实质是：一个人不是完成一项工作的全部，而是先把工作分解成若干步骤，每一步骤由一个人独立去做。就其实质来讲，每个人专门从事工作活动的一部分，而不是全部活动。

通过实行工作专门化，管理层还寻求提高组织在其他方面的运行效率。通过重复性的工作，员工的技能会有所提高；在改变工作任务或在工作过程中安装、拆卸工具及设备所用的时间会减少。同样重要的是，从组织角度来看，实行工作专门化，有利于提高组织的培训效率。挑选并训练从事具体的、重复性工作的员工比较容易，成本也较低。对于高度精细和复杂的操作工作尤其是这样。例如，如果让一个员工去生产一整架飞机，恐怕波音公司一年都不能造出一架大型波音客机。最后，通过鼓励专门领域中进行发明创造改进机器，工作专门化有助于提高效率和生产率。

管理人员把工作专门化看作是提高生产率的不竭之源，或许他们是正确的，因为那时工作专门化的应用尚不够广泛，只要引入它，几乎总是能提高生产率。但到20世纪60年代以后，越来越多的数据表明，好事做过了头就成了坏事。在某些工作领域达到了这样一个顶点：由于工作专门化，人的非经济性因素的影响（表现为厌烦情绪、疲劳感、压力感、低生产率、低质量、缺勤率上升、流动率上升等）超过了其经济性影响的优势。在这种情况下，通过扩大而不是缩小工作活动的范围可以提高生产率。另外，许多公司发现，通过丰富员工的工作内容，允许他们做完整的工作，让他们加入到需要相互交换工作技能的团队中，他们的产出会大大提高，工作满意度也会增强。

（二）部门化

一旦通过工作专门化完成任务细分之后，就需要按照类别对它们进行分组以便使共同的工作可以进行协调。工作分类的基础是部门化（Departmentalization）。

对工作活动进行分类主要是根据活动的职能。制造业的经理通过把工程、会计、制造、人事、采购等方面的专家划分成共同的部门来组织其工厂。当然，根据职能进行部门的划分适用于所有的组织。

只有职能的变化可以反映组织的目标和活动。一个医院的主要职能部门可能有研究部、护理部、财会部等；而一个职业足球队则可能设球员人事部、售票部门、旅行及后勤部门等；这种职能分组法的主要优点在于，把同类专家集中在一起，能够提高工作效率，职能性的部门化可以把专业技术、研究方向接近的人分配到同一个部门中，最终实现规模经济。

工作任务也可以根据组织生产的产品类型进行部门化，例如，在太阳石油产品公司（Sun Petroleum Products）中，其三大主要领域（原油、润滑油和蜡制品、化工产品）各置11位副总裁统辖之下，这位副总裁是本领域的专家，对与他的生产线有关的一切问题负责，每一位副总裁都有自己的生产和营销部门。这种分组方法的主要优点在于提高产品绩效的稳定性，因为公司中与某一特定产品有关的所有活动都由同一主管指挥。如果一个组织的活动是与服务而不是产品有关，每一种服务活动就可以自然地进行分工。比如，一个财会服务公司多半会设有税务部门、管理咨询部、审计部等等，每个部门都会在一个产品或服务经理的指导下，提供一系列服务项目。

还有一种部门化方法，即根据地域来进行部门划分。例如，就营销工作来说，根据地域，可分为东、西、南、北4个区域，分片负责，这种部门化方法就有其独特的价值。

还有一种部门化方法是根据顾客的类型来进行部门化。例如，一家销售办公设备的公司可下设3个部门：零售服务部、批发服务部、政府部门服务部；比较大的法律事务所可根据其服务对象是公司还是个人来分设部门。根据顾客类型来划分部门的理论假设是，每个部门的顾客存在共同的问题和要求，因此通过为他们分别配置有关专家，能够满足他们的需要。

（三）命令链

20年前，命令链的概念是组织设计的基石，但今天它的重要性大大降低了。不过在决定如何更好地设计组织结构时，管理者仍需考虑命令链的意义。

命令链（Chain of Command）是一种不间断的权力路线，对组织最高层扩展到最基层，澄清谁向谁报告工作。它能够回答员工提出的这种问题："我有问题时，去找谁？""我对谁负责？"

在讨论命令链之前，应先讨论两个辅助性概念：权威和命令统一性。权威（Authority）是指管理职位所固有的发布命令并期望命令被执行的权力。为了促进协作，每个管理职位在命令链中都有自己的位置，每位管理者为完成自己的职责任务，都要被授予一定的权威。命令统一性（Unity of Command）原则有助于保持权威链条的连续性。它意味着，一个人应该对一个主管，且只对一个主管直接负责。如果命令链的统一性遭到破坏，一个下属可能就不得不疲于应付多个主管不同命令之间的冲突或优先次序的选择。

现在一个基层雇员能在几秒钟内得到20年前只有高层管理人员才能得到的信息。同样，随着计算机技术的发展，日益使组织中任何位置的员工都能同任何人进行交流，而不需要通过正式渠道。而且，权威的概念和命令链的维持越来越无关紧要，因为过去只能由管理层作出的决策现在已授权给操作员工自己作决策。除此之外，随着自我管理团队、多功能团队和包含多个上司的新型组织设计思想的盛行，命令统一性的概念越来越无关紧要了。当然，许多组织仍然认为通过强化命令链可以使组织的生产率最高，但今天这种组织越来越少了。

（四）控制制度

一个主管可以有效地指导多少个下属？这种有关控制跨度（Span of Control）的问题非常重要，因为在很大程度上，它决定着组织要设置多少层次，配备多少管理人员。在其他条件相同时，控制跨度越宽，组织效率越高，这一点可以举例证明。

假设有两个组织，基层操作员工都是4096名，如图6-1所示，如果一个控制跨度为4，另一个为8的控制跨度宽的组织比控制跨度窄的组织在管理层次上少两层，可以少配备800名左右的管理人员。即使按照减少的800多名均为低层管理者，按照中国当前大中型城市的管理者年均工资为15万元，则控制跨度宽的组织每年在管理人员薪水上可以节约1.2亿元。显然，在成本方面，控制跨度宽的组织效率更高。但是，在某些方面宽跨度可能会降低组织的有效性，也就是说，如果控制跨度过宽，由于主管人员没有足够的时间为下属提供必要的领导和支持，员工的绩效会受到不良影响。

(五) 集权与分权

在有些组织中，高层管理者制定所有的决策，低层管理人员只管执行高层管理者的指示。另一种极端情况是，组织把决策权下放到最基层管理人员手中。前者是高度集权式的组织，而后者则是高度分权式的。

集权化（Centralization）是指组织中的决策权集中于一点的程度。这个概念只包括正式权威，也就是说，某个位置固有的权力。一般来讲，如果组织的高层管理者不考虑或很少考虑基层人员

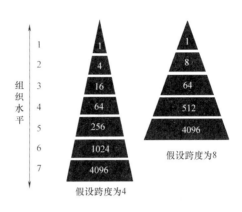

图 6-1　控制跨度对比

的意见就决定组织的主要事宜，则这个组织的集权化程度较高。相反，基层人员参与程度越高，或他们能够自主地作出决策，组织的分权化（Decentralization）程度就越高。

集权式与分权式组织在本质上是不同的。在分权式组织中，采取行动、解决问题的速度较快，更多的人为决策提供建议，所以，员工与那些能够影响他们工作生活的决策者隔膜较少，或几乎没有。

近年来，分权式决策的趋势比较突出，这与使组织更加灵活和主动地作出反应的管理思想是一致的。在大公司中，基层管理人员更贴近生产实际，对有关问题的了解比高层管理者更切实。因此，像西尔斯和盘尼（J.C. Penny）这样的大型零售公司，在库存货物的选择上，就对他们的商店管理人员授予了较大的决策权。这使得他们的商店可以更有效地与当地商店展开竞争。中国银行在全球 37 个国家进行服务。据 2010 年统计，中国银行营业网点超过 11000 间分行及分支机构。在一个有限地域内的分行均设立设一名经理，如中国银行北京分行行长。他在自己管辖区域内的各行之间可以自由巡视，各个地区内的分行（支行）之间最长距离不过 20 分钟的路程。地区总经理对自己辖区内的问题反应远远快于公司总部的高级主管，处理方式也会更得当。

(六) 正规化

正规化（Formalization）是指组织中的工作实行标准化的程度。如果一种工作的正规化程度较高，就意味着做这项工作的人对工作内容、工作时间、工作手段没有多大自主权。人们总是期望员工以同样的方式投入工作，能够保证稳定一致的产出结果。在高度正规化的组织中，有明确的工作说明书，有繁杂的组织规章制度，对于工作过程有详尽的规定。而正规化程度较低的工作，相对来说，工作执行者和日程安排就不是那么僵硬，员工对自己工作的处理权限就比较宽。由于个人权限与组织对员工行为的规定成反比，因此工作标准化程度越高，员工决定自己工作方式的权力就越小。工作标准化不仅减少了员工选择工作行为的可能性，而且使员工无须考虑其他行为选择。

组织之间或组织内部不同工作之间正规化程度差别很大。一种极端情况是，

众所周知，某些工作正规化程度很低，如大学书商工作自由权限就比较大，他们的推销用语不要求标准划一。在行为约束上，不过就是每周交一次推销报告，并对新书出版提出建议。另一种极端情况是那些处于同一出版公司的职员与编辑位置的人。他们上午8点要准时上班，否则会被扣掉半小时工资，而且，他们必须遵守管理人员制定的一系列详尽的规章制度。

二、组织设计的原则

结合组织设计过程的六要素，若要组织设计与改革可以达到期待的效果，组织设计应遵循以下原则。这些原则结合实践经验总结，凝聚了前任的成功的经验与失败的教训，可以为管理者提供帮助，并大大降低总结的工作量。

（一）组织设计的传统原则

1. 分工与协作原则

分工与协作原则指组织内部既要分工明确，又要互相沟通、协作，以达成共同的目标。因为组织的部门划分，主要是解决组织的横向结构问题，而分工与协作正是部门化的主要手段之一。分工与协作是社会化大生产的必然结果，古典的管理理论强调分工是效率的基础。在组织的部门设计中，必须要对每一个部门、每一个岗位进行必要的工作分析和关系分析，并按照分工与协作的要求进行业务活动的组合。部门设计者可以依据技能相似性的归类方法来集合相关的业务活动，以期提高专业分工的细化水平。

专业化分工原则的两种形式：工艺专业化和对象专业化。

工艺专业化按照工艺阶段或工艺设备相同性的原则来建立生产单位，即按不同的生产工艺特征，建立不同的生产单位。特点是"三同一不"：三同，即同类型的机器设备、同工种工人、相同工艺方法；一不，即不同的劳动对象。

对象专业化按照加工对象来划分生产单位的原则，即按不同的加工对象，建立不同的生产单位。特点是"三不一同"：三不，即不同类型的机器设备、不同工种工人、不同工艺方法；一同，即相同的劳动对象。

2. 统一指挥原则

统一指挥原则最早由法约尔提出来。法约尔认为，无论什么工作，一个下级只能接受一个上级的指挥，如果两个或者两个以上领导人同时对一个下级或一件工作行使权力，就会出现混乱局面。后人对法约尔的提法加以发展：一个人只能接受同一领导的命令。数名领导需要协商后才能下达的命令，由领导协商一致后，再行下达。

因此统一指挥原则也称统一与垂直性原则，它是最经典的也是最基本的原则，是指组织的各级机构及个人必须服从一个上级的命令和指挥，只有这样才能保证政令统一，行动一致。

3. 管理层级与跨度原则

层级原则是指从最高层次者发出的或到达最高层次者的一切信息（如命令、指示、报告等），必须逐级传递，都不能脱离权限线（层级系列）。跨度也称幅度，是指一个主管直接的下属人数。跨度大，需要协调的人与人之间的关系就多。反之亦然。

如果一个组织的人员数量一定，那么管理层级和管理跨度就有着极强的相关性。当管理跨度小，协调人员关系简单后，就势必造成管理层级加强，逐级传递信息过度造成了信息冗余和信息不对称。反过来，若管理跨度大，协调人员关系复杂，但是可以降低管理层级，使得层次间信息获得的效率提高，组织整体效率高。因此，应根据项目负责人和班子成员的能力和项目的大小进行权衡，在管理层级和管理跨度间选择最适合企业的组织结构。

4. 责权一致原则

当管理学中一再强调管理幅度问题，它的精神实质就是：一个人直属的下级人员的数量应有一定的限度。对于管理者如何能够进行有效管理，就需要对管理者的授权与职责进行清晰的界定。不能拥有权力，而不履行其职责；也不能只要求管理者承担责任而不予以授权。

此外，适当授权是当前组织经常面临的新问题。由于组织庞大，业务活动日趋专业化后，很多的组织分工和职责权利并不能很好地适应需求。因此，向管理者授权是为其履行职责所提供的必要条件。合理授权是贯彻权责对等原则的一个重要方面，必须根据管理者所承担的责任大小授足其相应权力。在特殊情况或任务下，高级管理者也可以将自身的特殊权利进行授权，以应对紧急情况。古语有云"将在外，军令有所不受"。正是一种有效的合理授权。

5. 执行与监督分离原则

组织设计过程中，应将外部监督人员与执行人员在组织上分开，避免二者在组织上一体化。早在中国古代，就有将朝廷分为"中书省"、"尚书省"、"门下省"的制度，分别负责决策、执行和审核。西方国家讲究"三权分立"，也是指：司法权、行政权和立法权的相互独立、相互制衡。在企业里，没所谓的立法权，但是执行和监督的分开，有利于整个企业的运行。

6. 精简与效率原则

精简、统一、效率是组织设计的最重要原则。机构精简、人员精干，才能实现高效率。同时实现管理成本的下降。

(二) 组织设计的动态原则

1. 职权与知识相结合的原则

这与组织专业化有极大的关系，要求组织内的职能人员和专家要掌握必要的职权，也要求掌握职权的管理者有着相关的必要知识技能。为此，将职能部门的功能加以扩大，总结为：强制性磋商，赞同性职权，功能性职权。强制性磋商，是指在部门协同过程中，上级部门可以向某一部门授权，要求其他部门在从事某种相关业务时必须和该部门进行磋商。赞同性职权是指部门内的职能人员和专家拥有话语权，共同参与部门决策，如职员晋升等，借由专家的参与纠正指挥人员的一些错误。功能性职权则是指挥人员将全力下放，使部门可以直接行使指挥人员的权力。

2. 集权与分权平衡原则

在组织设计的一般原则中，既提到了责权一致，又提出了适当分权。两项原则反映出组织在实际工作时，面对决策的集权和分权的适度原则。集权与分权相互矛盾，又辩证统一，所谓集权是组织一个企业的决策权集中在上层指挥人员手中，而分权就是企业的决策权根据职务需要进行逐层分配。因此，集权和分权是相对的，没有绝对的集权同样没有绝对分权。每一个企业都是既存在集权，又存在分权，不同的是，每个企业的集权分权的程度不同。

3. 弹性结构原则

正如前文所说，组织设计是动态的，组织的架构也不是一成不变的。组织处于不同的时期或面临不同的问题，都会影响其组织结构。由于组织需要适应环境的变化，有时候过分清晰明确的组织反而不利于整个组织的发展，因为等级森严条理清晰的组织架构同时也说明了该组织的老化与硬化。当面对环境变化时，组织往往会出现因为无法应对新情况，而出现一系列组织功能的失灵。譬如诺基亚公司，当年最高效的生产线、最规范的组织管理方式，却在迎接智能手机时代，无法及时应对，错失良机。因此，爆出组织的弹性相当必要。其中包括：部门结构弹性和职位弹性两个方面。

三、组织设计的步骤

组织设计可以分为以下几个步骤。

（一）工作划分

根据组织的任务，以目标一致和效率优先为原则，对任务划分为一系列各不相同又互相联系的具体工作任务。

（二）建立部门

以便捷管理为原则，根据部门化特点，将一些有相似性的工作归为一类，在每一类工作之上建立相应部门。这样，在组织内根据工作分工建立了职能各异的组织部门。

（三）决定管理跨度

根据人员素质、工作复杂程度、授权情况等合理地决定管理跨度，相应地也就决定了管理层次和职权、职责的范围。

（四）确定职权关系

授予各级管理者完成任务所必需的职务、责任和权力。

（五）通过组织运行不断修改和完善组织结构

组织设计是一个动态的不断修改和完善的过程。随着组织外的环境变化和组织内的人员变化，以及目标变化等等因素，而改变相应的组织结构。此外，组织在运行过程中，也会逐渐暴露出异于其他组织的特有问题和通病。针对自身组织，要持续改善组织设计，从而实现组织的最大价值。

第三节 组织结构的类型

根据组织结构基本维度的不同组合构成了几种基本的组织结构类型：直线式、职能式、直线职能式、事业部制和矩阵式。以及现代商业出现的，新型组织形式。

一、直线制组织结构

直线制是一种最早也是最简单的组织形式。它的特点是企业各级行政单位从上到下实行垂直领导，下属部门只接受一个上级的指令，各级主管负责人对所属单位的一切问题负责。权力集中于首长，统一执行各种职能，不进行专业分工，逐级控制。故幅度小层次多。不同层级管辖范围有大小不同，事物性质相同的性质。如图6-2所示。

优点：权限责任明确、政令统一、行动及时、有序；

缺点：缺乏专业化分工，行政首长日理万机，往往顾此失彼。

适用范围：小型组织，家长制家族组织。譬如《红楼梦》中的贾家就是一个典型的直线制组织结构。贾敬作为当家的男主人掌握绝对话语权。相对的贾宝玉、贾环作为贾府的少爷，所有的丫鬟，晴雯、袭人，包括贾母身边的丫鬟都听命于他。两人相互冷漠，却同时畏惧贾敬如虎。当贾宝玉挨打时，仆人作为贾宝玉的下级，并不敢随便越级处理事情。而贾敬作为上级在亲自打贾宝玉时，又没有任何人敢对权威进行反抗。只得请出"贾母"这一上级。贾家是一个典型的直线制组织。

直线制组织结构的组织心理：

第一，容易形成家长式的管理作风，集权独断专行。

第二，组织成员容易产生自主危机。

第三，组织内部容易产生疏离感，贾宝玉和贾环同样作为贾敬的儿子，都在严父教导下感到极大的压力大。

图6-2　直线制

二、职能制组织结构

职能制组织结构，是各级行政单位除主管负责人外，还相应地设立一些职能机构。如在厂长下面设立职能机构和人员，协助厂长从事职能管理工作。这种结构要求行政主管把相应的管理职责和权力交给相关的职能机构，各职能机构就有权在自己业务范围内向下级行政单位发号施令。因此，下级行政负责人除了接受上级行政主管人指挥外，还必须接受上级各职能机构的领导。不同部门管辖范围一样，但是事物性质不同。譬如新东方在成立之初就采用了此种方式，如图6-3所示。

图6-3　职能制组织架构

优点：专业化分工减轻了行政主管的负担，使其专司决策；适应复杂管理的需要。

缺点：横向平行沟通困难，容易造成政出多门的混乱局面，行动难以协调一致。

适用范围：职能制主要适用于中小型的、产品品种比较单一、生产技术发展变化较慢、外部环境比较稳定的企业。这种情况下，经营管理相对简单，部门较少，横向协调的难度小。

职能制组织结构的组织心理：

第一，形成强调专业分工的新型民主管理作风。

第二，使组织成员具有较高的自主性，敢于轻视权威，容易各自为政。

第三，组织内部氛围较为活跃、民主。长官解脱，下属专业有权。譬如新东方建立之初，俞敏洪就常在课上讲他家庭的故事，如其妻子管理财务让作为校长的他，都无法随意调动资金推广自己的想法。

三、直线职能制组织结构

直线职能制，也叫生产区域制，或直线参谋制。它是在直线制和职能制的基础上，取长补短，吸取这两种形式的优点而建立起来的。以直线制结构为主，在各级行政首长领导下设立相应的职能部门，各个职能部门在其管辖的范围内有权向其下级下达行政命令，下级行政部门既要听从直接的上级领导的指示，又要服从行政主管的指挥。如图6-4所示。

优点：保留了直线式政令统一；同时又吸收了职能式结构行政管理专业化。扬直线与职能式之长，且各避其短。

缺点：结构复杂，容易脱离实际，信息获取难。

适用范围：规模中等的企业，简单而且稳定的外部环境，适用于采用标准化技术进行常规性大批量生产的产业和场合。但是，随着规模的进一步扩大，将倾向于更多的分权。

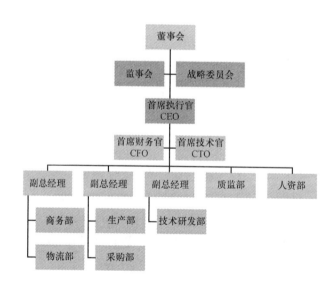

图6-4 直线职能制组织结构图

直线职能制组织结构的组织心理：

第一，形成一种注重研究和论证、讲究稳妥的管理作风。发挥参谋，避免多头。职能部门的作用体现在意见提出与被采纳，积极防止领导的经验主义。

第二，组织成员容易产生安于现状的心理定势。

第三，组织内部稳定而不灵活，应变较差。

四、事业部制组织结构

事业部制最早是由美国通用汽车公司总裁斯隆于 1924 年提出的,故有"斯隆模型"之称,也叫"联邦分权化",是一种高度(层)集权下的分权管理体制。它适用于规模庞大,品种繁多,技术复杂的大型企业,是国外较大的联合公司所采用的一种组织形式,近几年我国一些大型企业集团或公司也引进了这种组织结构形式。事业部制是指以某个产品、地区或顾客为依据,将相关的研究开发、采购、生产、销售等部门结合成一个相对独立单位的组织结构形式。事业部制是分级管理、分级核算、自负盈亏的一种形式,成立专门的生产经营管理部门,即事业部。例如国内金山软件就是典型的事业部制,如图 6-5 所示。

在纵向关系上,按照"集中政策,分散经营"的原则,处理企业高层领导与事业部之间的关系。在横向关系方面,各事业部均为利润中心,实行独立核算。企业高层和事业部内部,仍然按照直线职能制结构进行组织设计。

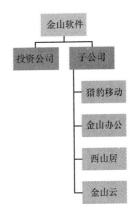

图 6-5 事业部制组织结构

优点:责权利划分比较明确,能较好地调动经营管理人员的积极性;事业部制以利润责任为核心,能够保证公司获得稳定的利润;通过事业部门独立生产经营活动,能为公司不断培养出高级管理人才。

缺点:需要较多素质较高的专业人员来管理事业部;管理机构多,管理人员比重大,对事业部经理要求高;分权可能架空公司领导,削弱对事业部的控制;事业部间竞争激烈,可能发生内耗,协调也较困难。

适用范围:具备专业化原则划分的条件,并能确保独立性,以便承担利润责任;事业部间相互依存,可以不硬性拼凑;公司有管理的经济机制,可以尽量避免单纯使用行政手段。

事业部制组织结构的组织心理:

第一,管理作风民主,但容易两极化。事业部各自为政,领导者脱离实际。

第二,组织成员与组织整体的心理距离较大,缺乏整体凝聚力。

第三,充分授权,组织适应性较强。船小好调头。

五、矩阵制组织结构

矩阵制结构将纵向与横向结合起来,形成纵、横两套管理系统。矩阵制组织是为了改进直线职能制横向联系差,缺乏弹性的缺点而形成的一种组织形式。在组织结构上,它是把职能划分的部门和按产品(项目)划分的小组结合起来组成一个矩阵,一名管理人员既同原职能部门保持组织与业务上的联系,又参加项目小组的工作。项目小组是临时性组织,完成任务后回原部门工作。

由于矩阵制结构同时有纵横两套管理体系,因此在纵横两套管理体系出现冲突时,就有了两级管理究竟谁的权力更大,谁服从于谁的问题。就此,我们将矩阵式结构又分为强矩阵式和弱矩阵式(图 6-6)。强矩阵组织形式类似于项目式组织形式，项目人员可根据需要全职或兼职地为项目服务，在建筑业企业，工作大多以项目为单位，项目经理往往是强矩阵式的代表。弱矩阵组织形式是项目可能只有一个全职人员，即项目经理，项目成员不是直接从职能部门调派过来，而是利用他们在职能部门为项目提供服务。

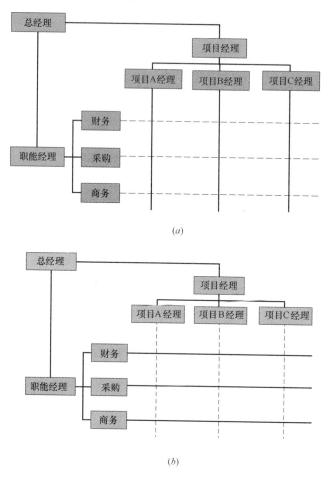

图 6-6　矩阵式结构
(a) 强矩阵结构；(b) 弱矩阵结构

优点：在管理矩阵中，纵向的结构有利于集中各个管理层级的人员进行协调；而横向结构则可以将并列的职能部门结合起来。这样既有利于集中领导，又有利于各专业相互配合，取长补短。

缺点：成员位置不固定，有临时观念，有时责任心不够强；人员受双重领导，有时不易分清责任，需要花费很多时间用于协调，从而降低人员的积极性。

适用范围：矩阵制组织结构是一种十分常见的组织结构，其应用已有30多年，一般比较适用于协作性和复杂性强的大型组织。项目小组和负责人也是临时组织和委任的。任务完成后就解散，有关人员回原单位工作。因此，这种组织结构非常适用于横向协作和攻关项目。

矩阵制组织结构的组织心理：

第一，管理者在作风上更加注重分权和下属的参与。

第二，组织成员角色直觉模糊，行为方式灵活。

第三，组织不稳定，容易产生迷茫感。

六、新型组织结构

从 20 世纪 80 年代初开始，有些组织的高级主管为加强组织的竞争力，开始设计新型组织结构，如团队结构、虚拟组织、无边界组织、女性化组织。

（一）团队结构

现在团队已成为组织工作活动的最流行的方式。当管理人员动用团队作为协调组织活动的主要方式时，其组织结构即为团队结构（Team Structure）。这种结构方式的主要特点是，打破部门界限，并把决策权下放到工作团队员工手中，这种结构形式要求员工既是全才又是专才。在小型公司中，可以把团队结构作为整个组织形式。例如，有妖气团队、暴走漫画、动漫堂工作室等，至今为止都是一个几十人的创作公司，是完全按团队来组织，团队对日常的大多数操作性问题和顾客服务问题负全部责任。

（二）虚拟结构

可以租借，何必拥有？这句话道出了虚拟组织的实质，虚拟组织（Virtual Organization）是一种规模较小，但可以发挥主要商业职能的核心组织，用结构理论术语来讲，虚拟组织决策集中化的程度很高，但部门化程度很低，或根本就不存在。例如，淘宝商家大多采用了这种方式，三只松鼠的淘宝店在网络上完成订单和客户服务，而货品则直接从各地的仓库派货，只需要快递公司来上门取货，不再需要分处各地的经营管理人员。

（三）无边界组织

通用电气公司总裁杰克·威尔奇（Jack Welch）创造了无边界组织（Boundaryless Organization）这个词，用来描述他理想中的通用公司的形象。威尔奇想把他的公司变成一个年销售额达 600 亿美元的家庭式杂货店。也就是说，尽管公司体积庞大，威尔奇还是想减少公司内部的垂直界限和水平界限，消除公司与客户及供应商之间的外部障碍。无边界组织所寻求的是减少命令链，对控制跨度不加限制，取消各种职能部门，代之以授权的团队。

尽管通用电器公司还没有达到这种无边界状态，但它在这方面已取得了巨大进展。其他想达到这种组织状态，管理人员通过取消组织垂直界限而使组织趋向扁平化，等级秩序作用降到了最低限度，个人身份与头衔的地位也一落千丈。组织看上去更像一个粮仓筒而不是金字塔，最上层的谷粒和最下层的谷粒差别不大。通用电气公司用来取消组织垂直界线的做法有：引入跨等级团队（由高级主管、中级主管、基层主管和员工组成）；让员工参与决策；360 度绩效评估（员工的绩效由他的同事及其上、下级共同评定）。

组织的水平界线是由职能部门的存在而形成的，因此消除这种界线的方法是，以多功能团队取代职能性部门，围绕公司的工作流程来组织活动。例如，公司通过多专业交叉式团队参与整个工作流程的工作，而不是围绕狭窄的职能任务开发新产品，他们参与整个过程。管理人员可以用以清除水平障碍的另一种途径是，进行各部门间的人员横向调动或在不同职能领域的工作轮换，这样有助于专才变成全才。

使无边界组织能够得以正常运行的技术原因之一是计算机网络化，信息化与互联网使人们能超越组织内外的界线进行交流。例如，电子邮件使成百上千的员工可以同时分享信息，并使公司普通员工可以直线与高级主管进行交流。现在组织间的网络，使商品供应商可以及时查看自己商品在商店的存货情况，例如苏宁的零仓储的实现，离不开网络的帮助。

（四）女性化组织

一个更有争议的组织设计方案是关于性别问题的：性别差异是否导致了女性对女性化组织的偏爱。一些组织理论学家开始探索女性的价值观与组织结构之间的关系。他们最主要的发现是：女性偏爱那些重视人际关系和人际交往的组织。根据这些理论家所言，这是由女性社会化的方式决定的："在很大程度上，人们都认为女性的社会化角色是家庭主妇，女性要支持别人，照顾别人，要维系长期的家庭关系，要让家中每一个人都有成就感，并尽可能地使各人的利益与大家的利益协调起来。"

组织社会学家乔伊斯·露丝查德（Joyce Rothschild）对女性化组织方面的研究进行了总结，建立了女性化组织模型（Feminine or Generation）。

（1）重视组织成员的个人价值。

（2）非投机性。认为组织成员间的关系是自身价值的体现和维持，不只是一种手段。

（3）事业成功与否的标志是为别人提供多少服务。

（4）重视员工成长。

（5）创造互相关心的团队氛围。彼此关系密切，像生活在一起的居民，使得组织之间人员彼此信任和照顾。

（6）分享权力。在直线制等传统组织中，决策权是大家渴望拥有的，所以就强调层级问题。而在女性化组织中，信息共享，大家共同参与决策。

复 习 题

1. 简述组织构成的要素。
2. 直线制与职能制各自的优缺点是什么？
3. 直线职能制是如何取长补短的？
4. 强矩阵组织结构和弱矩阵组织结构的区别？

思 考 题

1. 举出生活中的实例，属于直线制组织结构的组织。
2. 举出生活中的实例，属于职能制组织结构的组织。
3. 举出生活中的实例，属于直线职能制组织结构的组织。
4. 举出生活中的实例，属于矩阵制组织结构的组织。

案 例 分 析

新东方组织结构调整，直面挑战与变革？

在2000年之前，新东方的总体格局是：在新东方牌子底下的是一个个的个体户，大家各自为政，各显神通。正因为如此，新东方牌子下面聚合了很多心高气傲、才华横溢的人，他们把新东方作为自己展现才华的舞台。而这种模式就相当于古代的分封制，他们分封割据、每个人把持一块地区，一项业务，各自经营，收入也归自己所有，同时他们也通过自己的良好口碑共同支撑起新东方的品牌影响力和品牌号召力，他们共同提升了新东方的总体业务规模和水平。这种模式的实质是分封聚众，谁耕种谁收获，激励非常到位，一批能人因此在新东方展现了自己的才华，成长了起来。也正是依靠这一模式，新东方迅速崛起，风靡于世。然而，这种模式在发展过程中遇到了很大的问题。首先是地区差异，偏远、劣势地区的人想方设法进入大城市等优势地区；而在优势地区的人，则想方设法防范、阻止其进入，由此新东方内部的互相指责严重，矛盾尖锐，呈分裂倾向。其次是在这种体制下，大家都先顾自己利益，把新东方整体的品牌信誉放在后面。滥用新东方品牌的现象严重。

自新东方二号人物陈向东、四号人物沙云龙、五号人物汪海涛相继离职新东方后，新东方的新领导与组织架构一直悬而未决，终于在6月底，新的方案千呼万唤始出来。下面让我们一起来看看这份最新的架构调整文件（节选）。

为配合集团整体发展战略，充分利用集团优势资源，进一步优化组织结构，提高管理效率，经集团总裁办公会研究决定，对集团原有组织机构进行调整，集团总裁办公会7位成员分管不同业务领域，具体如下：

集团董事长兼首席执行官（CEO）俞敏洪，主管区域与学校系统，具体分管9个培训学校区域及新东方二、三线城市业务拓展部。

集团执行总裁周成刚，主管业务与创新系统、战略与市场系统，具体分管除培训学校系统的产业公司、扬州外国语学校和北京昌平外国语学校、集团国际合作部、市场营销部、战略规划部、新东方管理部，向集团董事长兼首席执行官（CEO）汇报工作。

集团首席财务官（CFO）杨志辉，主管财务与资本系统，具体分管集团财务管理部、资产管理部、法务部、投资事业部和集团上市及投资者关系等工作领域，向集团董事长兼首席执行官（CEO）汇报工作。

集团副总裁施柯，主管产品与教学系统，具体分管各教学项目推广管理中心、家庭教育研究与指导中心、素质教育研究与发展中心、知识管理中心、教学管理部、客户服务部，向集团董事长兼首席执行官（CEO）汇报工作。

集团副总裁徐健，主管信息与网络系统，具体分管集团信息管理部、网络运营部、教务管理部，向集团董事长兼首席执行官（CEO）汇报工作。

集团助理副总裁张如国，主管人才与发展系统，具体分管集团人力资源部、总裁办公室，向集团董事长兼首席执行官（CEO）汇报工作。

集团助理副总裁吴强，主管北京新东方学校日常运营管理，向集团董事长兼首席执行官（CEO）汇报工作。

除了上述提到的相关人事安排外，集团副总裁李国富，主管华东区短期培训学校业务；集团新晋升副总裁杨鹏，主管东南区短期培训学校业务；各大区短期培训学校高管还有强浩（上海区）、赵尔迪（华南西南区）、韩鹏（西北区）、谢强（东北区）、孔建龙（华中区）、耿耿（华北区）、冯大为（二三线城市拓展部）。

思考题

（1）原本的新东方组织架构，更接近于新型组织结构的哪一种？有哪些优点？

（2）自资本与人事管理不力引发的新东方名师和管理层离职潮后，此次调整终于暂时稳定了新东方的基本架构，新的组织架构属于哪一种？

第七章 组织文化与组织行为

第一节 组织文化的内涵

一、组织文化的概念

文化（Culture）是一个非常广泛和最具人文意味的概念，给文化下一个准确或精确的定义是一件非常困难的事情。对文化这个概念的解读，人类也一直众说不一。但东西方的辞书或百科中却有一个较为共同的解释和理解：文化是人类所创造的物质财富与精神财富的总和。通常认为，文化分为三类：即物质文化、制度文化、心理文化三个方面。

套用文化的概念，我们可以简单地认为：组织文化是指组织在建设和发展中形成的物质文明和精神文明的总和。有一位高管被问及什么是组织文化时，他说："我没法定义它，但当我看到它时我就会认出来。"的确，组织文化作为一种客观存在，对组织行为具有重要的影响和巨大的意义。组织文化是组织成员在价值观上的共识和行为习惯上的一致，贯穿于组织的全部活动，影响组织的全部工作，决定组织中全体成员的精神面貌以及整个组织的素质、行为和竞争能力。所以，我们需要对组织文化有一个基本的概念，帮助我们更好地理解这种现象。

组织文化是指组织在长期发展中形成的，组织成员共有的并贯彻于日常行为的价值观。从一个组织诞生的那一天起，组织成员在长期的共同活动中，必然会形成一些独特的行为方式和风俗习惯，以及蕴藏其中的独特的价值观念。这样的价值观念无时无刻不在影响着组织成员开展工作的风格、组织成员的行为、组织成员对事务的理解与看法。

> **科普知识**
>
> 宗教是一种特殊的组织文化形式，宗教是社会发展到一定历史阶段出现的一种文化现象，属于社会特殊意识形态。从组织行为学的角度来讲，宗教是一种组织，宗教组织有着特殊的组织结构，由具有相同信仰的众多个体组成，形成一个群体或团体。宗教有着很强的组织文化，宗教组织文化非常严密，宗教组织的成员都有着相同的信仰，也就是共同的宗教信念。必须严格且自觉地遵守组织中的各种规范制度，宗教的组织文化使宗教成为一种文化。

二、组织文化的层次

组织文化常分为三个层次，即：观念层、制度层、物质层。

（一）观念层面

观念层面上是组织文化的核心和主体，是形成制度层及物质层的基础和原因。是组织的管理层及执行层共同信守的基本观念、价值标准、职业道德及精神风貌。一个组织中，观念层面对组织文化的发展起主导作用。

具体来说，观念层可分为组织最高目标、组织核心价值观、组织哲学、组织精神、组织风气、组织道德、组织宗旨这7个方面。这7个方面是一个组织核心价值观的最重要体现。

组织最高目标：组织的最高目标是组织所有成员的共同追求。是组织共同价值观的集中体现。共同的目标是任何一个优秀组织所必需的要素，是组织凝聚起来的根本动力。组织的最高目标反映了组织领导者和成员的追求层次和理想抱负，是组织文化建设的出发点和归宿。优秀的领导者可以将组织的最高目标与组织成员的个人目标充分融合，以此充分调动各组织成员的积极性、主动性和创造性，实现组织的健康快速发展。

组织核心价值观：简单来说，组织的核心价值观是组织成员判断事物时所依据的是非标准，遵循的行为准则。以企业为例，一个企业的核心价值观是解决企业在发展中如何处理内外矛盾的一系列准则，如企业对市场、对客户、对成员等的看法或态度，它影响与表明企业如何生存的立场。组织的核心价值观是组织存在和发展的基本动力，也是这一组织区别于其他组织的主要特征。

组织哲学：组织哲学是组织领导者为实现组织目标而在整个管理活动中的基本信念，是组织领导者对组织长远发展目标、发展战略和策略的哲学思考。组织哲学是组织发展过程中遇到的一切问题的基本思维模式和方法，其形成由组织所处的社会环境决定，并受组织领导者思想方法、政策水平、实践经验、个人素质等因素的影响。

组织精神：组织精神是一个组织的灵魂，是组织成员在组织活动过程中逐步形成的具有共性的思想观念。组织精神是组织有意识地提倡、培养成员群体的精神风貌，是对组织现有的观念意识、传统习惯、行为方式中的积极因素进行总结、提炼及倡导的结果。

组织风气：组织风气是约定俗成的行为规范，是组织文化在成员的思想作风、传统习惯、工作方式、生活方式等方面的综合反映。组织风气是组织价值观的直观表现，人们可以通过组织成员的言谈举止感受组织风气的存在，并体会出该组织的价值取向。一般来说，组织风气具有潜移默化的影响作用、规范作用、筛选作用及凝聚作用。

组织道德：组织道德是指在特定的组织内，人们共同生活及其行为的伦理准则和道德规范。组织道德是组织文化的基石，是组织文化运作的平台。其作为组织文化的重要内容，对组织和社会有着重要的作用，如有利于塑造良好的组织形象，有助于形成健康的组织气候，有利于组织的生产活动等。例如企业中常以诚信作为经营的基本准则，这便是组织道德的体现。

组织宗旨：组织宗旨是指组织处理与利益相关者关系的根本指导思想，及其相应的社会承诺。明确的组织宗旨，有关键性的作用。没有具体的宗旨，要制定清晰的目标和战略实际上是不可能的。此外，一个组织的宗旨不仅要在创业之初加以明确，而且在遇到困难或繁荣昌盛之时，也必须经常再予确认。

（二）制度层

制度是组织规定的行为规范，它约束组织成员的行为，维持组织活动的正常秩序。制度层既是组织成员的意识与观念形态的反映，又是由一定物的形式所构成。同时，制度层还具有组织文化的中介性质，表现在它是精神和物质的中介。制度既是适应物质文化的固定形式，又是塑造精神文化的主要机制和载体。正是由于制度文化的这种中介的固定、传递功能，它对组织文化的建设具有重要作用。制度层一般包括以下几个方面：

一般制度：各组织存在的一些带有普遍意义的工作制度和管理制度以各种责任制度。一般制度普遍以成文的方式存在，对组织成员的行为起着约束作用，保证组织有序运转。例如，公司中考勤、考核制度；董事会制度、理事会制度、岗位负责制、财务管理制度等。

特殊制度：组织特有的一些非程序化的制度。特殊制度是指组织自身所特有的用以约束自身活动的制度，是组织文化个性特色的体现。与一般制度相比，组织的特殊制度更能体现组织文化观念层的特点。

组织风俗：是组织内部长期积淀、约定成俗的一些特殊典礼、仪式、风俗、节目、活动等特殊制度层范畴。组织风俗一般不会有明文规定，类似于生日活动、周五聚餐、集体婚礼等都属于组织风俗范围。

（三）物质层

物质层叫作组织文化中的物质文化，是指由组织成员创造的产品和各种物质设施等构成的器物文化，是一种以物质形态为主要研究对象的表层组织文化。

物质层包括组织名称、标识、厂服、产品样式、广告语、口号和包装、设备特色、建筑风格等等表现形式。另外，组织文化的传播工具：组织内部的报纸、刊物、广播、闭路电视、内部网络媒体、"企业文化册"等是符号层的重要组成部分。

相对观念层而言，它是容易看见、容易改变，是核心价值观的外在体现。组织物质文化是组织文化的表层部分，它是组织创造的组织的物质文化，是一种以物质形态为主要研究对象的表层组织文化，是形成组织文化观念层和制度层的条件。优秀的组织文化是通过重视产品的开发、服务的质量、产品的信誉和组织生产环境、生活环境、文化设施等物质现象来体现的。

第二节 组织文化的作用

文化因素对组织的生存和发展具有重要的影响和巨大的意义。组织文化作为组织成员的共同价值观念一旦形成，就会产生一种思维定势，必然对成员具有强烈的感召力。同时。组织文化还是组织形象和品牌的重要内涵，是组织与社会交往的名片，与对手竞争的软实力。具体来言，组织文化主要有以下作用。

一、导向作用

组织文化是一种价值取向，可以引导组织的态度和行为。组织提倡什么，抵制什么，组织成员的注意力也就转向什么。这种功能往往在组织文化形成的初期就已经存在，并将长期地引导组织成员始终不渝地为实现组织的目标而努力。组织的领导者和成员是组织的主体，因此，组织文化对领导和成员具有导向作用。组织文化主要从三个方面发挥导向功能：

第一，通过价值观发挥导向功能。组织文化的核心是价值观，组织文化的第一任务也即是影响和引导所有成员的价值观，让组织成员自觉自愿地与组织保持一致。成功的组织文化可以把组织的价值取向变成成员的价值取向，潜移默化地改变成员态度，从而引导成员行为。

第二，通过目标发挥导向功能。在特定的组织文化下，会形成特定的目标，这些目标既是为了符合外界环境的需要，更是为了符合组织内在的需要。由于成员认同组织的文化，也会认同与文化相一致的目标。当组织目标与成员目标相一致时，成员在实现组织目标的同时，也实现了个人目标，因而具有强烈的动机努力工作。

第三，通过行为规范发挥导向功能。为了落实价值观、实现目标，需要更为具体的行为规范。行为规范是组织文化的重要组成，它更加详细地引导成员应该如何行动，从具体层面，或者说从细节上体现组织特有的文化。行为规范可以帮助成员理解组织文化，更能让成员从行动上实现组织文化。

组织文化的导向功能具有自发性，也具有强制性。

第一，组织文化必然得到大多数成员的认同，使他们在很多方面达成共识。由于对事物的看法比较一致，成员的态度与行为自然而然地符合组织需要。内心的认同，驱使人们产生期望的行动，这是组织文化不同于其他管理手段的重要特点，因而它具有更加强烈的引导作用。

第二，组织文化的引导功能也具有强制性，这往往被多数人所忽视。文化不同于权威命令，不是必须执行、必须服从，相反，具有更多的弹性。但是，组织文化一旦形成，就会建立起一套价值体系和规范标准，可以从某种程度上引导成员行为。当成员的态度和行为与组织文化出现悖逆情况时，成员发现自己无形中与其他成员和组织对立，不得不承受巨大的心理压力，在这种压力的驱使下，成员不得不改变行为。此时，强制的导向功能发挥作用，也就是说，不管成员内心是否认同文化，但他会尽可能地表现出符合文化需要的行为，避免落入孤立的境地。

二、规范作用

规章制度构成组织的硬约束，而组织道德、组织风气则构成组织成员的软约束。无论何种规范，都以组织价值观作为基础。一旦共同信念在组织成员心里形成一种定式，并构建一种响应机制，只要外部诱导信号发生，即可得到积极的响应，并迅速转化为预期的行为。

在一个特定的组织文化氛围中，组织文化可以起到有效的规范作用。组织文化的规范功能主要体现在如下三个方面：（1）组织文化能够规范、统一组织的外部形象；（2）组织文化能够规范公司的组织制度，让成员行为规范化；（3）可以让组织的全体成员产生一致的精神信仰，把个人和组织的发展目标进行有效的结合。组织文化的规范功能是通过成员自身感受而产生的认同心理过程而实现的，它不同于外部的强制机制，组织文化通过成员的内省，产生一种自律意识，从而自我遵守组织管理的各种规定，例如厂规、厂纪等。自律意识比强制机制有优势的地方在于成员是心甘情愿地接受无形的、非正式的和不成文的行为准则，自觉地接受组织文化的规范和约束，并按照价值观念的指导进行自我管理和控制。

三、凝聚作用

组织是将一群人以某种方式结合在一起，因而组织本身就有凝聚作用。但是，这是表面的凝聚，人们为了某种利益而甘愿加入到组织中，而并不意味着人们是发自内心地视组织为自己的归宿。虽然在名义上归属某个组织，在行动上也是在为组织服务，然而是否是发自内心的全心全意服务，其绩效差异是非常巨大的。组织文化具有凝聚功能，可以产生强烈的向心力，使成员真正地融入组织中。

为何组织文化具有其他管理手段无法比拟的凝聚作用？通过分析发现，组织文化可以充分满足马斯洛需求层次理论中的两大需要，即交往需要和自我实现需要。

首先，人具有交往需要，希望得到友爱、融入某些集体。除了家庭以外，工作单位是人们最主要参与的组织，每天有相当一部分时间在单位工作，与身边的同事交往。从内在需要来讲，人们希望能成为组织的一员，得到组织的认可，与同事愉快地交往。组织有明确的目标，过于刚性，而组织文化恰恰能迎合人性需要。通过组织文化，可以加强人们的归属感，可以调和人际关系。

其次，人有追求自我实现的需要。自我实现需要是一种使自己成为理想的人、完成与自己最大能力相称的工作的需要，是人的最高追求。工作是实现自我价值的途径，可以在工作中发挥最大的能力，可以通过工作达到个人目的。然而当个人目标与组织目标不相符时，个人的发展就会受到局限，最终另谋高就。组织文化具有同化作用，可以让人们建立共同的价值观、共同的目标，在长期熏陶下，成员会将工作作为事业，把组织当成实现自己理想的地方。一旦被认为可以在组织中得到自我实现，那将激发成员最大的潜能。

四、激励作用

组织文化的激励作用是指组织文化本身所具有的通过各组成要素来激发成员动机与潜在的作用，它属于精神激励的范畴。具体来说，组织文化能够满足成员的精神需要，调动成员的精神力量，使他们产生归属感、自尊感和成就感，从而充分发挥他们的巨大潜力。组织文化能够对成员产生激励作用，其原因主要是：首先，优良的组织文化能够为成员提供一个好的组织环境。如果一个组织拥有良好的组织文化，那么它内部人际环境就比较和谐。成员能够以良好的心态进行工作，各种纠纷比较少，工作绩效自然提高。其次，优良的组织文化能够满足成员的精神需求，起到精神激励的作用。美国心理学家赫兹伯格认为，只有从人的内部进行激励才能真正调动人的积极性，恰当的精神激励比许多物质激励更有效、更持久。组织文化能够综合发挥目标激励、奖惩激励等多种激励手段的作用,从而有效激发出企业内部各部门和成员的积极性。

激励是指激发人的行为动机的心理过程,通过各种客观因素的刺激,引发和增强人的行为的内驱力,从而把外部的刺激内化为个人自觉的行动。根据强化理论,人的行为是对外部环境刺激所做的反应,只要控制行为的后果,就可控制人的行为。可以通过三种强化手段达到激励的作用,这三种手段是正强化、负强化和消退强化。正强化是肯定和奖赏以加强行为,负强化是否定和惩罚以消除行为,消退强化是不予理睬让其自动终止行为。因此,激励并非仅指积极的一面,还包括消极的一面,即不仅激发正确行为,还限制错误行动。所以,约束功能是激励功能的一部分。

组织文化可以从正面激发成员。随着管理研究的深入,人的作用越来越受到重视。组织文化即是以人为中心,关心人、尊重人、理解人、重视人,因此文化本身就有激励作用。同时,很多激励手段都需要通过组织文化得以实现,比如信任激励、感情激励、宣泄激励、目标激励、参与激励、尊重激励、宽容激励、榜样激励等,这些激励方法必须通过组织文化才能得到充分的实施。绝大多数激励方法与组织文化结合后,可以显著地扩大激励效果。

组织文化可以从负面约束成员。约束功能也被称为规范功能,组织文化可以通过刚性约束和柔性约束达到规范人们行为的目的。首先,规章制度是组织文化的体现,它明确地告诉成员该做什么、怎么做、以什么为标准等,可以具体地规范成员行为。规章制度具有强制性,如果违反,将会受到批评、警告、扣薪、降职、解雇等处罚。其次,道德规范是组织文化的再现,它通过影响成员的思想来约束成员行为。道德规范没有强制性,但却更强烈地影响成员所为,因为如果行为不被组织认同,一方面因思与行不同而自责,一方面还要承受舆论压力。内心的折磨远甚于外在的惩罚,因此,组织文化可以通过有形无形的手段约束成员。

五、整合作用

任何组织都有许多资源,如人力资源、物力资源、财力资源、知识资源、社会资源等。但要形成竞争优势,就必须将这些资源进行有效地整合,形成强大的合力。而文化则是整合这些资源最有力的工具。用共同的核心价值、经营理念、管理理念去整合组织的有限资源,往往可以获得最大的综合效果。

具体来说,组织文化的整合功能就是指,组织文化可以强化成员之间的合作、信任和团结,培养亲近感、信任感和归属感,从而促进组织内部各个部门、个体与个体之间、个体与群体之间、群体与组织之间、成员与组织之间的有机配合。

在同一个组织、部门间的冲突时有发生,这是一个普遍存在的现象。部门之间的矛盾往往起因有二,一是因为各部门的利益不同,二是部门间相互不理解。事实上,这两点都可通过组织文化解决。首先,利益不同仅仅是部门间的局部利益不同,但是,大家的共同利益是一致的,也就是组织的整体利益。只有企业赢利,部门才能跟着获利,组织文化恰恰能让所有的部门认识到这一点。也就是说,当各部门具有相同的价值观,从更高的层面来认识企业时,才能舍小利保大利、舍近利求远利,相互协调,追求整体利益。其次,由于从事的具体工作不同,部门间往往互不理解，只想到对方不支持自己工作，而不考虑兄弟部门的困难。组织文化不但可以让大家在思想上更接近，还能培育一种相互理解的氛围，减少部门摩擦。

六、辐射作用

组织文化是社会文化的重要组成部分，是不可或缺的子文化。社会文化是一个大系统，直接影响和决定着组织文化的主要方面；但是，组织文化也有反作用，也可以影响社会文化。有人戏言，抽着万宝路、喝着可口可乐就是美国人。可见，当一个公司的组织文化非常强大时，丝毫不能忽视它对社会文化的影响。

组织文化不仅可以影响组织内部，还可影响外部环境，当发挥后者作用时，就被称为组织文化的辐射功能，也被称为扩散功能和外部功能。组织文化主要通过三条途径向外部辐射，即通过产品、通过成员、通过宣传。

产品是提供给市场，用于满足人们某种欲望和需要的事物，它包含了实物、服务、场所、组织观念等内容。作为组织与社会联系的重要载体，产品凝聚了组织的各种理念，如生产观、资源观、技术观、品牌观、决策观、审美观、服务观、营销观等等，几乎所有的企业理念都会最终体现在产品上。当客户接触和使用产品时，他能通过产品感受到公司的文化，并潜移默化地受其感染。

成员是组织的成员，他们更能理解和传递组织文化。成员是组织文化的创造者，也是组织文化的实施者，长期熏陶的结果，会使他们的一言一行打上特有文化的烙印。同样背景的两个人，当他们在不同的公司中工作一段时间后，能明显地感到他们的差异。成员在工作中待人接物，在生活中与人相处，都会不自主地将这种文化气息带给身边的人。

宣传工作是企业的一项重要工作，它是企业与社会沟通的途径。通过宣传，企业可以树立形象，扩大影响。张裕集团的"爱国、敬业、优质、争雄"精神，同仁堂的"德、诚、信"理念、海尔的斜坡球体论等。这些组织文化通过各种媒介向外宣传，目的是让社会理解企业，从而进一步接受产品。然而这些文化的传播不仅让公众理解企业，更是渗透进社会文化系统中。

第三节　影响组织文化的因素

一、民族文化作用

组织文化是这个组织所在国家的文化组成部分，能够折射出一个时代，一个国家的一定时期、一个民族、一个地域的经济与文化特征，一个国家企业文化的特点实际就代表这个国家民族文化的特点。

具体来说，组织文化的构成主题是人，作为组织文化主体——组织全体员工，同时又是作为社会成员存在，长期受到社会民族文化的熏陶，并在这种文化氛围中成长。员工在进入组织后，不仅会把自身所受的民族文化影响带进来，而且由于其作为社会人的性质并没有改变，他们将继续受到社会民族文化传统的影响，因此要把组织管理好，就不能忽视民族文化对组织文化的影响。

组织文化是一个国家的微观组织文化，每个组织都在特定的环境中生存与发展,所面临的历史阶段、发展程度,以及本身固有的文化积淀都不相同。组织在一定的时空条件下产生、生存与发展,组织的现象本身就是当时社会政治、经济、文化的折射,组织本身就是创造历史的载体。社会经济的发展催生了组织的产生,并进而伴随着社会生产力的发展而壮大;与之相对应,组织文化也在这个过程中不断发展而日趋完善。

美国和日本分别代表两种不同的文化类型,美国文化的主要内容是强调个人价值,追求民主自由,崇尚开拓和竞争,讲求理性和实用,其核心是个人中心主义:个人至上、追求个人利益,强调通过个人奋斗、个人自我设计,追求个人价值的最终实现。这种刻意塑造自我,追求个性化的个人主义有其积极的意义,它调动了个人的积极性,使许多人的智慧和潜力得以充分发挥,从而促进整个民族与国家的振兴和发展。日本文化具有一定的复杂性,但是以东方文化为主。这种民族文化的差异使得组织上的差异也比较明显。如表7-1所示。

美国与日本在组织管理上的比较　　　　　表7-1

比较点	日本式	美国式
基本的雇佣制度	终生雇佣	短期雇佣
组织的决策制度	共识式集体决策	个人决策
责任制	集体负责	个人负责
考评与晋升	缓慢的考评和晋升	快速的考评和晋升
控制机制	暗示的控制	明示的控制
成员培养与职业途径	"通才型"	"专才型"
成员关心	全面关心	部分关心

二、制度文化因素

制度文化是人类为了自身生存、社会发展的需要而主动创制出来的有组织的规范体系。主要包括国家的行政管理体制、人才培养选拔制度、法律制度和民间的礼仪俗规等内容,是文化层次理论要素之一。所谓文化层次理论包括精神文化、物质文化、制度文化。制度文化是人类在物质生产过程中所结成的各种社会关系的总和。社会的法律制度、政治制度、经济制度以及人与人之间的各种关系准则等,都是制度文化的反映。由于社会制度不同,在不同的国家生存的组织所形成的组织文化也有所差异。例如,欧美国家的公司法律意识较强,而中国公司的人治色彩较重,欧美国家的公司往往求助于立法与竞争对手抗衡,而中国公司则把大量的时间跟精力消耗在各种人际关系的营造活动之中。

三、外来文化因素

外来文化的影响也是影响组织文化不可忽视的一环,严格来说,从其他国家、民族、其他地区、其他行业、其他组织引进的文化都可以归为外来文化的影响。在全球化的今天,与外界的交流不断拓展,外来文化对组织文化的影响越来越多。改革开放以来,我国政府、学校、企业及各类组织都从西方发达国家学到了许多东西,从先进的科学技术到市场体制下的管理规律、管理经验,以及先进外国组织的大学文化、企业文化都逐渐变成了自身文化的组成部分。可以说是,当前的中国,各级各类组织都不同程度地接受了外来文化的影响。

四、组织传统因素

组织文化是一个不断传承、不断发展的过程,因此,传统组织文化或多或少都会对现在的组织文化产生影响,一般来说,传统组织文化是不断积累,不断积淀的结果,有一个取其精华去其糟粕的过程。传统文化往往最具生命力,最能代表一个组织发展成长的最本质特点。因此,对于组织的传统文化,我们更应该加以重视。

五、个人文化因素

个人文化因素指的是组织的领导者和组织成员的思想素质、文化素质和技术素质对组织文化的影响。由于组织文化是组织全体成员在长期的生产经营活动中培育形成并共同遵守的最高目标、价值标准、基本信念及行为习惯,因此组织成员的文化水平、个人素质就制约着整个组织的文化基调。集体来说,个人文化的影响因素分为两个层面,一个是组织领导者对组织文化的影响,领导者的管理水平、人格魅力、文化水平对一个组织来说起着重要的引领作用。因此组织领导者的表率作用十分重要。另一个是组织成员对整个组织文化的影响,例如组织先进个人、十佳员工等,他们的示范作用在组织文化建设中也发挥着不可替代的作用。

第四节 组织文化与成员激励

一、人性假设与组织管理模式

中国古代人性假设:中国古代的人性管理学说分为两类,一类是性可塑说;性可塑说又分为性善可塑论、性纯可塑论、善恶混合论、性恶可塑论,值得一提的是法家思想、儒家思想都属于性可塑说;另一类是性不可塑说,认为人性淳朴、自然,讲究无为而治,是道家思想。

西方人性假设理论的发展:西方人性假设理论最早由 20 世纪初的"经济人"假设,霍桑试验之后意识到完全的"经济人"是不存在的,于是便有了"社会人"假设,慢慢发展,逐渐演变出"自我实现人"假设及"复杂人"假设。西方人性假设的发展历史如图 7-1 所示。

(一)"经济人"假设

"经济人"假设诞生于早期管理学阶段。认为"经济人"就是以完全追求物质利益为目的而进行经济活动的主体,每个人都以自身经济利益的最大化为目标,工作目的只是为了获得经济报酬。这是古典管理理论对人的看法。美国工业心理学家麦格雷戈在他的《企业中的人性方面》(1960)一书中,提出了两种

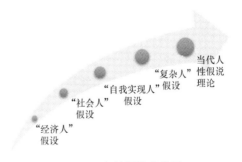

图 7-1 人性假设的发展

对立的管理理论:X 理论和 Y 理论。麦氏主张 Y 理论,反对 X 理论。而 X 理论就是对"经济人"假设的概括。X 理论的基本观点如下:①多数人天生是懒惰的,他们都尽可能逃避工作。②多数人都没有雄心大志,不愿负任何责任,而心甘情愿

受别人的指导。③多数人的个人目标都是与组织目标相矛盾的，必须用强制、惩罚的办法，才能够使他们为达到组织的目标而工作。④多数人干工作都是为满足基本的生理需要和安全需要，因此，只有金钱和地位才能鼓励他们努力工作。⑤人大致可分为两类，多数人都是符合于上述设想的人，另一类是能够自己鼓励自己，能够克制感情冲动的人，这些人应负起管理的责任。

因此，运用"经济人"理论所进行的管理活动应该是以经济利益为驱动力的。管理工作重点在于提高生产率、完成生产任务，而对于人的感情和道义上应负的责任，则是无关紧要的。管理工作只是少数人的事，与广大工人群众无关。在奖励制度方面，主要是用金钱来刺激工人产生积极性，同时对消极怠工者采用严厉的惩罚措施，即："胡萝卜加大棒"的政策。

（二）"社会人"假设

"社会人"假设认为在社会上活动的员工不是各自孤立存在的，而是作为某一个群体的一员有所归属的"社会人"，是社会存在。人具有社会性的需求，人与人之间的关系和组织的归属感比经济报酬更能激励人的行为。"社会人"不仅有追求收入的动机和需求，他在生活工作中还需要得到友谊、安全、尊重和归属等。因此，"社会人"的假定为管理实践开辟了新的方向。这种假设认为人不但有经济方面和物质方面的需求需要得到满足，更重要的是人有社会方面和心理方面的需求需要得到满足。正是基于对人的本性的这种认识，人际关系学说认为，要调动职工的积极性，就应该使职工的社会和心理方面的需求得到满足。因此，基于"社会人"假设建立起来的人际关系学说正好是从与科学管理理论相反的角度研究如何提高企业的生产效率的问题。所以说，人际关系学说的提出，完全改变了管理理论发展的进程。

基于"社会人"假设理论，人们认为：

（1）管理人员不应只注意完成生产任务，而应把注意的重点放在关心人和满足人的需要上。

（2）管理人员不能只注意指挥、监督、计划、控制和组织等，而更应重视职工之间的关系，培养和形成职工的归属感和整体感。

（3）在实际奖励时，提倡集体的奖励制度，而不主张个人奖励制度。

（三）"自我实现人"假设

"自我实现人"假设的概念是马斯洛提出来的。马斯洛认为，人类需要的最高层次就是自我实现。所谓自我实现，指的是人都需要发挥自己的潜力，表现自己的才能，只有人的潜力充分发挥出来，人的才能充分表现出来，人才会感到最大的满足。

马斯洛提出的自我实现人的需要是与他的人性观密切相关的。在他的心目中，最理想的人就是"自我实现人"。但他也承认，在现实中这种人是极少数。多数人所以达不到"自我实现人"的水平，是因为受到社会环境的束缚。

基于自我实现人性假设，管理措施也从根本上开始转变，可以概括为以下四个方面：

1. 管理重点的改变

把管理的重点从人的身上转移到工作环境上，即创造一种适宜的工作环境、工作条件，使人在这种环境条件下，能充分挖掘自己的潜力，充分发挥自己的才能，也就是说，能够充分的自我实现。

2. 管理人员职能的改变

管理者的职能既不是生产指导者，也不是人际关系的协调者，而是一个采访者，他们的主要任务在于如何发挥人的才智，创造适宜的条件，减少和消除职工自我实现过程中所遇到的障碍。

3. 奖励方式的改变

将奖励方式分为两类：一类是外在奖励（物质奖励），如工资，提升等；一类是内在奖励（精神奖励），即在工作中使人能增长知识和才干，发挥自己的潜力。只有内在奖励才能满足人的自尊和自我实现的需要，从而极大地调动起职工的积极性。

4. 管理制度的改变

管理制度应保证职工能充分地表露自己的才能，达到自己所希望的成就。

(四)"复杂人"假设

"复杂人"是20世纪60年代末至70年代初提出的假设。"复杂人"的含义有以下两个方面：

其一，就个体人而言，其需要和潜力会随着年龄的增长，知识的增加，地位的改变，环境的改变以及人与人之间关系的改变而各不相同。

其二，就群体的人而言，人与人是有差异的。因此，无论是"经济人"、"社会人"，还是"自我实现人"的假设，虽然各有其合理性的一面，但并不适用于一切人。

基于"复杂人"假设，管理方法也呈现出多样性的特点。

(1) 人的需要是多种多样的，而且这些需要随着人的发展和生活条件的变化而发生变化。每个人的需要都各不相同，需要的层次也因人而异。

(2) 人在同一时间内有各种需要和动机，它们会发生相互作用并结合为统一整体，形成错综复杂的动机模式。例如，两个人都想得到高额奖金，但他们的动机可能很不相同。一个可能是要改善家庭的生活条件，另一个可能把高额奖金看成是达到技术熟练的标志。

(3) 人在组织中的工作和生活条件是不断变化的，因此会不断产生新的需要和动机。这就是说，在人生活的某一特定时期，动机模式的形式是内部需要与外界环境相互作用的结果。

(4) 一个人在不同单位或同一单位的不同部门工作，会产生不同的需要。例如，一个人在工作单位可能落落寡合，但在业余活动或非正式群体中却可使交往的需要得以满足。

(5) 由于人的需要不同，能力各异，对于不同的管理方式会有不同的反应。因此，没有一套适合于任何时代、任何组织和任何个人的普遍行之有效的管理方法。

二、激励理论与组织文化建设

激励理论：激励理论是指通过特定的方法与管理体系，将员工对组织及工作的承诺最大化的过程。激励理论又分为内容激励理论和过程激励理论。

内容激励理论：所谓内容型激励理论，是指针对激励的原因与起激励作用的因素的具体内容进行研究的理论。这种理论着眼于满足人们需要的内容，即：人们需要什么就满足什么，从而激起人们的动机。内容激励理论主要包括：马斯洛的"需求层次论"、赫茨伯格的"双因素论"和麦克利兰的"成就需要激励理论"、奥尔德弗的《ERG理论》等。

以赫茨伯格的"双因素论"为例，以双因素理论进行管理时，应该XY两方面分别设定不同的管理方法，基于X理论，管理者可以从工资体系、工作环境、政策与管理制度、工作监督等方面，落实管理目标，并防止职工产生不满情绪。基于Y理论，则可以给员工更多的赏识、给予更多的提升空间、让员工获得更多的工作上的成就。激励员工的工作热情。

过程型激励理论：过程型激励理论重点研究从动机的产生到采取行动的心理过程。主要包括弗鲁姆的"期望理论"、豪斯的"激励力量理论"、洛克的"目标激励理论"和亚当斯的"公平理论"等。

期望理论：这是心理学家维克多·弗罗姆（Victor H. Vroom）提出的理论。期望理论认为，人们之所以采取某种行为，是因为他觉得这种行为可以有把握地达到某种结果，并且这种结果对他有足够的价值。换言之，动机激励水平取决于人们认为在多大程度上可以期望达到预计的结果，以及人们判断自己的努力对于个人需要的满足是否有意义。

公平理论：公平理论又称社会比较理论，它是美国行为科学家亚当斯（J. S. Adams）提出来的一种激励理论。该理论侧重于研究工资报酬分配的合理性、公平性及其对职工生产积极性的影响。

因此在进行组织文化建设的时候，首先要分析组织成员的需求，根据相应的需求给予相应的激励措施。如图7-2所示。

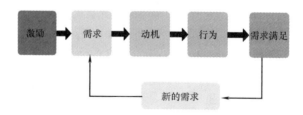

图7-2　需求、激励与行为的关系

三、激励模式与组织文化

这种模式的具体内容是，一个人在做出了成绩后，得到两类报酬。一是外在报酬，包括工资、地位、提升、安全感等。按照马斯洛需求层次理论，外在报酬往往满足的是一些低层次的需要。由于一个人的成绩，特别是非定量化的成绩往往难于精确衡量，而工资、地位、提升等报酬的取得也包含多种因素的考虑，不完全取决于个人成绩，所以在图中用了一条曲折的线把成绩与外在报酬联系起来，表示二者并非直接的、必然的因果关系。另一种报酬是内在报酬。即一个人由于工作成绩良好而给予自己的报酬，如感到对社会做出了贡献，对自我存在意义及能力的肯定等等。它对应的是一些高层次的需要的满足，而且与工作成绩是直接相关的，是不是"内在报酬"与"外在报酬"就可以决定是否"满足"呢？答案是否定的。我们注意到，在其间必然要经过"所理解的公正报酬"来调节。也就是说，一个人要把自己所得到的报酬同自己认为应该得到的报酬相比较。如果他认为相符合，他就会感到满足，并激励他以后更好地努力。如果他认为自己得到的报酬低于"所理解的公正报酬"，那么，即使事实上他得到的报酬量并不少，他也会感到不满足，甚至失落，从而影响他以后的努力。

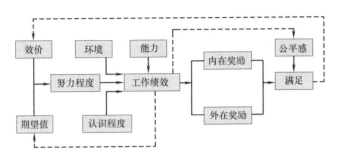

图 7-3 波特—劳勒期望激励理论

波特—劳勒期望激励理论在 20 世纪 60～70 年代是非常有影响的激励理论，在今天看来仍有相当的现实意义（图 7-3）。它告诉我们，不要以为设置了激励目标、采取了激励手段，就一定能获得所需的行动和努力，并使员工满意。要形成激励→努力→绩效→奖励→满足并从满足回馈努力这样的良性循环，取决于奖励内容、奖惩制度、组织分工、目标导向行动的设置、管理水平、考核的公正性、领导作风及个人心理期望等多种综合性因素。

管理者必须将努力业绩、报酬、满足这个连锁过程贯彻到知识型员工的激励过程中去，形成促进他们积极行为的良性循环。根据波特—劳勒综合激励模型，可以确定激励体系主要有这样几个激励因子：报酬、期望值、能力和对工作的认识。因此，我们可以得出知识型员工的激励策略包括：报酬激励、精神激励和工作激励。不同的激励策略中又有各种激励方式，对知识型员工真正有效的激励方法是从员工的特点出发，进行各种激励方式的有效选择及其组合。只有这样才能更为有效地激励知识型员工，做到人尽其才，人尽其位。下面我们来探讨一下各种不同激励策略中的激励方式。

（一）报酬激励

金钱激励。金钱需要始终是人类的第一需要，是人们从事一切社会活动的基本保证，所以，金钱激励是激励的主要形式，如采取发放鼓励性报酬、奖金、公司支付保险金，或在做出成绩时给予奖励。

金钱激励必须公正，一个人对他所得的报酬是否满意不是只看其绝对值，而要进行社会比较或历史比较，通过相对比较，判断自己是否受到了公平对待，金钱激励是否公正会影响员工的情绪和工作态度，比如山东兖煤集团将工资薪酬重新进行分配，向知识型员工进行倾斜，仅提高 15% 的工资开支就得到了 30% 的生产效率的提高。

股权激励。股票期权是分配制度的一种创新,股权激励是最富成效的激励制度之一,而股票期权作为股权激励的典型方式在国外也已取得了很大的成功。知识型员工只有在增加股东财富的前提下才可同时获得收益,从而与股东形成了利益共同体,这种"资本剩余索取权"驱动知识型员工不断努力提高公司业绩,最终达到双赢的局面。股票期权计划对企业的知识型员工具有两个方面的激励作用"报酬激励"和"所有权激励"。股票期权的报酬激励是在知识型员工购买企业股票之前发挥作用的,在股票期权计划下,如果公司经营得好,公司的股票价格就会上涨,知识型员工就可以通过先前股票期权计划所赋予的权利,以既定的较低的价格购买既定数量的公司股票而获得可观收益。而如果经营得不好的话,公司股票价格就会下跌,知识型员工就会放弃期权以免遭受损失。

(二) 工作激励

充分放权。知识型员工一般具有以下3个特征:一是具有较强的自主性,他们不仅不愿受制于物,而且无法忍受上级的遥控指挥,他们更强调工作中的自我引导;二是他们往往比管理者更加专业,他们对自己的工作比管理者掌握得更多,更有能力做出正确的决策;三是下放决策权是满足知识员工被委以重任的成就感的需要,使他们对工作抱有更大的热情。因此,管理者不应独揽大权,阻碍知识员工发挥专长,否则不仅会扼杀知识员工的创意和才能,而且会扼杀知识员工的工作积极性。我国的华为与中兴通讯两家高技术公司就是因为充分放权而使其人才流动率始终低于5%。

(三) 推行弹性工作制

知识型员工不愿受制于一些刻板的工作形式,如固定的工作时间和固定的工作场所,而更喜欢独自工作的自由和刺激,以及更具张力的工作安排,由于他们从事的是思维性的工作,固定的工作时间和工作场所可能会限制他们的创新能力,因此,应制定弹性工作制,在核心工作时间与工作地点之外,允许知识员工调整自己的工作时间及地点以把个人需要和工作要求之间的矛盾降至最小。事实上,现代信息技术的发展和办公手段的完善也正为弹性工作制的实施提供了有利条件。

(四) 工作富有挑战性

知识型员工一般并不满足于被动地完成一般性事务,而是尽力追求完美的结果,因此,他们更热衷于具有挑战性的工作,把克服难关看作一种乐趣,一种体现自我价值的方式,要使工作富有挑战性,除了下放决策权外,还可以通过工作轮换和工作丰富化来实现。联想集团就有"小马拉大车"的用人理论。

(五) 为员工提供学习、培训机会

为知识型员工提供学习培训的机会,重视员工的个体成长和事业发展。知识型员工更关心自己的利益和价值,当生活有保障之后,他们会追求更高层次的自我超越和自我完善,所以,企业除为知识型员工提供一份与贡献相称的报酬外,还应立足长远,制定员工培训计划,为知识型员工提供受教育和不断提高自身技能的学习机会,使其永不落后。

(六) 双重职业途径激励法

在知识型员工当中,一部分人希望通过努力晋升为管理者,另一部分人却只想在专业上获得提升。因此，组织应该采用双重职业途径的方法，来满足不同价值观员工的需求，但必须使每个层次上的报酬相对平等。微软公司就有采用双重职业途径获得成功的典型案例。一方面，微软公司将技术过硬的技术人员推到管理者岗位上，另一方面，对于那些只想待在本专业最高位置而不愿担负管理责任的开发员、测试员和程序员，微软公司就在技术部门建立正规的技术升迁途径，设立起"技术级别"，承认他们并给予他们相当于一般管理者的报酬。

第五节 组织文化建设的步骤

组织文化的建设具有长期性、渐进性，是一个滚动式发展的过程，非常适合按照 PDCA 管理循环方法来构建。

一、组织文化分析（Plan）

评估既有组织文化，在组织文化建设初期，要有效地评估既存文化，使领导者能合理地吸收现存文化的精华和优良的传统与作风，从而科学地建设组织文化。组织文化的评估可以从组织目标、组织结构、决策方式、工作作风、报酬制度、员工士气、人际关系、外交态度、物质环境九个方面来考虑。

进行文化评估的具体方法是文化盘点，是通过深入的调查研究，把组织目前现实存在的文化一一搞清——组织的上层在想什么、中层在想什么、基层员工在想什么，他们对组织目标的认同程度如何，他们对现存文化的看法和态度，员工需要层次和需要结构，组织信任的程度如何，组织的社会形象等等方面的内容。

文化盘点的方法主要有访谈、座谈、问卷调查和典型案例解剖等。从调查主体而言，一种是由组织内部人进行调查，一种是请组织外人员进行调查。最终成果是"组织文化现状调研报告"。

二、组织文化设计（Design）

（一）明确组织文化建设目标

组织目标是组织所有成员的共同追求，是组织共同价值观的集中体现。共同的目标是任何一个优秀组织所必需的要素，是组织凝聚起来的根本动力。组织文化的建设目标从来都不是孤立的，它源自于组织的总体经营战略，并对总体经营战略起支持作用的。而目标的设定对于组织文化的建设是起主导性作用的，只有确定了一个组织的目标，才能确定组织应该具有的文化，才有可以围绕的中心点。

（二）选择组织文化战略

目标明确后应选择得当的战略，具体来说组织文化战略应分为"集团组织文化战略"和"业务单位组织文化战略"。例如对于一个多元化的拥有不同性质业务单位的集团企业而言，迫切需要建立一种共性的企业文化，以实现在不同业务之间建立一种纽带关系，充分发挥"大兵团作战"的协同效应，这就是集团企业文化战略的任务。

在具体构建过程中，应该设立组织文化管理机构→建立文化导向的管理流程→实现组织文化内部传播→组织文化外部推广。

业务单位组织文化建设，则重于组织内部之间各业务部门的组织文化建设，往往与部门间的业务有着直接的关系,因此要针对各自的业务建立相应的组织文化,并注意与其他部门之间的协调。

三、组织文化检查(Check)

组织文化建立过程中及建立完成之后,应该及时反馈及时检查,对组织文化建设出现的问题要及时设置新的计划,并组织实施。

组织文化检查应该重点控制以下几个方向:
(1) 当前组织文化是否与组织的目标背离。
(2) 当前组织文化建设是否与计划一致。
(3) 组织文化是否有改进创新的地方。
(4) 是否有更好的组织文化形式适应当前组织的发展要求。

四、组织文化实施(Action)

设置组织文化管理机构,建立文化导向的管理流程,包括战略流程文化改造、营销流程文化改造、人力资源流程文化改造。

文化实施包括三个阶段:

导入阶段:破坏现有文化的格局,批判陈旧过时的观念、制度,说明文化建设及变革的必要性。

变革阶段:制度的创新与改革,行为习惯的破旧立新,观念的变革与更新,以及组织器物层的更新和建设。

固化阶段:使新的观念、新的制度、新的行为规范、新的物质环境固定下来,成为新的习惯、新的标准、新的意识形态、新的组织风气和新的环境氛围。进而使崭新的价值体系占据统治地位。

第六节 组织文化与组织竞争力

一、三力理论

三力理论中的"三力"指的是个体的战斗力、团体的凝聚力、领导的影响力。这三个方面是决定一个组织能否发展好的关键。而将这三点融合在一起的便是组织文化,良好的组织文化可以激励员工形成好的个体战斗力,更能凝聚起整个组织,增强员工的凝聚力,同样,领导的影响力也需要良好的组织文化。

二、组织思想政治工作与组织文化威力

组织文化与思想政治工作同属管理范畴,同属软管理方式。因此,它们之间有诸多共同点:(1) 研究和作用的对象重合。(2) 二者目的性一致。(3) 作用机制相同。(4) 效果相互渗透。组织文化与思想政治工作的重合交叉、渗透关系来源于内涵上的包容或交叉。在许多情况下,思想政治工作就是组织文化建设的一部分,或组织文化建设中包含着思想政治工作的因素。它们之间你中有我,我中有你。相互渗透,相互补充,统一于两个文明建设的实践中。常常难以截然分开。

当前我国正处在一个伟大的历史变革时期。社会主义市场经济体制的建立、企业经营机制的转换,使职工的思想观念、价值取向、行为方式都随之发生了一系列深刻变化。在新的形势下,借鉴组织文化理论和实践经验,把建设组织文化

作为思想政治工作的载体,使二者结合运行,有助于思想政治工作的加强改进。具体指以下几个方面:(1)建设组织文化有利于思想政治工作的拓展和深化。(2)建设组织文化有利于思想政治工作为广大员工所接受。(3)建设组织文化有利于思想政治工作与经营管理密切结合。

三、组织文化与组织形象

组织形象是指人们通过组织的各种标志(如产品特点、行销策略、人员风格等)而建立起来的对组织的总体印象,是组织文化建设的核心。组织形象是组织精神文化的一种外在表现形式,它是社会公众与组织接触交往过程中所感受到的总体印象。这种印象是通过人体的感官传递获得的。组织形象能否真实反映组织的精神文化,以及能否被社会各界和公众舆论所理解和接受,在很大程度上决定于组织自身的主观努力。组织形象主要包括物质形象、人品形象、管理形象、礼仪礼节、社会公益形象。良好的组织形象塑造需要从以下几个方面做起:

(1)建立科学的组织理念,是塑造良好组织形象的灵魂。
(2)创造优美的环境形象,是塑造良好组织形象的外在表现。
(3)提供优质的产品形象,是塑造良好组织形象的首要任务。
(4)树立清正的领导形象,是塑造良好组织形象的关键。
(5)保持敬业的职工形象,是塑造良好组织形象的重要基础。

复 习 题

1. 简述组织文化的概念。
2. 组织文化有哪三个层次,分别概括阐述?
3. 组织文化有哪几大作用?
4. 组织文化的影响因素是什么?
5. 简述人性假设理论的发展历程?
6. 简述激励理论与组织文化建设的关系?
7. 组织文化建立的步骤是什么?
8. 三力理论的主要内容是什么?

思 考 题

1. 选择一个常见组织,观察分析组织文化在其中的具体作用。
2. 若你是一个企业的负责人,如何进行组织文化建设?
3. 以你个人为例,根据人性假设理论,排列出对你有效的激励方式。

外部的妥协无处不在。早期更多是逼出来的妥协。但在全球化过程中，自觉运用妥协的哲学思想，对华为十多年的国际战略起到了重要作用。

2003年，被思科起诉之后不久，华为在公司内部开展了"开天窗"的活动，请国内外各方面的学者，涵盖政治、哲学、军事、历史等领域，给公司中层以上干部讲课。北京大学教授、英国历史研究专家钱乘旦的一次报告——《15世纪以来西方国家的发展》，对华为的高层影响很深，最震撼他们的是16世纪英国的光荣革命，贵族、皇室和平民之间没有经过战争、没有流血，通过唇枪舌剑的辩论，达成了英国社会各阶层的全面和解，这个和解建立在妥协基础之上。

思考题：

（1）如何分析华为集团的"狼文化"？

（2）根据组织行为学的观点，分析"狼文化"对华为企业的影响？

第八章 领导心理与行为

就在朝鲜战争爆发前 8 天，美国民间咨询公司兰德公司（有世界第一智库之称）通过秘密渠道告知美国对华政策研究室，他们投入了大量人力和资金研究了一个课题："如果美国出兵韩国，中国的态度将会怎样？"而且第一个研究成果已经出来了，虽然结论只有一句话，却索价 500 万美元。当时美国对华政策研究室认为这家公司是疯了，他们一笑置之。但是几年后，当美军在朝鲜战场上被中朝联军打得丢盔卸甲、狼狈不堪时，美国国会开始辩论"出兵韩国是否真有必要"的问题，在野党为了在国会上辩论言之有理，急忙用 280 万美元的价格买下了该咨询公司这份已经过了时的研究成果。研究的结论只有一句话："中国将出兵朝鲜"。从朝鲜战场回来的美军总司令麦克阿瑟将军得知这个研究之后，感慨道："我们最大的失策是怀疑咨询公司的价值，舍不得为一条科学的结论付出不到一架战斗机的代价，结果是我们在朝鲜战场上付出了 830 亿美元和十多万名士兵的生命。"

第一节 领导的内涵

一、领导的定义

领导是指领导者在一定的条件下采用一定的组织形式和方法，通过一些权利和职位，引导和影响被领导者共同确定并实现组织目标的活动过程。其核心是强调领导者的权利。构成这个系统有三个要素，即领导者、被领导者和环境。这一定义包含以下含义：

第一，领导者一定要与群体或组织中的其他人发生联系。这些人包括下属和组织中的成员，他们都甘愿或屈服于组织领导的权利而接受领导者的指导。

第二，权利在领导和其他成员中的分配是不公平的。领导者具有指导组织其他成员活动的职权，而组织中其他成员却没有指挥领导者的权利。领导者的权利主要包括制度权、专长权和个人影响权。

第三，领导者能对组织成员产生各种影响，领导者具有指导下属活动的法定权利，不仅能够指导下属"做什么"，而且还能影响下属"如何做"。领导者能够通过影响被领导者，使其表现出某种符合组织期望的行为或做出表现。

第四，领导的目的是影响被领导者为实现组织的目标做出努力，而不是更多的体现个人的权威。组织需要建立领导的权威，但独裁的领导方式并不是最有效的领导方式。

二、领导者的影响力来源

领导者拥有影响下属的能力和力量，根据来源不同分为职权影响力和非职权影响力。根据领导者在组织中的位置由上级组织赋予并由法律、制度明文规定的正式权利,称为制度权,所产生影响力成为职权影响力。这种权利随职务的变动而变动;非职权影响力来源于领导者自身,是由于领导者自身某些特殊条件才具有的影响力。这种权利所产生的影响,是组织成员发自内心的、长时期的敬重与服从,可分为专长权和个人影响权。具体来说,领导者影响力可分为五种:

第一是法定权。这种权利来自于领导者在组织中担任的职务,来自于下级习惯的传统观念,即下级认为领导者拥有的职务权利是合法合理的,得到了社会公认,他必须接受领导者的影响。

第二是强制权。这种权利建立在下级的恐惧感上。下级认识到,如果不按照上级的指示办事,就会受到上级的惩罚。惩罚包括物质处罚、批评、调职甚至开除等。

第三是奖励权。下级认识到,如果按照上级的指示办事,上级会给予一定的奖赏,满足自己的某些需要。奖赏包括物质和精神奖赏两方面。奖励权来自于下属追求满足的欲望,及下属感到领导者有能力奖赏他。

第四是专长权。由于领导者具有某种适合本组织需要的专业知识、特殊技能、知识创新能力或管理能力,因而赢得同事和下级的尊敬和服从。

第五是个人影响权。这种权利主要来源于个人的魅力,是建立在下属对领导者认可和信任的基础上。由于领导者具有良好的品质、作风,受到下属的尊敬和赞誉,愿意模仿和服从他。拥有个人影响权的人能激起人们的忠诚和极高的热忱。

在上述五种权利中,法定权、强制权和奖励权属于职位权利,而专长权和个人影响权则是由个人的才干和素养决定的。如果想要成为一个有效的领导者,仅有前三种权利是不够的,还应具有专长权和个人影响权。而且不管运用哪种权利,都要注意运用权力的艺术,都必须慎重用权、公正用权,并注意例外处理。领导影响力来源如图 8-1 所示。

三、管理与领导

管理与领导通常是人们容易混淆的概念。实际上,管理职能与领导职能、领导者与管理者既相互联系,又相互区别。从共性上看,两者都是一种在组织内部通过影响他人的协调活动,来实现组织目标的过程。两者的基本权利都来自于组织的岗位设置。两者的差异性包括以下几个方面:

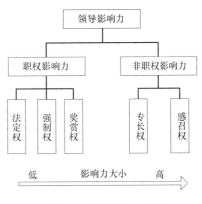

图 8-1 领导影响力来源

第一,管理的职能是计划、组织、领导与控制。由此可以看出,领导职能是管理职能的一部分,管理职能的范围要大于领导职能。

第二,管理的权利是建立在合法的、强制性权利的基础上的;而领导的权利既可以建立在合法的、强制性权利的基础上,也可以建立于个人的影响力与专家权利等基础上。

第三,执行侧重点不同。领导强调激励、授权和教练,通过发挥领导者的非权力性影响力去激发和调动下属的积极性与创造性；管理则强调指挥、控制和监督，通过发挥权力性影响力去规范下属的行为。

第四，对象不同。领导侧重于"人"的工作，通过选人、用人、育人、留人，打造一支具有凝聚力、创造力和战斗力的团队；管理则侧重于"事"的工作，通过将企业各类事务标准化、制度化、规范化和程序化，建立稳定而连续的企业经营秩序。

第五，结果不同。领导的结果却是引起变革，通常是剧烈的变革，并形成非常积极的变革潜力。而管理的结果是在一定程度上实现预期计划、维持秩序，使企业能正常地运转。

第六，对组织产生的影响。领导力能催生变革和对变革的成功起着决定性的作用。约翰·科特经研究得出的结论是：企业变革的成功与否，领导行为起着 70%～90% 的关键作用；管理行为只起着 10%～30% 的作用，管理的有效性对组织目标达成有着重要影响，同时也决定着组织内部工作环境的秩序。

四、领导者应该怎么树立威信

所谓威信，实际上是一种号召力和影响力。那么领导者怎么样才能树立威信呢？

（一）领导者应该正确认识自己身上的任务和责任

一般情况下，领导者需要完成两项任务。第一项是领导者完成上级和组织所交代的任务。第二项是满足组织成员的需要，这种需要既有物质的，也有精神的。如果领导只完成第一项任务，就会引发组织成员的不满，难以调动组织成员的积极性，进而影响组织目标的实现。只完成第二项目标则会变成福利主义。

领导的两项任务代表了他的双重立场。第一项任务是他代表上级和组织，着重点在于组织目标的实现。第二项任务代表组织成员，着重点在于组织成员需要的满足。一个好的领导者善于将这两者结合起来，在完成组织目标的同时又能兼顾组织成员满意度。当矛盾无法协调时，按照个人利益服从集体利益的原则处理。

（二）领导者应该树立正确的权威观

首先，应该破除对职位权利的迷信。行政命令和强制性的规定虽然会使人服从，但很可能造成表面顺从，内心抗拒的现象。领导者应该加强自己的非职位权利，它比职位权利对于员工有更大的影响力，能够使组织成员真心地追随自己。其次，领导者应该明白虽然权利来自于上级授予，但是下级认可也是保证领导者正确行使权利的关键因素。因此，当领导者在行使权利时，除了向上级负责之外，还要获得下属的了解与支持。最后，领导者应正确的使用权利。权利的使用是为了更好更快地完成组织目标，而不是用来谋私利。

第二节 领导特性理论

一、传统特性理论

传统特性理论认为领导者的特性来源于生理遗传，是先天具有的，且领导者只有具备这些特性才能成为有效的领导者。犹如亚里士多德所说"几人从出生之日早就已经注定属于治人或治于人的命运"。1969年，吉普认为领导者应具备7种个性特征：善言辞、外貌潇洒、智力过人、有自信心、心理健康、支配欲强、外向敏感；斯托格狄尔认为领导者应具备良心、可靠、勇敢、责任心强等16种先天个性。传统特质理论指出了某些领导应具备的性格品质，但忽视了下属及环境作用。因此，现在已经很少有人赞同这样的观点。

二、现代特性理论

领导者的特性和品质并非全是与生俱来的，而可以在领导实践中形成，也可以通过训练和培养的方式予以造就。日本企业界要求领导者应具备10项品德和10种能力。如使命感、责任感、信赖性等和决策能力，计划能力和判断能力，创造能力等。苏联学者认为领导人应具备10个条件是政治成熟，精通业务和道德品质优良等。美国普林斯顿大学包莫尔（W. J. Baumol）提出的一个企业家应该具备的几个条件，非常具有代表性：

(1) 合作精神，即愿与他人一起工作，能赢得人们的合作，对人不是压服，而是感动和说服。

(2) 决策能力，即依赖事实而非想象进行决策，具有高瞻远瞩的能力。

(3) 组织能力，即能发觉部属的才能，善于组织人力、物力和财力。

(4) 精于授权，即能大权独揽，小权分散。

(5) 善于应变，即机动灵活，善于适应不断变化的环境。

(6) 勇于求新，即对新鲜事物、新环境和新观念有敏锐的感受能力。

(7) 敢于负责，即对上级、下级和产品用户及整个社会抱有高度的责任心。

(8) 承担风险，即敢于承担企业发展不景气的风险，有创造新局面的雄心和信心。

(9) 品德高尚，即品德上为社会人士和企业员工所敬仰。

现代特性理论认为领导者的特质在实践中形成，是可以训练和培养的，研究人员一直致力于找出领导者与非领导者之间本质的人格特质差异，但经过几十年的研究并没有获得成功。原因包括以下几个方面：

(1) 领导是一种动态过程，每个人都不可能生来就具有领导者的特性；而是后天通过实践形成的，是后天培养、训练而获得的。

(2) 非凡的特性，只是领导的必要条件，而不是充分条件。因为一个有效的领导者，不仅取决于个人的特质，而且与领导者领导的对象所处的情境有关。而特性理论把个人特质看成是领导成败的主要因素，忽视了外在因素的影响，因此，不可能获得理想的结果。

(3) 由于不同组织对领导者的特质要求不同，即是同一个组织中，工作和任务也是多性质的。岗位、责任的性质不同，对领导者特质的要求也不同。有人适合于这种工作的领导，而不适合另一种工作的领导。而人们却要求领导的特质是具体的、特定的，而不是一般的，总是企图寻找一个固定模式，显然这是不合实际的。

(4) 现行的人格测验工具尚不完善，测量的尺度难以确定，因而很难测出人格的重要方面，人的个性特质也很难做到精确的区别。

（5）由于以上种种原因，领导特性理论并没有为研究领导行为提供可靠的依据。但这并不能否认个人品质特性对一个领导者的必要性，一般认为现代领导者应具备的基本特质为明智，有监督力，坚持信念，积极主动，果决。

三、第五级领导

詹姆斯·科林斯一直在研究有些企业能够长期保持卓越业绩的原因。传统观念认为，一位能给公司带来卓越业绩的领导者应该是一名魅力十足的英雄式的任务，但是科林斯打破了这种观念。经过调查他发现，一个公司要想从优秀转变为卓越，有7项因素是至关重要的。它们分别是：先人后事、斯托克代尔悖论、累积与突破的"飞轮"、刺猬理念、技术加速器、训练有素的文化，以及第五级领导者。其中，第五级领导者是重中之重。柯林斯把经理人的各种能力分为5个层次，"第五"为最高一级。"第一级"为个人能力，"第二级"为团队技巧，"第三级"为管理能力，"第四级"为传统观念上的领导力，"第五级"领导者不仅拥有前面四个层级的所有技能，而且还有一种"超常能力"，那是一种谦逊的品质与坚定的职业意志的矛盾结合。下面4个层次的领导者，虽然也能够创造相当大的成功，但并不足以带领公司实现持久的卓越。第五级领导力是企业从优秀变为卓越的必要条件，如果没有第五级领导者，这种转变永远都只是奢望。

他认为第五级领导者存在着矛盾两面性的特征。第五级领导是谦逊的个性与强烈的专业意志看似矛盾的混合，他们是顽固的、无情的，然而，他们又是谦逊的。他们对自己的公司充满热情，雄心勃勃，但是又绝不允许丝毫个人的自负成为公司发展的桎梏。对于公司来说他们功勋卓著，但是，他们自己却将所有的贡献归功于同仁、属下以及外部帮助。

第五级领导者位于能力层次的顶端。研究表明，他们是企业从优秀转变为卓越的必要条件。但在他们这个层级之下，又是什么类型的人呢？是另外的四个层级。每一个层级就其本身来说都是无可指责的，但他们都不具备第五级的力量。要达到顶端，不一定要逐步上升，但想要成为一名完全合格的第五级领导者，除了具有该级所独有的特性外，还必须具备其他四个层级的各种能力。如图8-2所示。

"第五级"是管理能力的最高级，拥有前面四级能力的领导者，尽管也能为企业带来高度成功，却仍不足以使企业从平庸转向持久的卓越。企业从平庸到伟大，第五级领导是关键，但是还需要其他因素的配合。①人最优先：改革从员工开始，策略其次。②现实与信念：一面接受严峻的现实环境，另一方面却仍然充满胜利的信心。③"累积—突破"变速轮：从平凡到伟大有如推动巨大的变速轮。逐渐加速，直到到达突破点。④专心致志：专注于企业有什么世界级能力、资源如何运用、如何点燃员工热情三个环节。⑤科技加速器：避免盲目追求新科技，另一方面要扮演先锋，大胆投资经过选定、符合上述三个环节的新科技。⑥纪律的文化：展现三种纪律——有纪律的员工、有纪律的思想、有纪律的行动。员工有纪律便不需要层级管理；思想有纪律便不需要官僚主义；行动有纪律便不需要过度控制。

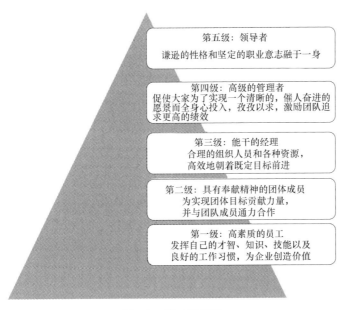

图 8-2 第五级领导

第三节 领导行为理论

领导理论认为,领导是集体中的一种现象,所谓领导就是领导者推动和影响集体成员或者下属,引导他们的行为按领导预期的方向发展,为共同的目标而努力。因此,它必然涉及领导者与其下属间的相互关系,这要求人们不仅要考察领导者的个人特性,还必须着重考察领导者的行为对下属成员的影响,找出领导行为中的哪些因素在影响着下属成员的行为与集体的工作成效。也就是说,领导的作用是通过领导者的特定行为表现出来的,因而应把研究的重点转到领导行为上来。

一、三种极端理论

库尔特·卢因(Kurt.Lewin)研究不同的工作作风对下属群体行为的影响,认为存在着专制、民主和放任自流 3 种极端的领导工作作风。

(1) 专制式领导。这种方式主要是靠权利和强制命令进行管理。其主要特点是:独断专行,从不考虑别人意见,完全由领导者自己做出决策;不把更多的消息告诉下属,下属没有任何参与决策的机会,只能奉命行事;主要依靠行政命令、纪律约束、训斥惩罚来维护领导者的权威,很少或只有偶尔的奖励;领导者预先安排一切工作程序和方法,下属只能服从;领导者与下属保持相当的心理距离。

(2) 民主式领导。民主式领导的主要特征是对将要采取的行动和决策同下属商量,并且鼓励下属参与决策。这种领导方式的具体特点是:各种决策都是由领导者和下属共同协商讨论决定的,决策是领导者和下属共同智慧的结晶;分配工作时,尽量照顾到组织成员的每个兴趣能力和爱好;对下属工作的安排并不具体,个人拥有相当大的自由,有较多的选择性和灵活性;主要运用个人权利和威信,而不是靠职位权利和命令使人服从;领导者积极参加团体活动,与下属无任何心理上的距离。

(3) 放任式领导。实行这种领导方式，领导者的主要特点是极少运用其权利，而是给予下属高度的独立性。

以上三种领导方式的领导特点存在着明显差异。卢因根据实验得出结论：放任式的领导方式工作效率最低，只能达到组织成员的社交目标，但完不成工作目标；专制式领导方式虽然通过严格管理能够达到目标，但组织成员没有责任感，情绪消极、士气低落；民主式领导方式工作效率最高，不但能够完成工作目标，而且组织成员之间关系融洽，工作积极主动、有创造性。

卢因能够注意到领导者风格对组织氛围和工作绩效的影响，这对实际管理工作和有关研究非常有意义。许多后续的理论都是从勒温的理论发展而来的。但是，勒温的理论仅仅注重领导者本身的风格，没有充分考虑到领导者实际所处的情境因素。

人物简介

库尔特·卢因（Kurt Lewin），1890~1947年，德裔美国心理学家，拓扑心理学的创始人，实验社会心理学的先驱，格式塔心理学的后期代表人，传播学的奠基人之一。他是现代社会心理学、组织心理学和应用心理学的创始人，常被称为"社会心理学之父"，最早研究群体动力学和组织发展。1947年2月12日，他因心脏衰竭于马萨诸塞州组顿维尔突然逝世，终年56岁。勒温对现代心理学，特别是社会心理学，在理论与实践上都有巨大的贡献。

二、克里特的四种领导基本方式

1947年开始，利克特（Likert）及其密歇根大学社会研究所的同事，曾进行了一系列的领导研究，其对象包括企业、医院及政府各种组织机构。1961年，他们把领导者分为两种基本类型，即"以工作为中心"（Job-centered）的领导与"以员工为中心"（Employee-centered）的领导。前者的特点是：任务分配结构化，严密监督，工作激励，依照详尽的规定行事；而后者的特点是：重视人员行为反应及问题。利用群体实现目标，给予组织成员较大的自由选择的范围。经过比较研究，利克特得出以下几条结论：

（1）高生产效率和低生产效率的部门，职工的士气可能无差别。

（2）部门领导关心职工、对职工体贴的，生产效率高；相反，领导对职工经常用施加压力的方法抓生产，生产效率就低。

（3）领导经常与下属接触的，生产效率高；而领导很少与下属接触的，生产效率就低。

（4）领导注意向下授权，听取下属意见并让他们参与决策的生产效率高；而采取独裁方式的领导，生产效率就低。

在其著作《管理的新模式》中，利克特提出了四种领导的基本方式。

（一）专制—权威式

采用这种方式的主管人员非常专制，很少信任下属，采取使人恐惧与惩罚的方法，偶尔兼用奖赏来激励人们，采取自上而下的沟通方式，决策权也只限于最高层。

（二）开明—权威式

采用这种方式的主管人员对下属怀有充分的信任和信心；采取奖赏和惩罚并用的激励方法；允许一定程度的自下而上的沟通，向下属征求一些想法和意见；授予下级一定的决策权，但牢牢掌握政策性控制。

（三）协商式

采取这种方式的主管人员对下属抱有相当大的但又不是充分的信任和信心，他常设法采纳下属的想法和意见；采用奖赏，偶尔用惩罚和一定程度的参与；从事于上下双向沟通信息；在最高层制定主要政策和总体决策的同时，允许低层部门做出具体问题决策，并在某些情况下进行协商。

（四）群体参与式

采取这种方式的主管人员对下属在一切事务上都抱有充分的信心和信任，总是从下属获取设想和意见，并且积极地加以采纳；对于确定目标和评价实现目标所取得的进展方面，组织群体参与其事，在此基础上给予物质奖赏；更多地从事上下之间与同事之间的沟通；鼓励各级组织做出决策，或者，本人作为群体成员同他们的下属一起工作。

根据利克特的研究，由于员工参与的管理的程度不同，以及在实践中相互支持程度的不同，生产效率高的企业大都采取群体参与式的领导方式，生产效率低的企业则大都采取专制—权威式的领导方式。因此，利克特主张采取专制—权威式、开明—权威式的领导方式，应向协商式和群体参与式的领导方式的转变。他认为，有效的领导者是注重于面向下属的，他们依靠信息沟通使所有部门像一个整体那样行事。群体的所有成员（包括主管人员在内）实行一种相互支持的关系，在这种关系中，他们感到在需求价值、愿望、目标与期望方面有真正共同的利益。作风理论从权力的角度强化了人们对于领导活动的研究，但是忽视了被领导者及环境特性对于领导者的影响。

人物简介

利克特（Likert）起先就读于密歇根大学，学的是工程学，但最后却在1922年获得了社会学和经济学专业的文学士学位。后来在哥伦比亚大学学习，1932年获得心理学博士学位，其里程碑式的学位论文《态度测量方法》发表于《心理学档案》杂志。这篇学位论文成为利克特量表的基础（利克特量表是社会学家们的一种标准工具）

1930～1935年，利克特任纽约大学心理学教授，之后在康涅狄格州哈特福德任人寿保险机构管理研究协会董事，这为他后来继续开展组织领导问题的研究打下了基础

三、斯托格弟和沙特尔的"四分图"理论

行为四分图理论是由美国俄亥俄州立大学的领导行为研究者们在1945年提出来的,他们列出了一千多种刻画领导行为的因素,通过高度概括归纳为两个方面:关心人(体贴)和"抓工作组织"两大主要因素。

"关心人"的内容包括:建立相互信任的气氛,尊重下属意见,注意下属的感情和需要。以友好、平易近人的态度对待下属,以良好的人际关系调动员工的积极性等。它是一个满足下属的物质与精神需要的过程。

"抓工作组织"的内容包括:设计组织结构,明确职责关系,确定工作目标等。总之,"抓工作组织"是要求领导者运用组织手段、通过确定目标,分配任务,制定政策和措施,将下属成员的行为纳入预定的轨道,以严密的组织和控制来提高工作效率。它是一个完成任务的过程。

研究结果认为,领导者的行为是"关心人"与"抓工作组织"两个方面的任意组合,即可以用两个坐标的平面组合来表示。用四个象限来表示四种类型的领导行为。其中,强"关心人"和强"抓工作组织"是最有效的领导方式。如图8-3所示。

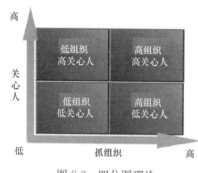

图8-3 四分图理论

四、管理方格理论

在俄亥俄州立大学提出的领导行为四分图的基础上,美国德克萨斯大学教授罗伯特·布莱克(Robert R. Blake)和简·莫顿(Jane S. Mouton)在他们的《管理方格》一书中提出了管理方格论(Managerial Grid)。他们就企业中的领导方式问题提出了管理方格法,使用自己设计的一张纵轴和横轴各9等分的方格图,纵轴和横轴分别表示企业领导者对人和对生产的关心程度。第1格表示关心程度最小,第9格表示关心程度最大。全图总共81个小方格,分别表示"对生产的关心"和"对人的关心"这两个基本因素以不同比例结合的领导方式。

人物简介

罗伯特·布莱克(Robert R. Blake 1918~2004年),美国应用心理学家,是一名在管理和组织发展领域开展应用行为科学研究的倡导者,生于马萨诸塞州的布鲁克林,逝于得克萨斯州奥斯汀。

他1941年从弗吉尼亚获得心理学硕士学位,1947年在得克萨斯大学获得哲学博士学位,随后成为该校的心理学教授。1949~1950年间,他作为一名学者担任英国阅读大学讲师伦敦塔维斯托克诊所名誉临床心理学家,并成为哈佛大学的一名讲师和研究人员。

> 布莱克的主要成就是他在行政管理领域所从事的工作。1964年他与J.S.穆勒合著出版了《管理方格》一书，该书提出了管理方格理论（Management Grid Theory）和管理方格图，令人醒目地表示主管人员对生产关心程度和对人的关心程度。

他们就企业中的领导方式问题提出了管理方格法，使用自己设计的一张纵轴和横轴各9等分的方格图，纵轴和横轴分别表示企业领导者对人和对生产的关心程度。第1格表示关心程度最小，第9格表示关心程度最大。全图总共81个小方格，分别表示"对生产的关心"和"对人的关心"这两个基本因素以不同比例结合的领导方式。如图8-4所示。

布莱克和莫顿在管理方格中列出了五种典型的领导方式：

（1.1）为贫乏的管理。领导者对职工和生产都极不关心，领导效果最差。

（1.9）为乡村俱乐部式的管理。领导者充分注意搞好人际关系，注意对职工的支持与体谅，从而产生和谐的组织气氛，但对任务、效率、规章制度、指挥监督很少关心。

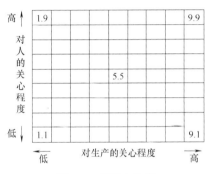

图8-4 领导方格图

（9.1）为任务式的管理。领导者的注意力集中于任务的效率和质量，但不关心人的因素，对下属的士气和发展很少注意。

（9.9）为团队式管理。领导者对人和生产都极度关心，努力调节各项生产活动，团队关系协调，能将员工目标同组织目标很好地结合起来，形成一种团队合作的管理方式。

（5.5）为中庸式的管理。领导者对人和生产都有适度的关心，能够在完成组织任务和满足员工需求之间保持平衡。一般有维持现状、阻碍变革的倾向。

布莱克和莫顿组织了许多次的研讨会来讨论到底哪种管理方式为最佳的管理方式。绝大部分与会者认为（9.9）型的管理方式为最佳的管理方式，也有不少人指出（9.1）型最佳，还有人认为（5.5）型的最佳。布莱克和莫顿指出在不同工作情况下适用于不同的领导方式，要视情况而定选择最佳的领导方式。

五、PM型管理模式

PM理论是日本大阪大学心理学家三隅二不二在九州大学任教时提出的。所谓PM是团体机能概念，任何一个团体都具有两种机能：一种是团体的目标达成机能，另一种是维持强化团体或组织体的机能。前一种机能简称为P（Performance），即指工作绩效；后一种机能简称为M（Maintenance），即指团体维系。因此，得出一个群体领导者应该具有两种职能：P职能和M职能。

P职能：为完成群体的目标而努力的职能，主要是考察工作的效率、计划的能力等。M职能：为维持和强化群体所起的作用。

从领导者完成这两种职能的不同情况,得出 4 种形态的领导方式:PM、Pm、pM、pm,如图 8-5 所示。

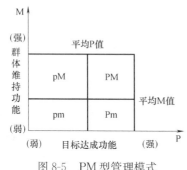

图 8-5 PM 型管理模式

与一般四分图不同,图 8-5 中 P 线和 M 线的位置不是事先确定的,而是对一个组织或群体的整个领导情况做了调查后确定的。

通过向一个群体的下属们发问卷,取得该群体整个领导活动从事职能的平均分数和从事 M 职能的平均分数。根据这两个平均分数确定 P 线在图中横坐标上的位置和 M 线在纵坐标上的位置。

三隅二不二对四种不同的 PM 所做的调查如表 8-1 所示。

PM 型管理模式 表 8-1

领导模式	生产量	对组织的信赖度	内聚力
PM	最高	最高	最高
Pm	中间	第二位	第三位
pM	中间	第三位	第二位
pm	最低	最低	最低

三隅教授所提出的 PM 领导类型分析法是评价领导行为的一种比较有效的方法。应用这种方法,可以比较准确地判断一个群体或组织领导行为的类型,进而启发其领导者为实现最有效的领导行为而努力。

第四节 领导权变理论

领导权变理论又称为领导情景理论,该理论认为领导行为是否有效,不仅与领导者的素质和行为有关,且与被领导者及领导者所处的环境有关。领导应该根据被领导者与环境的特点调整自己的行为模式。它是在领导特性理论和行为理论的基础上发展起来的。

一、领导行为连续统一体理论

1958 年,罗伯特·坦南鲍姆(Robert K Tannenbaum)和沃伦·施密特(Warren Schmitt)在《哈佛商业评论》上发表了《怎样选择一种领导模式》一文,提出了领导方式连续统一理论。企业的经理们碰到问题时常常拿不准是自己作出决定,还是把决策权力下放给下属。为了使人们从决策的角度深刻认识领导行为的意义,坦南鲍姆和施密特指出:领导方式不能固定不变,而应该根据具体情况,如历史条件、问题性质、工作的时间性、企业的习惯、成员的素质等,适当地予以确定。在专制独裁型和民主参与型两种极端的领导方式中间,存在着许多过渡性的领导方式，这些不同的领导方式构成了一个连续的统一体。如图 8-6 所示。

人物简介

沃伦·施密特（Warren H. Schmidt）是加州大学洛杉矶分校的高级讲师，他辗转多个学校，先后在圣路易斯华盛顿大学、密苏里大学、斯普林菲尔德学院、尤宁学院、南加州大学等校任教。施密特多才多艺，除了在人际关系、领导及会议计划等议题上著作等，还曾当过牧师、心理学家，写过电影剧本《做正确的事总是对的吗?》，并于 1970 年获得学院奖。

罗伯特·坦南鲍姆（Robert Tannenbaum）美国著名企业管理学家。毕业于美国芝加哥大学并获得博士学位，长期在洛杉矶加利福尼亚大学工商管理学院执教，担任人才系统开发教授，从事"人事制度的发展"研究。并为美国及其他国家的企业进行范围广泛的咨询顾问工作，坦南鲍姆在领导理论方面提出了富有创见的连续分析方法，并在敏感性训练和组织发展方面进行了卓有成效的研究工作，他和沃伦·施密特合著的《如何选择领导模式》是一部著名的管理学专著。

从图 8-6 中可以看出，领导者的领导行为可有多种选择，其中，有两种极端类型的领导作风：一种是以领导为中心（在连续统一体的左边），这样的领导者具有专制独裁的领导作风，往往自己做出决策，严密地控制下属，不把消息过多地透露给下属；另一种是以员工为中心（连续统一体右边），这样的领导者具有民主的领导作风，鼓励员工参与到组织决策当中去，允许下属对组织的事务有发言权。从左到右领导者行使越来越少的职权，而下属人员得到越来越多的自主权。模型中列举了七种代表性的领导风格。

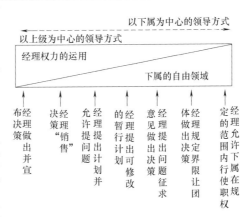

图 8-6　领导行为连续统一理论

坦南鲍姆和施密特认为没有一种放之四海而皆准的领导方式，在从连续统一体中选择当时当地最合适领导方式时，主要受三个方面因素影响：

第一，领导者本人的因素，即他的价值观念体系、他对下属的信任程度及他在领导方式上的倾向性等；

第二，职工方面的因素，即职工对独立性的需要程度，以及对承担决策责任的需要程度；

第三，环境方面的因素，即组织的类型、群体的效率、问题本身的性质及时间的紧迫等。

二、费德勒模型

美国管理学家弗雷德·费德勒（Fred. E. Fiedler）在大量研究的基础上提出了费德勒模型。他认为并不存在着适用于各种情况的领导模式，任何领导方式在一定情况下均可能有效。有效的领导取决于领导的行为与情景顺利与否。

费德勒认为，领导者的基本风格是影响领导成功的关键因素之一。每个领导者的领导风格类型是由他的人格特性决定的。而人格特性是相对稳定的，所以领导者的领导类型也是相对稳定的。了解、判断一个领导者的领导类型可以用"最不受欢迎的共事者"（Least-Preferred Co-worker）问卷（简称LPC问卷测量表）作为测量工具来加以鉴定。他把领导者分为两大类：关系导向型（以人为主）和任务导向型（以工作为主）。如果一个领导者能够对最不喜欢的同事仍给予较高的评价，那说明他关心人，对人宽容、体谅。提倡人与人之间的友好关系，是宽容型的关系导向性领导，属于民主式的领导者，那么他的LPC值就高。如果对其最不喜欢的同事给予很高的评价，则是以工作任务为主，领导风格就是专制型的，他的LPC值就低。

问卷由16组对应形容词构成。作答者要先回想一下自己共过事的所有同事，并找出一个最不喜欢的同事，在16组形容词中按1~8等级对他进行评估。问卷如图8-7所示。

快乐	—— 8 7 6 5 4 3 2 1 —— 不快乐
友善	—— 8 7 6 5 4 3 2 1 —— 不友善
拒绝	—— 1 2 3 4 5 6 7 8 —— 接纳
有益	—— 8 7 6 5 4 3 2 1 —— 无益
不热情	—— 1 2 3 4 5 6 7 8 —— 热情
紧张	—— 1 2 3 4 5 6 7 8 —— 轻松
疏远	—— 1 2 3 4 5 6 7 8 —— 亲密
冷漠	—— 1 2 3 4 5 6 7 8 —— 热心
合作	—— 8 7 6 5 4 3 2 1 —— 不合作
助人	—— 8 7 6 5 4 3 2 1 —— 敌意
无聊	—— 1 2 3 4 5 6 7 8 —— 有趣
好争	—— 1 2 3 4 5 6 7 8 —— 融洽
自信	—— 8 7 6 5 4 3 2 1 —— 犹豫
高效	—— 8 7 6 5 4 3 2 1 —— 低效
郁闷	—— 1 2 3 4 5 6 7 8 —— 开朗
开放	—— 8 7 6 5 4 3 2 1 —— 防备

LPC得高分（高于73分）是关系取向行为者，PLC得分低（低于64分）是任务取向行为者，二者之间为中间型。

图8-7 LPC问卷测量表

领导效果如何，除了取决于他本人的领导形态之外，还取决于他所处的情境的顺利与不顺利程度。菲德勒经过15年的调查研究之后发现影响领导效果的情境因素主要有三个。

第一，领导者与被领导者的关系，指领导者与其组织成员的关系。如果双方高度信任，互相尊重，互相支持并且友好相处，则关系就是好的；反之就是差的。

第二，工作结构，指组织工作的程序化、明确化的程度，如工作的目的、方法、步骤是否清楚。如果工作是例行的、明确的、有章可循，则任务结构属于明确的或高的。

第三，领导者拥有的法定权力或职权，是指领导者的职位所提供的权利和权威是否明确、充分。在上级和组织中所得到的支持是否有力，对雇佣、解雇、纪律、晋升和报酬的影响程度大小等。

费德勒将3个环境变数任意组合成8种情况，对1200个团体进行了观察，收集了将领导风格同对领导有利或不利条件的 8 种情况关联起来的数据,得出在各种不同的情况下,为了解领导有效所应当采取的领导方式。如图 8-8 所示。

通过分析,费德勒发现在对领导者最有利和最不利的情况下(例如 1、2、3、8),采用任务导向型的领导方式取得的效果较好;在对领导者中等有利的情况下(例如 4、5),采用关系导向型的领导方式效果较好。由于领导者的风格是与个性相联系的,所以领导者的风格一般是不变的。因此,提高领导有效性的方法有两种:一种替换领导者以适应环境,另一种是改变环境以适应领导者。

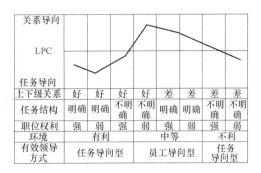

图 8-8 费德勒模型

人物简介

弗雷德·菲德勒(Fred F. Fiedler):美国西雅图华盛顿大学心理学与管理学教授,兼任荷兰阿姆斯特丹大学和比利时卢万大学客座教授。菲德勒早年就读于芝加哥大学,获博士学位;毕业后留校任教。1951 年移居伊利诺伊州,担任伊利诺伊大学心理学教授和群体效能研究实验室主任,直至 1969 年前往华盛顿。

弗雷德·菲德勒是美国当代著名心理学家和管理专家,他所提出的"权变领导理论"开创了西方领导学理论的一个新阶段,使以往盛行的领导形态学理论研究转向了领导动态学研究的新轨道。他本人被西方管理学界称为"权变管理的创始人"。他的主要著作包括:《一种领导效能理论》、《让工作适应管理者》、《权变模型-领导效用的新方向》、《领导游戏:人与环境的匹配》等。

三、途径—目标理论

途径—目标理论是加拿大多伦多大学教授罗伯特·豪斯(Robert J. House)于 1971 年提出的一种领导行为权变理论。他把期望理论与俄亥俄州立大学的领导行为四分图结合起来创立了这一理论。该理论认为,领导者的工作是帮助下属达到他们的目标,并使下属清楚哪些行为能导致目标的实现并获得价值和奖励。"路径—目标"的概念来自于这种信念,即有效领导者通过明确指明实现工作目标的途径来帮助下属,并为下属清理各项障碍和危险,从而使下属的这一履行更为容易。简而言之,领导者应为下属指明达到目标的路径。

人物简介

罗伯特·豪斯（Robert J. House）出生于1936年，曾经就读于底特律大学，获理学学士学位，后又在底特律大学获工商管理硕士学位。在24岁时（1960年），他获得俄亥俄州立大学的哲学博士学位。豪斯曾在多所高校任教，先后执教于纽约市立大学（CUNY）的伯纳德·巴鲁克学院（Bernard M. Baruch college）、密歇根大学和俄亥俄州立大学，后来落脚于加拿大的多伦多大学。

他在1965～1968年间，曾出任麦金瑟管理学研究基金会的执行理事。其中以1976年出版的《管理过程及组织行为》最为出名，是《管理科学院评论》、《加拿大行为科学》与《组织行为学教学杂志》等刊物的编委。

一个领导者要能够激励部下，必须解决三个问题，即目标效价、期望值、满足。其含义是：当下级对他的工作，思路不清时，领导者应该为其指明达到目标的通路；如果下级对"通路"已经清楚，领导者则应该有更多的体贴，使职工得到更多的满足，以便更快地通过"通路"。

根据这一思想，豪斯提出了四种领导方式。

（1）支持型。这种类型的领导充分考虑下属的需要，努力营造愉快的组织氛围，当下属受挫和不满意时，能够对下属的表现产生很大的影响。

（2）参与型。这种类型的领导在做出决策时征求、采纳和接受下属的建议。

（3）指令行。这种类型的领导明确告诉下属做什么以及怎么做。完全由领导者自己做出决策。

（4）成就型。这种类型的领导设置富有挑战性的目标，希望下属最大限度地发挥潜力，赋予下属拥有相当的自主权，并对下属能够达成目标表示出信心。

豪斯认为这四种领导方式在一个领导者身上应同时存在，可根据不同情况选择使用。选择时主要应考虑两个因素：①职工的个人特点。如教育水平、责任心等。②环境因素。其中包括工作性质、权力结构，以及工作小组的情况等。

科普知识

诸葛亮曾经亲自校对公文，主簿杨径直入内劝他说："治理国家是有制度的，上司和下级做的工作不能混淆。请您允许我以治家作比喻：现在有一个人，命奴仆耕田，婢女烧饭，雄鸡所晓，狗咬盗贼，以牛拉车，以马代步；家中事务无一旷废，要求的东西都可得到满足，优闲自得，高枕无忧，只是吃饭饮酒而已。忽然有一天，对所有的事情都要亲自去做，不用奴婢、鸡狗、牛马，结果劳累了自己的身体，陷身琐碎事务之中，弄得疲惫不堪，精神萎靡，却一事无成。难道他的才能不及奴婢和鸡狗吗？不是，而是因为他忘记了作为一家之主的职责。所以古人说'坐着讨论问题，作出决定的人是王公；执行命令，亲身去做事情的人，称作士大夫'。因此，丙吉不过问路上杀人的事情，却担心耕牛因天热而喘；陈平不去了解国家的钱、粮收入，而说'这些自有具体负责的人知道'，他们都真正懂得各司其职的道理。如今您管理全国政务，却亲自校改公文，终日汗流浃背，不是太劳累了吗？"

四、领导生命周期理论

领导生命周期理论（Situational Leadership Theory SLT）是由科曼首先提出，后由保罗·赫西（P. Hersey）和肯尼斯·布兰查德（K. Blanchard）予以发展的领导生命周期理论，也称情景领导理论，这是一个重视下属的权变理论。赫西和布兰查德认为，依据下属的成熟度，选择正确的领导风格，就会取得领导的成功。

人物简介

保罗·赫西是一位全球公认的领导力大师，世界组织行为学大师，情景领导模型的创始人，保罗赫西博士一生致力于领导力研究。他不仅是领导力理论大师，同时还是享誉世界的教育家、演说家。作为"美国领导力研究中心"的创始人和主席，他培训过来自100多个国家的1000多家顶尖企业和1000多万职业经理人，其中包括来自美孚、IBM、通用汽车、施乐和贝尔等知名企业的高级经理。

肯·布兰查德博士，美国与萨诸塞州阿姆赫斯特大学的领导学和组织行为学教授。他是美国著名的商业领袖，管理寓言的鼻祖，当代管理大师，情景领导理论的创始人之一，最富有洞察力和同情心的学者。1979年创立肯·布兰查德公司（KEN BLANCHARD）。

赫西和布兰查德认为，领导的有效性取决于工作行为、关系行为和下属的成熟度。这一领导模式是在"领导行为四分图"上，加入了第三个因素——被领导者的成熟程度之后建立的，形成了一个由工作行为、关系行为和成熟度组成的三维结构。如图8-9所示。

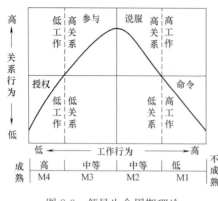

图8-9 领导生命周期理论

其中，工作行为表示领导者用单程沟通的方式向下属人员说明应该干什么，在何时、何地，用何种方法去完成任务，代表着领导者对下属完成任务的关注程度；关系行为是指领导者用双程沟通的方式，用心理的、培育社会感情的措施指导下属，并照顾职工的福利，代表着领导者给下属以帮助和支持的程度；成熟度是指人们对自己的行为承担责任的能力和意愿的大小。它包括两个要素：工作成熟度和信息成熟度。工作成熟度指一个人掌握的知识和技能，如果一个人拥有足够的知识、能力和经验去完成它的工作而不需要他人的指导，则其工作成熟度就越高；反之亦低。心理成熟度是指一个人做某事的意愿和动机，如果一个人能够自觉地去做某事而无须太多的外部激励，则其心理成熟度就高；反之亦低。

有工作行为和关系行为相组合，形成四种情况，对应着四种领导方式。

（1）高工作低关系——命令式：领导者对下属的工作进行详细、具体的指导，给予下属明确、直接的命令，它强调直接指挥，通常采用单项沟通方式。

（2）高工作高关系——说服式：领导者既给予下属一定的指导，又注意激发和鼓励其积极性。比较重视双向沟通。

（3）低工作高关系——参与式：领导和下属共同决策，领导着重为下属提供工作和沟通上的便利。

（4）低工作低关系——授权式：领导者提供极少的指导和支持，授予下属一定的权利，发挥下属的自主性，使其独立开展工作，完成任务。

同时，赫西和布兰查德又把成熟度分为四个等级。

（1）不成熟（M1）：下属对工作任务缺乏接受的意愿和承担的能力，既不能承担工作又不被信任。

（2）稍成熟（M2）：下属有承担工作的意愿，但缺乏足够的能力。

（3）较成熟（M3）：下属有能力完成工作任务，却没有动机，不愿意去做。

（4）成熟（M4）：下属既有能力也有意愿去完成领导者分配的任务。

当下属不成熟（M1）时，可以采用高工作、低关系的专制式领导，上级通过单向信息沟通指令下级干什么，怎么干。意在通过明确、具体的指导以及严格控制来指导下属完成工作任务。当下属稍成熟（M2）时，可以采用高关系高工作的行为，即说服式的领导方式。高工作行为可以弥补下属能力上的不足。高关系行为可以保护激发下属的积极性，确保工作得以顺利完成。当下属比较成熟（M3）时，由于下属承担工作的能力但无承担工作的动机，领导者应采用低工作高关系的行为，着重做好激励工作，了解下属的需求并通过提高下属满足感来激发其积极性。当下属成熟（M4）时，可以采取低工作、低关系的领导行为，通过充分授权、高度信任来调动下级的生产积极性，即授权式领导方式。

科普知识

> 在西汉时期，陈平任汉左丞相，刘恒皇帝一日问，全国一年审决了多少案件，全国一年的财政收支有多少，右相周勃答不出来，刘恒问陈平，陈平说："这些事有人主管。"刘恒问："谁主管？"陈平答道："陛下要了解司法问题，可以问廷尉；陛下要了解财政收支，应该问治粟内史。"刘恒又追问："如果什么工作都有人主管，那么你管什么？"陈平答："宰相者，上佐天子，理阴阳，顺四时，下遂万物之宜；外镇抚四夷诸侯；内亲附百姓，使卿大夫各得任其职也。"帝乃称善。

领导生命周期理论，实际上是科曼通过父母对子女在不同的成长时期所采取的不同的管理方法类比而来：①当人处于儿童时期，一切都需要父母的安排和照顾，此时父母的行为是高工作低关系。值得注意的是疼爱不是高关系，高关系涉及尊重、信任、自立等。②当孩子进入小孩和初中时，父母除安排照顾外，还应注意给予孩子必要的尊重和信心，即采取高工作高关系。③当孩子进入高中和大学时，他们逐步地独立，开始安排自己的生活，因此，父母在孩子生活上过多地干预会影响孩子的生活，所以此时应该采用低工作高关系。④当孩子成人走向社会、成家立业以后，父母开始采取低工作低关系的行为。在组织中，随着下属程度的提高，领导者对下属的管理也应该表现出类似的规律。

五、领导参与模型

领导参与模式是最新的权变理论。它由心理学家佛隆（V. H. Vroom）和耶顿（P. W. Yetton）于1973年提出。这一理论的要点是：有效的领导应该根据不同情况，让职工不同程度地参与决策，领导行为应根据环境的需要随时变动。

领导参与模式认为，领导者在决策中可能遇到如下7种变化情况，并将这7种情景因素以问题的形式表述出来：

① 是否存在某一在质量上更为合理的解决办法？
② 我有足够的信息做出高质量的决策吗？
③ 问题明确吗？
④ 下属职工接受解决办法是否对有效地贯彻执行决策有重大关系？
⑤ 如果你自己单独决策，下属职工肯定会接受吗？
⑥ 下属职工知道这种解决办法要达到的组织目标吗？
⑦ 在准备选用的方案中，下属职工之间有可能发生冲突吗？

佛隆和耶顿认为，领导者在进行决策时，根据不同的情况，可以有5种不同的领导方式：

① 领导运用手头的资料，单纯由自己作出决策，单独解决问题。

② 领导者向下属取得资料然后自己作出决定。下属只是提供资料,并不提供或评价解决问题的方案。

③ 以个别接触的方式,让下属知道要解决的问题并征求他们的意见和建议,然后由领导者作出决策。

④ 让下属集体了解问题,集体提意见和建议,然后由领导者作出决策。决策可以反映下属意见,也可以不反映。

⑤ 让下属集体了解问题,并且领导者与职工一起提出和评价可供选择的方案,领导与下属努力就解决问题的方法达成一致意见。

各种领导方式如表8-2所示。

表8-2 领导参与模型的领导方式

决策方式	定义
独裁方式Ⅰ(A1)	领导者独自做决定
独裁方式Ⅱ(A2)	领导者向下属取得资料,然后独自做决定,下属不一定被告知决策情况
协商方式Ⅰ(C1)	领导者以个别接触的方式,让下属了解情况,征求下属的意见并获取信息,再由管理者自行做出决定
协商方式Ⅱ(C2)	领导者和下属一起讨论问题,征求集体的意见和建议,但决定仍由管理者做出
集体决策方式(G)	领导者和下属共同讨论问题,一起提出并评估备选方案,最后由集体做出决定

复 习 题

1. 领导的概念有哪些含义?
2. 领导的影响力来源有哪些?
3. 权利的种类及作用是什么?
4. 领导者的主要任务是什么?
5. 一个优秀的领导者应该具备哪些素质?
6. 领导连续统一体的含义及意见是什么?
7. 领导行为四分图的含义及贡献是什么?
8. 管理方格理论的含义及作用是什么?
9. 领导权变理论的基础是什么?
10. 途径—目标理论的主要内容是什么?

思 考 题

1. 你认为领导的实质是什么?领导者对组织行为有哪些影响?
2. 针对你所钦佩的一名领导者,应用领导方格图来辨析其领导方式。
3. 结合实例说明在工作中采用哪种领导风格更有效。

案 例 分 析

蒙哥马利·沃德公司——独断而又误入歧途的领导者

一、蒙哥马利·沃德公司的背景

1872年，曾当过百货店经理、纺织品推销员和旅行推销员的蒙哥马利·沃德在芝加哥开设了第一家全部通过邮寄来销售各种商品的大型商店。沃德曾在农民中工作多年，知道他们对商品的高昂价格和当时效率低下的百货店所能提供的商品品种过少极不满意。他也熟悉农民们刚成立的一个"格兰奇"的组织，该组织倡导农民消费者合作购货，通过取消中间商以节省开支。

沃德和他的内弟凑集了2400美元，在芝加哥一家大约只有10m²的房间里创立了他们的商店。他们列出所售货物名称，并解释怎样在一张纸上订购货物。到1874年，价目表已变成一本有8页厚的小册子。进展是非常快的，接着在同一年里，这本小册子增加到了72页；到1884年，目录上已有240页，所列商品几乎达到1万种。

那时，沃德公司是"格兰奇"的正式供应商，因而在农村市场上轻而易举地赢得了顾客。但取得这一成功的重要原因是沃德公司的保证：如果顾客对商品不满意，可将货退回给公司，并由公司来支付来回的运费。蒙哥马利·沃德还对他们的做法进行大肆宣传；他曾在巡回游览车上陈列该公司的商品，并举办歌舞联合演出，以此作为一种促销方法。他还邀请顾客参观该公司在芝加哥的工厂，在芝加哥举行世界博览会期间，大约有285000人参观了他的工厂。

在前50年的经营中，沃德公司一直是纯粹处理邮购业务的公司。1926年，沃德公司在不少小城镇建立了邮购代理机构，作为对邮购业务的一种刺激手段。和现在的目录订货一样，他们陈列货物的样品，但只有头饰可以现卖。这一时期，沃德公司确有不愿开设零售商店的想法，生怕这可能会抢走邮购业务的生意。后来，一桩偶然事件终于促使沃德公司作出开设零售商店的决定。它说明消费者的需求是怎样不可抗拒地跨过了企业所设置的障碍。

事情是这样的，在印第安纳普利茅斯地区的邮购代理机构，有位男顾客想要买一把陈列的锯子，并拒绝接受"不卖"的回答，最后这一代理机构的经理无可奈何地答应他可以买这把锯子。这一交易的消息一经传开，导致很多人吵着要买其他陈列的商品。代理机构的人员作出了让步，同意出售所有的东西。接着，他们马上又从邮购工厂重新订购了全部货物，这些商品也很快销售一空。商品不停地运往普利茅斯代理机构的异常现象引起了公司总经理的注意，当他发现这个机构实际上在直接销售商品时，火冒三丈。但是，直接销售商品所获得的利润是惊人的，因而沃德公司的决策层不久也就完全同意了这种做法。

到1927年底为止，沃德公司已开设了37家零售商店，另外，它的7家邮购工厂都还有各自的门市部。在接下来的几年里，沃德公司开设商店的速度更是惊人。它选择人口在4000～75000人之间的城镇，到1929年底，共开设了500家商店，有时一个星期就开张25家之多，这使它很快成为邮购业的"巨人"。

30年代初，由于美国经济萧条，沃德公司进入整顿期，它关闭了一些几乎入不敷出的商店，而且新商店的开设都要事先经过更周密的计划和研究。在第二次世界大战期间，沃德公司和其他同类公司的营业扩展自然都遭受了挫折。但当战争结束后，沃德公司的主要竞争对手西尔斯公司马上就掀起了自20世纪20年代以来最大的扩展浪潮，大约3亿美元的资金押在战后经济会立刻有大规模的发展这一信念上，这使战后头两年里西尔斯公司的销售额从10亿美元猛增到近20亿美元。而沃德公司则按兵不动。1945～1952年，即二战后实行经济控制的年份，沃德公司不仅连一家新的商店都没有开设，反而关闭了37家收入仅敷支出的商店。

从历史上看，沃德公司的商店大多开设在乡间小镇上，这样做是为了拥有农村消费者，而在第二次世界大战之前，农民被视为主要的市场。然而，第二次世界大战以后，人口的增长主要集中在大城市，尤其是其近郊。购货中心如雨后春笋般涌出，并不可避免地从市中心和小型商业区那里抢走不少生意。但在这一购买方式发生重大变化的时期，沃德公司却拒绝扩大经营，拱手把市场送给了西尔斯公司、彭尼公司和其他竞争者。

为什么会出现这种情况呢？是因为公司财力不足，无力支持一项蓬勃的发展计划吗？或者是因为公司缺乏管理人才吗？不！沃德公司两者都不缺。事实上，该公司正储备着几百万美元的资金以备后用。第二次世界大战刚结束的那些年，公司内部拥有众多的优秀管理人才，只是许多人在遭受挫折后才最终决定离开。那么，究竟是何原因使公司作出了不求发展的持久决定呢？

答案就在自1932年以来一直担任沃德公司董事长的休厄尔·埃弗里身上。

二、休厄尔·埃弗里其人和他"不求增长"的决策

休厄尔·埃弗里，1874年出生于密歇根州的萨吉诺，是一个富有的木材商的儿子。在他一生中的许多年里，一直是一个值得敬佩的成功者。1894年，他从密歇根州立大学法学院毕业，并开始在他父亲手下一家小石膏厂的基层工作。22岁时，他已是这家工厂的经理。1901年，这家小企业被美国石膏公司吞并。4年以后，埃弗里成为美国石膏公司的总经理。《时代》杂志把他描述为"一个和蔼的、卓越的超级推销商"。正是他，把美国石膏公司建成美国最大的建筑材料供应商。

在经济大萧条最严重的1932年，受沃德公司的董事和债权人之托，商人埃弗里投入了挽救这家岌岌可危的公司的工作，沃德公司在1931年出现了870万美元的巨额赤字。埃弗里将一批年轻干练的经理人员召集在自己周围；他在沃德公司的存货中增加了许多高档品，并声称"我们不再依靠那些乡下佬和土包子，我们不再只卖工装裤和防粪鞋。"他使公司重新进入了时髦商品市场；他改进了商品目录，关闭了70多家亏损商店。埃弗里成功了。12年后，他已把1932年870万美元的亏损扭转为1943年2043.8万美元的盈利。但是多年来，埃弗里一直以一个老

式暴君的身份统治着这家有10亿美元资产的公司，从不考虑雇员或经理人员的感情。当他终于在1957年从公司职位上退下来时，已是83岁的高龄。他独断而又错误的领导，使沃德公司大伤元气，特别是战后，他的"不求增长"的决策将沃德公司引向歧途，使其在竞争地位上受到无法弥补的重大损失。

埃弗里关于"不求增长"的决策的制定，是建立在对二战后经济形势估计基础上的。他有一个不可动摇的信念，即战争结束后不久便会发生经济大萧条，依据就是一战后发生的大萧条。他预计，由于工业从军工生产转向民用生产，几百万退伍军人又要寻找工作，因此，整个国家在把经济向和平时期调整时，将会遇到很大困难。他因此表示："我们（沃德公司）将不做任何反应，我们非常谨慎。"

如果形势的发展真如埃弗里所料，即在战争结束的3~4年内确实开始了严重的经济大萧条，那么他就可能成为一名英雄式的人物。当他人都因经济萧条而陷于困境时，沃德公司的现金和流动资产就可推动公司以得天独厚的价格优势进行扩展。但是，随着一年年时光的流逝，静待时机这一策略的合理性变得越来越令人怀疑。沃德公司本该对策略进行重新评价和重点调整，埃弗里的下属们也多次提出这样的建议，可埃弗里却固执己见，听不进任何不同的意见，并且不能容忍那些不全部接受他观点的能干的下属。这不仅使沃德公司搁置了所有寻求发展的措施，丧失了大量的市场份额和本来可以通过合理扩大规模而获得的利润，而且他所造成的那种独裁式的管理环境，致使公司流失了众多精明强干的高级管理人才。据统计，在他任职期间，有三任总经理，不少于24个副总经理和许多其他高级管理人员离开了公司，因为他们希望能够享有自主权，来作出积极推进的决策。直到埃弗里离开沃德公司后，沃德公司重新致力于发展，才开始逐步恢复生机。然而，逝去的岁月不再来。错误的判断，不允许下属发表不同意见，给沃德公司带来了可悲的后果。

一个领导者，在他一生的某个阶段，可能是非常成功的。休厄尔·埃弗里在他担任美国石膏公司总裁期间，以及在20世纪30年代领导艰苦挣扎的沃德公司时，都作出了很大成绩。然而，在另一个阶段，曾取得成功的领导者可不可能把一个组织引向灾难，特别是那些严厉而又固执的有才干的领导者，在其后期往往会变得易犯错误，并且不能容忍任何异己之见。埃弗里也正是这样。他的错误的判断、专制的领导作风将沃德公司引向了歧途。但他还固执地不承认这一点。

思考题：

（1）以埃弗里的成功与失败为例，运用权变理论进行分析，独裁式领导可能的长处及进行独裁领导的环境，并着重分析独裁领导的弊端。

（2）参与和授权的领导方式需要什么条件，沃德公司具备这样的条件吗？

（3）在沃德公司战后经营策略的制定上，埃弗里应采取什么样的决策思维方式？详述理由？

（4）为什么一个企业应该有发展的眼光，而不能只满足于现状。尽可以详述理由。